上海三联人文经典书库

135

英格兰的扩张

[英] 约翰·罗伯特·西利 著

林国荣 霍伟岸 胥博 译

THE EXPANSION OF ENGLAND

TWO COURSES OF LECTURES

SJPC

上海三联书店

"十四五"国家重点图书出版规划项目

国家出版基金资助项目

总　序

陈　恒

　　自百余年前中国学术开始现代转型以来,我国人文社会科学研究历经几代学者不懈努力已取得了可观成就。学术翻译在其中功不可没,严复的开创之功自不必多说,民国时期译介的西方学术著作更大大促进了汉语学术的发展,有助于我国学人开眼看世界,知外域除坚船利器外尚有学问典章可资引进。20世纪80年代以来,中国学术界又开始了一轮至今势头不衰的引介国外学术著作之浪潮,这对中国知识界学术思想的积累和发展乃至对中国社会进步所起到的推动作用,可谓有目共睹。新一轮西学东渐的同时,中国学者在某些领域也进行了开创性研究,出版了不少重要的论著,发表了不少有价值的论文。借此如株苗之嫁接,已生成糅合东西学术精义的果实。我们有充分的理由企盼着,既有着自身深厚的民族传统为根基、呈现出鲜明的本土问题意识,又吸纳了国际学术界多方面成果的学术研究,将会日益滋长繁荣起来。

　　值得注意的是,20世纪80年代以降,西方学术界自身的转型也越来越改变了其传统的学术形态和研究方法,学术史、科学史、考古史、宗教史、性别史、哲学史、艺术史、人类学、语言学、社会学、民俗学等学科的研究日益繁荣。研究方法、手段、内容日新月异,这些领域的变化在很大程度上改变了整个人文社会科学的面貌,也极大地影响了近年来中国学术界的学术取向。不同学科的学者出于深化各自专业研究的需要,对其他学科知识的渴求也越来越迫切,以求能开阔视野,迸发出学术灵感、思想火花。近年来,我们与国外学术界的交往日渐增强,合格的学术翻译队伍也日益扩大,同时我们也深信,学术垃圾的泛滥只是当今学术生产面相之一隅,高质量、原创作的学术著作也在当今的学术中坚和默坐书斋的读书种子中不断产生。然囿于种种原因,人文社会科学各学科的发展并不平衡,学术出版方面也有畸轻畸重的情形(比如国内还鲜有把国人在海外获得博士学位的优秀论文系统地引介到学术界)。

有鉴于此,我们计划组织出版"上海三联人文经典书库",将从译介西学成果、推出原创精品、整理已有典籍三方面展开。译介西学成果拟从西方近现代经典(自文艺复兴以来,但以二战前后的西学著作为主)、西方古代经典(文艺复兴前的西方原典)两方面着手;原创精品取"汉语思想系列"为范畴,不断向学术界推出汉语世界精品力作;整理已有典籍则以民国时期的翻译著作为主。现阶段我们拟从历史、考古、宗教、哲学、艺术等领域着手,在上述三个方面对学术宝库进行挖掘,从而为人文社会科学的发展作出一些贡献,以求为21世纪中国的学术大厦添一砖一瓦。

目　录

导读：西利爵士与"国家传奇叙事"的衰亡

林国荣

在19世纪中后期"帝国主义"时代的历史叙事当中，无论是罗马主义者还是日耳曼主义者，都竭尽一切可能将布尔乔亚阶层的启蒙叙事同种种的非理性主义叙事融合起来，以此制造一种可以令民族帝国从中汲取力量的"文化"。库朗热以"祖先崇拜"观念来对抗"启蒙"叙事，勒南则极力强调日耳曼主义的现代自由，并据此反对以卢梭和雅各宾派为象征的古典自由。而且，勒南还颇令人吃惊地从这样一种非理性主义的角度出发，重新解释了1813—1815年间的战争。在他看来，这场战争是一场对日耳曼式自由观念的保卫战，而不是表面上的一场德意志"解放战争"。据此，他写道："中世纪的法国乃是日耳曼的造物，由日耳曼军事贵族运用高卢—罗马材料建造而成。此后的法国，经历了漫长且艰苦的斗争，试图将日耳曼入侵浪潮中沉淀下来的一切元素悉数扫荡出门，这个过程一直持续到大革命时期。大革命本身则代表了这个过程中的最后一次震荡性的努力。""大革命开启之际，的确令人仰慕，倘若大革命能够自限于召集等级议会，并建立年度集会机制，那么真理完全就在大革命一边了。"[1]

正如马丁·索姆评论的那样："……勒南在此所指涉的乃是民族建构过程中并不具备创造性的那个面相。事实上，勒南为民族性这个术语平添了非理性主义的和反雅各宾主义的色彩。毕竟，尽管他极为热忱地表达了对科学的信仰，但他和梅斯特一样，都注意到理性终究会将任何的权能都赤裸裸地暴露在光天化日之下，同时也跟梅斯特一样，勒南在情感上是反对这一切的。在这个问

英格兰的扩张

题上，1882年演说应该说是勒南对君主体制信念极为含蓄的表述，而他真正要表述的东西则可以从早期作品中整理出来，比如《论立宪君主制》和《智识—道德改革论》等。确实，勒南的日耳曼主义所依托的乃是游牧部落和蛮族入侵者这类意象，他极力赞誉的那些东西在18世纪初期诸如维科尤其是玛菲这样的法学家看来，不过是封建残余，并且还是以仪式、象征、神秘以及野蛮力量之名而背离了理性。乔治·索雷尔就曾注意到，勒南乃归属复辟派，而且，到了1871年的时候，勒南的时刻就已经过去了。然而，索雷尔自己也对勒南的作品颇为倚重，从这个意义上来说，勒南的时刻尚未到来。"[2]

　　普法战争对法国的民族帝国造成重创，但也正是这一创伤造成的恐惧将法兰西民族帝国推进到极具内爆力的层面上，于是法国人开始集中精力对作为帝国之单一核心的"民族"实施重新界定，以便推进民族帝国的统一性，这也就为种种非理性主义要素以及文化要素开辟出历史空间。巴莱斯效仿库朗热，将"祖国"定义为"亡灵之地"，并据此对第一共和国以及第一帝国所奉行的个人主义原则展开了攻击。巴莱斯用标志性的语言写道："今天的法国盛行着一种国家道德。也许可以将之称为康德主义的国家道德……此种康德主义声称要确立起普遍的人、抽象的人，根本不考虑个体之间的任何差异。此种官方道德意图依据抽象的、观念论中的人的标准来塑造我们的年轻人，无论它们是来自洛林、普罗旺斯、布列塔尼，还是来自巴黎。依据这样的标准，抽象的、观念论中的人在一切地方都是一样的。相反，我们要塑造的应该是深深植根于我们的民族土壤、民族历史以及民族意识中的人……我们应当避开此种妄图令我们的孩子远离一切现实的陈词滥调，因为正是此种康德主义意图斩断我们同亡灵之地的联系。"[3]

　　但是，德雷福斯事件也清晰地揭示出此时的法兰西民族帝国正行走在通过牺牲个人来拯救非理性且狭隘的民族遗产的道路上；于是依然奉行启蒙原则的共和派便同此种近乎蒙昧和野蛮的非理性民族帝国展开了坚决斗争。然而，双方只是在表面上势同水火，但在本质上都是以同样的"民族—帝国"为诉求和依托的。两者之所以会对峙起来，仅仅是因为他们都未能意识到，在法国，是个体造就了民族，民族造就了帝国。正如有论者评论的那样："世界上存在各种不同的民族主义，因为存在着各种不同的国家、民族和历史，而且一般人使用这个词语的通常的意义，是为某些人的意识形态的利益服务的。这些主张，除了最强大的民族主义之外，要连根拔掉全部的民族主义。有些信心十足和稳定的民族几百年来受益于稳定的财富积累。他们的民族主义在目的和方法上不同于处在主权受到争夺的地理区域的为生存而挣扎的民族的民族主义。民族上层阶层的集体特征和目不识丁的群众的特征是不同的，后者只享有作为民族主义理想之一部分的繁复神话的某些因素。实施操纵和侵略成性的民族主义都竭力把其他国家变成殖民地，当然有别于微弱的、防御性的和应激冲动的民族主义，这些民族主义很容易变成其对手的军事的和话语上的牺牲品，所以巩固了上文提及的形式，亦即把民族主义的罪责强加给在政治上弱小的民族，同时开启强者的权力游戏。"[4]

就这样，欧洲强权在迎来"帝国主义"时代的同时，也纷纷在政治民族主义和文化保守主义的智识框架中开启了"反思帝国"的时代。其中，不列颠帝国的声音自然是重中之重。对这个时代的大多数帝国精英来说，不列颠帝国在战争和财富两方面已然担当了历时三个世纪之久的领袖角色，足以凸显上帝之恩典对于盎格鲁-撒克逊种族的偏爱。很多人开始将格林阐述于《英国人民史》中的清教徒新以色列观念转借而来，用于解释不列颠帝国的成功和伟大。更为清醒的人们当然不会受此蛊惑，不过，正如同一时期的美利坚一样，即便这些人也不能片刻之间就将已然深入骨髓的"昭昭天命"观念完全消解掉；于是，恩典观念催生的新教殉道者纷纷转变成帝国英雄，并共同熔铸为"国家传奇"，比如德雷克、雷利、印度的克莱武和魁北克的沃尔夫等，甚至已经被伯克送入政治坟墓的哈斯汀斯也破土而出，重新焕发出神圣光彩。"过去乃涵养了某个族群的特殊命运，此一观念当然也有着诸多更为精致的形态。在

英格兰的扩张

17 世纪的英格兰,主要是 1660 年之后的英格兰,那粗朴且戏剧化的新以色列观念开始退潮。不过也正是在此时期,又崛起一种新的过去观念,此一观念将在接下来的两个世纪得以强化。这也就是人们所谓的辉格党的历史解释。不过,此一称谓显然是错误的。此种过去观念实际上已经在 18、19 和 20 世纪,对整体的不列颠建制实施了全面灌注,无论是辉格党还是托利党都包融其中。此一观念既塑造了邱吉尔的心灵,也塑造了伯克的心灵;而且也的确化育了邱吉尔内心最为深沉的信念。尽管在学术研究领域,此一观念已然遭遇了审视和批判,但是在同希特勒的那场'巨人之战'中,此一观念至于不列颠自身的角色界定,仍然保持了全部的效能并扮演了一个有着十足效力的角色。实际上,这是一种信仰。据此信仰,英格兰体制和西方世界的其他体制都不一样。英格兰体制乃是从撒克逊时代缓慢生长而来;如同珊瑚礁那样,英格兰体制乃依托一个先例逐渐累积的过程,建立了自由的堡垒,创造出诸如议会和立宪君主制这样的制度。要完成这样的工作,是需要多个世纪时光的打磨,还需要经历众多的苦难;这古老的渊源、这漫长的生长过程,令英格兰体制收获了特殊的优越性。也正是因此,不列颠历史成为全人类的道德范例,当然也是政治范例。此类信仰不仅在政治圈子、宗教圈子以及公职人员和海军人员中普遍盛行,而且还以极为进取的宣讲方式,向着工匠和书记员构成的中产阶级下层渗透。"[5]

进入 19 世纪 70 年代,随着欧洲主要国家相继完成统一和内部的选举改革,东、南欧民族情绪高涨,新的建国运动在此基础之上风起云涌,传统帝国格局之下的欧洲强国纷纷寻求重新界定"国家利益"。米尔纳爵士在评论这一时期的英国政策时,实际上是在阐释一种张伯伦式的保守党"新帝国"观念和纲领:"在过去各国相对较弱的时代里,在俄国和美国发展壮大之前,以及德国的经济和贸易由于它的陆海军力量的发展而突飞猛进之前,英国是一个举足轻重的国家。但是在庞大的帝国并立的现代世界里,由于自然条件的限制,英国凭借自身力量不可能继续保持它以前的重要地位;

英国凭借自身力量不可能保持一个一流强国的地位。但是,根据人类的经验,一个更大的不列颠帝国可以永远继续做这样的强国,而且作为这样的强国,它将保证其他所有的国家的安全和繁荣。此外,据人类经验来看,没有其他事物能够做如此保证。"[6]

自由党并不反对"帝国"。对帝国了如指掌的罗素爵士以客观的方式将大英帝国的起源和成长追溯为一种"必然性":"曾经有一个时期,我们可能是作为英格兰、苏格兰和爱尔兰联合王国而单独采取行动。这个时期已经过去了。我们征服了加拿大并在这块土地上繁衍生息,我们占有了整个澳大利亚、塔斯马尼亚和新西兰。我们兼并了印度,使它处于国王政府的统治之下。我们不能后退。"[7]

作为自由党的议会领袖,格莱斯顿的帝国情感同样根深蒂固:"对每个英国人来说,帝国情感可以说是与生俱来的。"这就是他对迪斯累利1872年"水晶宫演讲"的简短回应,尽管格莱斯顿毕生都在反对迪斯累利——米尔纳扩张性的帝国政策。迪斯累利在这个作为其政治生涯和政治纲领之核心的演讲中,阐释了一种富有进取性甚至带有侵略性和扩张性的"新帝国"政策路线。这种路线的根本特征在于一种明确的意识:在自由贸易迅速失去效力的时期,工业力量将是军事力量的基础,军事力量也将超越单纯的商业力量成为帝国力量的基础;迪斯累利在演讲中向未来的选民提出的核心问题是:"你们是乐于做一个舒适的英国人,受欧洲大陆种种原则的约束,终其一生,还是愿意做一个伟大国家、一个帝国的臣民?"

显然,19世纪70年代,一种进行抉择的"必然性"开始浮现在帝国的地平线上,这种抉择必须经过人为的努力做出。罗素爵士曾经阐释过的那种出于"天意"或者"命定"的"必然性"对此时的英帝国来说,已经成为奢侈品。解释性的问题在于怎样看待帝国:是一个以工业和军事力量为基础的统治性的统一帝国,还是一个以各殖民地、自治领的平等、独立、自治能力的培育为基础的自由帝国?这是19世纪70年代自由党和保守党争执的核心议题,双方

英格兰的扩张

对此均保持高度关注和敏感。1875年土耳其事件爆发的时候，立刻触发了英格兰议会政治的一场重大危机。英格兰议会政治的精华力量领导了这场议会斗争，一个新的"自由帝国"作为斗争的结果从这场危机和斗争中崛起。很显然，不列颠帝国已经进入没落期。在这样一个时期，如何理解帝国，于英国人的切实生活来说，已然成为根本性的问题。自由党和保守党的解释显然是对立的。何种解释占据上风，也将决定帝国命运和母国命运的未来走向。

帝国解释问题发生了这种断裂和冲撞，意味着这个帝国在历史批判意识愈发强烈的"反思帝国"时代，已经不存在统一解释的可能性了。西利正是在这样的背景下，开创了令各方都能够接受并从中培育各自所需的观念和行动准则的解释。在西利的解释中，清教徒的新以色列观念显然是要遭到抛弃的，因为恩典观念终究是经受不住历史批判意识之新潮流的冲击的；"国家传奇"观念也许能满足此一时期中产阶级中下层的民族主义情感，但显然也是不具备历史解释力的；至于辉格党历史解释催生的进步观念，则既不能满足各派政治集团的需求和要求，也无法继续涵盖日益多元且冲突日盛的帝国实情了。西利相当决绝地将这些解释传统予以消解、予以拒斥，转而提出了帝国发育之"自然性"的解释思路，据此思路，眼前的这个不列颠帝国是一个自然而然的发育过程。西利说得颇为形象：英格兰是在一个"心不在焉"的历史进程中获得这个不列颠帝国的；在这个历史进程中，发挥决定性作用的并非上帝的恩典式介入，也非人类自身之意志和力量的人为介入，而是诸如种族、民族、气候、地理以及环境等因素的综合作用。很显然，此种"自然性"的帝国解释，其指向是很明确的，那就是消解此一时期正在英格兰中下层社会涌动而起的帝国沙文情绪，这股情感浪潮已经侵入了议会，是完全有可能转化成保守主义的激进政治行动的；倘若帝国因此脱离其"自然性"轨道，并走向激进化，1832年的改革成果势必遭遇帝国派激进力量的严重反噬；事实上，这恰恰成了格莱斯顿和迪斯累利之间漫长且著名的政治斗争的一条轴线。毫无疑问，西利就此所做的梳理和解释，实质上是对母国政治的一场深刻诊断，并且他也有着跟格莱斯顿一样的锐见。

英格兰在整个欧洲可以说是最早从教宗和皇帝的普世体系中脱离出来的，但是英格兰并没有走上民族—帝国的道路，即便是 17 世纪的清教徒革命，也并没有像后世的革命那样，激发出"国民意志"的强大力量；换言之，英格兰并没有经历一个"制造人民"的历史过程，相反，英格兰早早地便脱离了欧陆式的民族式重商主义路线，并直接走上了一条多元帝国的道路。可以这么说，在世界史上的所有帝国中，没有哪个帝国能像不列颠帝国那样具备如此强悍且稳定的帝国意志和明确规划，也没有哪个帝国像不列颠帝国那样，同时又能够避免暴烈的殖民帝国形态。在 19 世纪 70 年代之后迅猛成长起来的欧洲殖民帝国丛林当中，唯有英格兰从始至终将不列颠帝国维持在观念和原则的层面上，并依托自然性和中间性的地区组织和团体，而非纯粹的"国民意志"，将传统的作为一种观念的帝国推进到"自由帝国"这一现实层面上。

事实上，自腓特烈大帝凭借不具协商性质的启蒙专制主义路线在中欧开辟出自由土壤之后，很多本不具备自由土壤的国家都经历了托洛茨基所谓的"小 18 世纪"，这种似乎是出自世界历史命运的规定性律令一直持续到我们自己的时代；其中蕴含着巨大的激进化危险，因为人类对理论和价值的需求往往超越对实践理性的需求，会不断造就大批对和平的市场经济生活既无经验也缺乏兴趣的虚无主义者，康拉德·海登称之为"武装了的波西米亚人"，可谓击中要害。然而，不列颠帝国之所以能避免此种历史命运，之所以能够回避人类意志对历史进程的过度介入，应当归功于 18 世纪 20—40 年代沃尔波的辉格党内阁为后世的不列颠自由帝国奠定的那个深厚基础。沃尔波及其辉格党继承者的个人才干在这其中的作用毫无疑问是决定性的。那一代辉格党人在这个意义上恰恰成了西利着力予以消解的"国家传奇"，这确实是十足的悖论。对此，迪克森有相当精细的评述："……沃尔波本人对英格兰社会内部的力量均衡有着直觉理解。他很清楚，英格兰之所以能够从 1689—1713 年的一系列战争中最后胜出，有两项主因：第一，这个政治民

英格兰的扩张

族能够通过议会就空前规模的税收和贷款达成决议;第二,在于伦敦城日益增长的金融知识,如果没有这种专业知识,贷款管理、外汇汇款以及经济战方面所带来的可怕问题是不可能得到解决的。因此,就有两个主要的社会集团牵涉其中:一个是土地贵族和农业阶级,这个社会集团扎根土地,对政治革新、社会变动、不奉国教行为以及涉外纠葛等,都抱有疑虑,不过,出于爱国和自利的混合,他们既愿意缴纳沉重税收,也愿意支持一个异族国王;另一个社会集团就是伦敦城这个社会和宗教的混杂共同体,拥有国际视野和联系,这个社会集团才刚刚开始感觉到自身的真实力量和权能,不过它已然意识到,若没有它的襄助,政府将会失效。这个集团的视野和社会结构可以在一些日益壮大的区域贸易中反映出来,诸如布里斯托、利物浦以及格拉斯哥这样的地方。沃尔波很清楚,必须赢得这两大社会集团的支持,并且还必须维持这样的支持,否则任何政策都不可能获得这个作为整体的政治民族的赞同。他还进一步认识到,两大社会集团也正日益趋于复杂化,由此,两大社会集团彼此之间的联系将会得到加强,因此有可能对任何一方形成冒犯的政策都应当尽可能地予以避免。正是此种分析,无论是否明示出来,解释了他为什么会故意搁置斯坦霍普的不奉国教新教徒解放提案、压低土地税负以及培育同'革命家族'中那些政治上更为顺服的成员的关系;与此同时,他还通过'补偿法令'安抚新教异见者,他不仅同伦敦城中强大的商人和金融家族保持密切联系,而且还积极加强政府同这些集团的联系,尤其是财政部同英格兰银行之间的联系。社会中的这种兼具保守和演进性质的利益平衡,需要借助经济和行政方面的改革举措予以完善,而这样的改革举措则必须保持足够的政治中立度。唯此才能获得谱系相当宽广的社会各集团的赞同。"[8]

　　佩尔海姆死后,作为沃尔波成就之基础的老辉格党寡头派系联盟(Old Connexion)就遭到肢解和清洗。乔治三世对辉格党的个人厌恶以及乡绅派宪政理论家们掀起的舆论风潮只能解释整个事件进程的一小部分,追究主要原因,应当在于沃尔波体制自身的致命缺陷。确切地说,这一体制过多地倚重了沃尔波以及佩尔海姆的个性和个人能力;因此,佩尔海姆的英年早逝立刻激发起广泛的反对力量。此后,英格兰议会再次陷入卑鄙不堪的权谋角逐格局当中。这一切都是对后人心目中的英格兰议会预定论和进化论观念的决定性打击。但是,以内阁领袖制度为基础的议会格局不但没有遭受折损,反而进行了平稳有效的过渡。直到小彼得崛起,并赢得了包括七年战争在内的一系列长期战争,老彼得发端于18世纪40年代的进攻性重商主义政策才取代了沃尔波的绥靖性重商主义政策。考虑到绥靖性重商主义政策已经根本无法为英格兰赢得足够的扩张资源,这一政策转变可谓意义重大。对于英格兰帝国扩张史而言,新政策的分量甚至超过了19世纪的自由贸易政策。然而,实施这一政策转变所需要的资源却是由沃尔波体制历时二十年积攒下来的。新型议会体制在此一时期的保存从表面上看应归因于乔治三世愚蠢的干预政策所激起的众多敌对情绪,但在实质上却应当归因于沃尔波体制为英格兰赢得的自发和自主的繁荣和扩张。到了18世纪70年代,沃尔波那种和平且多元的帝国思维实际上也完成了对托利党的融入和改造。当已经处于飘摇状态的第一帝国迎来美洲战争的洗礼之时,沃尔波体制也获得了在人员和智慧两方面都锻造出一个代代相传的帝国精英阶层的机会。正如马歇尔评论的那样:"截止到18世纪70年代,托利思维中生存下来的血脉已经不再是君权神授,而是得到恰当构造的宪政权威的神圣权利,不抵抗的思维仍然留存在他们的政治语汇中,但效忠的对象不再是国王,而是'议会中的国王'。托利党改变其传统观念,以吸收1688年革命创伤性冲击的速度和成功,今天已经得到了人们更好的理解。可以肯定,截止到乔治三世时期,议会主权原则在托利党及其敌人那里都已经是老生常谈了。此外,在富有良心意识的辉格党阵营中激起如此阵痛的那些划分,对于不那么迂腐的托利乡绅来说,并不构成什么挑战。对他们来说,指出下面一点就已经足够了:征税权乃是暗含在任何一种至高权威中,这一权威在任何国家中都是必然存在的。父权制政府之终极全权的世俗

英格兰的扩张

版本在约翰逊的《非暴政下的税收》这本小册子中得到强烈凸显。任何一个社会都必然存在某种无法对之进行上诉的权力,而且这种权力是没有限制的,渗透在共同体的全体民众中,规制并调整着所有的下属部门,制定或者撤销立法,确立或取消裁决,扩张或收缩特权,以免于质询或控制,仅受物理上的必然性所限制。约翰逊并非乡绅的一员,不过他分享了乡绅的政治观点,而且和大多数乡绅不一样,他能够清晰表达这种观点。此种简明观念带来的优势之一就是使得有关主权之确切内容的思考变得没有意义。主权就其本性而言,要么是一切,要么什么都不是。同时,这种观念也为一些模糊说法提供了空间,这些模糊说法以一种混乱但令人满意的方式将国家、国王和立法机构的主权杂凑在一起。……定义上的松散附带着也允许对国王个人表达情感上的尊重,只要这种尊重不再暗示君权神授,就能为托利情感提供宽广的表达空间。1775 年的众多演说都特别提及需要保持立法机构的合法权威,但是绝大多数的演讲也都以不同方式提及了王室的权利。"[9]

西利对于帝国之"自然性"的解释和阐扬还存在一个更为根本性的悖论:这样的解释是很难跟辉格党历史解释拆分开来的。西利的"自然性"观念非但无法消解辉格党历史解释的进步观念,反而是将这一观念在一个更具历史包容度和更具历史解释力和稳定性的框架当中涵养起来;如此便很可能催生更为强烈的"昭昭天命"意识。实际上,当麦考莱在帝国背景下重新解释英格兰人的"权利"和"自由"的时候,这其中的危险就已经活生生地展现出来了,而且麦考莱也一以贯之地刻意强调他的这种解释就是辉格党式的。但是在谷物法问题所造成的托利党大分裂之后,迅疾发展的英格兰社会已经走向了自由主义这一共识。也许对其具体的和实在性的内容的共识还存在差异,但"自由"已经融构成一幅共通的英格兰文化图景,而无须再像以往,尤其是 17、18 世纪那样,依据党派原则运行并对议会政治表现出卑躬屈膝的诉求。阿诺德精神在"为人生做好准备"的旗帜下,在中产阶级上层迎来了古典教育的复兴浪潮,意图从希腊语和拉丁语的教化中塑造并推进"职业等级"令人肃然起敬的品性。即便这样一个等级的塑造以牺牲国家工业化的需求为代价，但却满足了普遍化了的帝国官僚制度对人员的需求。在此，麦考莱重申了沃尔斯利大总督在印度大征服时期的类似见解："或许我也会认为在古典语与抽象科学上耗费了太多时间。不然会怎样呢？无论是什么语言，无论是什么科学，若对它的教授能风靡任何时代、任何国度，那么能精通这些语言与科学的人一般而言将成为年轻人中的精英，成为可敬的佼佼者中最敏锐、最勤奋、最具上进心的人。就算在剑桥教授的是托勒密体系而非牛顿体系，考试中的成绩优秀者通常仍然比最后一名更为优秀。就算我们不学习希腊语，转而学习切罗基语，最能理解切罗基语的人，能写出最正确而悦耳的切罗基语诗句的人，能最确切领会切罗基语虚词之作用的人，一般而言将比那些贫于这些成就的人更优秀。就算我们的学校教授占星术，最会编排天宫图的年轻人一般而言将成为更优秀的人。就算教授的是炼金术，表现得最为积极追求'贤者之石'的年轻人一般而言会成为更优秀的人。关于这个问题，我还要再补充一则评论。尽管我倾向于认为对英国年轻绅士的教育花费了过多精力在死语言上，但我确信当你在挑选人手补充首要且不可或缺的条件是熟悉外语的岗位时，要检验他们是否胜任，考察他们的古典语知识是最好不过了。"[10]显然，这一见解的显著特征便是其中实用主义的缺乏。沃尔斯利认为，过度的实用主义教育诉求将无助于培育一个人员广泛又能融合英格兰绅士教育元素的帝国官僚体系。[11]

显然，沃尔斯利的帝国教育规划乃是应时而生，其目的是稳固在拿破仑战争期间遭遇严重挑战的英格兰东方霸权。麦考莱则是在一种完全不同的氛围和背景中重申这一教育规划，传统的绅士教育将在这一教育规划中同普遍的帝国尊严感取得融合以及相互支撑；沃尔斯利将他的规划理解为一项纯粹的立法事务，麦考莱则将之视为文化帝国的前哨堡垒，并暗合了他那个时代英格兰保守主义社会氛围的崛起，正如哈维评论的那样："自由主义提倡个人做出成就，这个阶级响应了它的号召。它看重功绩、竞争、体面、效率和目标感。它尊重成果、金钱和成功。它对自己在社会秩序中的地位没有把握，便听从那些自信且有发号施令权的人；它尊重等级制度。在这点上，它和19世纪前期的自由主义者有很大不同：支撑了老自由主义者不屈的个人主义的，是那种'昔日的光荣事业'中的前工业时代精神和17世纪的战斗口号。而这个新阶级因为想在社会等级中找到安全的位置而成为保守党的工具。保守党因之变成在城市中有拥趸的党。"[12]

实际上，麦考莱时代英格兰保守主义社会氛围的崛起已经发展成为英格兰社会的共通事件和公共意识，而不再局限于传统的政党原则或者托利党起源。罗伯特·皮尔在"谷物法"大论辩时期已经解除了英格兰社会意识同政党之间的纽带。在托利党解体前夜，他对本党后座议员恶语相加，在一封私信里写道："那帮醉心打猎、射击和豪饮的人，怎么可能了解我辈的动机呢？我辈身负公众安全之责，对事态有最充分的了解，一心只为防范危险并问计于各阶层的普遍福祉。"[13]皮尔正是依托辉格党反对派的支持，才最终赢得了撤销"谷物法"的胜利，同时也对最为激进的少数派土地贵族利益集团实施了政治放逐。这意味着从皮尔的反谷物法联盟时期到格莱斯顿领导自由党的时期，英格兰的社会心理和文化氛围已经可以脱离具体的利益性和政治性派系分割，可以进行整体性的保守主义社会心理建构了。两大政党都宣称为民族和国家整体利益说话。而在界定整体利益之时，帝国发挥着决定性的作用。若没有帝国，英格兰就无法在性质和利益范围上进行自我界定。正是帝国的普遍性存在，决定了英格兰之特殊性和优越性的存在。帝国由此转变为呼唤"民族一致性"的最重要推动力量。由此便不难理解英印帝国的普遍性文职体系为何能够在19世纪获得如此巨大的发展，因为正是这样一个文职体系，既能巧妙地将帝国和民族主义加以结合，又能恰如其分地将二者分隔开来。个中因由在于，这样一个帝国管理阶层正如约翰·穆勒-麦考莱政策路线所期望的那样，不论阶级，也无关乎内阁变迁，有其自身的甄选体制和职业尊严，这种尊严既表现为只为国家服务的精神，也体现出英格兰在帝国中根深蒂固的恒久优越性。正是这一点决定了麦考莱和詹姆斯·穆勒在印度问题上的那场冲突和斗争。

詹姆斯·穆勒是带着对功利主义的清教徒式的内在信念,入主了东印度公司通讯稽查部,这是英印帝国治理环节中的关键部门,因为公司或者内阁事关印度的指令都在此起草、修改,然后送交内阁或者议会进行讨论。詹姆斯·穆勒正是凭借这个平台将功利派的影响力向印度伸展,同时也凭借这种殖民地影响力向英格兰的内部改革施加压力。他依据严格的理性主义功利派信念所指定的"文明阶梯表"对印度社会采取了非常不利的评判,这种评判也因其普遍主义的理性原则而与印度社会脱节,并在很大程度上造成了对印度实际历史的扭曲。今天的人们习惯于谴责詹姆斯·穆勒的这种专断态度,但是,考虑到詹姆斯·穆勒本人的这种评判也并非不针对弥漫着哀婉的文化道德主义情感的英格兰社会,这一点并非不能得到原谅。正如 E. 斯托克斯在评论詹姆斯·穆勒的《英印史略》时指出的,此书"主要是对印度社会进行一场哲学分析并评估这个社会在'文明阶梯'中的位置。毫无疑问,詹姆斯·穆勒的主要目的之一就是驱散弥漫在启蒙运动早期思想家中的那种对东方专制主义的情感式慕怀。詹姆斯·穆勒认为这种情感是愚蠢的"[14]。

詹姆斯·穆勒强烈的改革意识继承自苏格兰启蒙运动有关社会发展的理论,但他以功利主义置换了这一理论的信念依据。这意味着他似乎觉察到为了理智和改革意识的伸张,有必要放弃苏格兰启蒙史学家的那种有关人事之复杂性和多样性的细腻情感。情感是阻碍人们达成真理的重大障碍之一,这正是功利派的核心理论。斯密曾通过"中立的旁观者"来建立一种人类情感的开放程序,借此来完善情感。他写道:"内心的那个人,我们情感和行动的抽象和想象的旁观者,经常需要由真实的旁观者来唤醒自身的职责……如果我们不离开自己的位置,并以一定距离来看待自己的情感和动机,就绝不可能对自己的情感得出全面的描述,也不可能做出任何判断。"[15]詹姆斯·穆勒无法接受这一论断中的模糊性,尤其是其中很可能导致赋予情感高出理智的地位的暗示。休谟正是据此认为,既然情感存在于人类的所有动机当中,那么所谓的实践理性或者道德理性必然也就是不存在的。[16]而且斯密认为,人类在善恶问题上的第一感受不可能是理智,而是日常的直觉,这恰恰是詹姆斯·穆勒最为反对的主张。

这一切的要点都在詹姆斯·穆勒同麦考莱和麦金托什的论战中得到充分展示。也正是这种对人类理智的自信和变革意识决定了他对印度的态度。《印度事务》一文是詹姆斯·穆勒在东印度公司任职期间写就的带有综论特性的论章。这一论章实际上揭示出存在于英印帝国根基处的巨大矛盾,那就是如何由一个商业公司在利益冲突的情况下来治理整个英印帝国。深谙公司事务的穆勒得出了和18世纪70年代辉格党激进派同样的结论:公司财务实际上长期处于负债状态,所以统治印度并不符合英格兰自身的利益。但是,他最终拒绝了关闭公司并由女王直接统治的提案,这不仅是因为直接统治所造成的经济耗损更大,而且更因为直接统治将造成本已问题重重的东印度裙带体系更为扩张。在东印度公司主事期间,詹姆斯·穆勒实际上接受了彼得-顿达斯所建构的内阁—公司二元治理体制。在对这一体制表示顺从的同时,詹姆斯·穆勒也成为代表公司理事会对抗内阁影响力和裙带体系扩张的骨干分子和智识上的支柱。他一系列有关印度问题的名篇都诞生在这一时期,而且大多都呈现为公司理事会的辩护文件。很显然,二元治理体制所代表的那种权力划分的模糊性是穆勒的功利原则无法接受的,而他只是将之作为一种必然性而非一种选择加以默认。他写道:"印度从来都只是一个负担,不过,即便如此也不能放弃印度。在印度统治的英印政府,可谓罪恶累累。虽然如此,这对于印度人民来说,仍然算是无法言表的福祉。我们相信,欧洲权力的极端滥用也比东方专制主义的适度使用要来得好。"[17]

对詹姆斯·穆勒来说,问题的关键似乎并不在于是否放弃英印帝国,尽管在这个问题上的缠斗在穆勒时期已经成为英格兰两党议会和舆论斗争的重心,而在于功利派的理智原则是否能够同样乃至同等地施展于英格兰社会和印度社会。詹姆斯·穆勒在其中提及了英印帝国所造成的"负担"，但穆勒此言绝没有"白人的负担"的含义，换言之，穆勒并不是像他之前的启蒙主义者那样，从"文化"和"情感"的角度看待印度，也不像他之后的英格兰保守派那样，从"种族"的角度看待印度；无论是从前者的角度还是从后者的角度来看待印度或者东方问题，印度都将成为一个已经凝固且无可改变的社会，或者借用黑格尔的话来说，是已经死亡的纯粹历史客体。若如此，失去变革可能的、非政治化、非历史化的印度问题将失去获得根本性解决的可能性。詹姆斯·穆勒所确立的"文明阶梯表"确实给予了印度和东方社会非常不利的位置，但这并不像大多数论者通常认为的那样是对印度社会本质上的蔑视和弃绝，相反，这张阶梯表所代表的并非文化或者种族意义上的等级，而是纯粹时间性的等级。在这个历史时间序列中，印度社会不过是落在了后面而已。既如此，则历史将同样对印度社会展现出文明进步的空间。詹姆斯·穆勒在《印度事务》中对此做了集中的揭示："……所有可能统治印度的政府中，由英国人构成并以庞大的英国社会为基础的政府，不仅对英国自身，而且对大多数人来说，都包含着最好的前景。"[18]

这段综合性的评论强烈暗示了双重的信息：一方面是英国自身的改造，由此构造出"庞大的"社会基础，这一改造带有普遍主义的诉求，因为改革本身突破了国别界限和文化界限，是"大多数人"的利益所在；另一方面，则是以英国社会自身改造为基础的印度社会的改造。詹姆斯·穆勒并未清楚说明"最好的前景"的具体内容，但是很显然，在他的功利主义理性逻辑中，这一前景并非来自白人种族或者基督教世界的"教化"，而是依据理性原则所实施的整体性改革。也许这段评论所透露出的最具导向性的信息就在于：改革而非不列颠式的和平，乃是英印帝国的最终合法性所在。正是由此出发，詹姆斯·穆勒严厉批评了琼斯等人在英格兰浓重的道德主义氛围中所掀起的"东方崇拜"热潮，将其称之为纯粹"为情感支配的想象力"，他认为印度的历史记载"紊乱、矛盾"，印度的某些产品充斥着东方式的精美绝伦,但"都绝无可能成为确立文明的要素"。印度人善于"从古代文献的托词中获取一种特殊的满足感",但这一切不过是"狂放想象力的产物"。[19]

所有这些专断而粗暴的论说背后的潜台词,显然并非大多数论者认为是那种白种人或者欧洲人之本质优越性的简化信条,实际上詹姆斯·穆勒的这些话也同样可以运用于在其文明阶梯表上占据最高位置的英格兰身上;詹姆斯·穆勒几乎是顽固地弃绝了孟德斯鸠和亚当·斯密对于东方社会的那种复杂微妙且充满同情和情感的刻画,并刻意保持功利主义理性逻辑在面对异质社会时所普遍呈现的粗暴态度。这显然是作为功利派核心论证的情感—理性两元对立的封闭程式所致。《英印史略》所有对印度的不利论断毫无疑问全部建立在这种两元对立的封闭程式之上。同时代的大多数人将保持英印帝国的和平视为最高的帝国价值以及英印政府成败的终极标准。詹姆斯·穆勒则将这种和平建基于情感—理性的对立程式之上,并以后者对前者的克制或者克服为基础:"一个野蛮或半开化的政府,对于真正利益的观念势必极其苍白、混沌,其冲动、情绪必然繁复、剧烈,对于这样的政府,你一天都无法与之保持和平。"[20]因此,詹姆斯·穆勒坚决反对琼斯以及麦考莱将印度法律"法典化"的尝试。在詹姆斯·穆勒看来,这项工作不是不值得推荐,而是不可能完成。问题没有出在印度社会法律制度的复杂性身上,而出在欧洲人自己身上:"……一项只有欧洲人的最高智力才足以胜任的工作,怎么可能指望让少数印度专家不开明的扭曲心智而敷衍了事呢。除非是理性的思考,否则就无助于事态的改进。"[21]詹姆斯·穆勒的《英印史略》及其印度论章在整体上构成了一副令人困惑、有待拆解的迷宫,这是因为他对印度社会的粗暴描述和评论同样也可以运用于英格兰人和英国社会自身。他因此有点矛盾地既激起了东方论者的仇恨,也在同样程度上激起了帝国种族论者和帝国文化论者的不满。

正是在1812年帝国文化论者所激起的英格兰保守主义浪潮日趋激烈的时期,东印度事务方面的内阁影响力随着拿破仑战争的升级而剧烈扩张，公司理事会处于完全的臣服地位，这激起了詹姆斯·穆勒的强烈义愤。他写道："一个强大的帝国，被一家商业公司的代理人所掌控。六千万英勇而文明的人从属于两万人的统治，这六千万人正在变得更为英勇、更为文明，他们只是被迫屈服，才使自身更为幸福，也使这种幸福更为稳固。"[22]

珍妮弗·皮茨对这段话颇为不解，认为这是穆勒对印度的一贯态度的"根本分歧"，因此"它仍令人相当困惑"。[23]但是，若将詹姆斯·穆勒的所有论述置于功利主义的社会进展理论图式中，这一切都不难得到理解。珍妮弗·皮茨给予詹姆斯·穆勒的评论因其重大误解而具有了相当程度的代表性："詹姆斯·穆勒同样确信，功利主义理论以及它本身的法律类别与分类，提供了理性唯一的标准，这反映了一种有关人类制度多样性的有限想象，这种有限的想象不仅与苏格兰推测性历史学家的社会敏感性几乎没有相似之处，而且也与边沁常常被忽视的、对于组织社会生活问题的多种解决途径的认识，也几乎没有相似之处。"[24]

这种典型评论的错误是根本性的。皮茨没有注意到《英印史略》是论述实际上一直保持在非常切实的层面上，其中所呈现的一切都具备功利派所坚持的那种"可分析性"。换言之，《英印史略》所展示的世界并非种族或者文化—伦理的世界，而是一个理性的世界和一个有待改造的非理性的、受制于情感和想象的世界。一个无可辨析、无法进一步上诉的、立足于文化—种族基础的英印帝国，一个有待"教化"而非有待改革的世界，显然远离了詹姆斯·穆勒的理智范围；严格来说，詹姆斯·穆勒并不将英印问题理解为道德世界的问题，而是理解为法律和现实世界的问题，是人类理智极其匮乏的问题，正如《英印史略》中所评论的那样："人类进步之所以缓慢，是由于理解力处于原始和无知状态之下。"[25]很明显，功利主义的核心要义在于敦促人们放弃虚幻而无益的有关价值和道德的哲学讨论，将精力转向以事实和科学原则为基础的政治立法和行动，以此来探明并遏制造成人类痛苦的原因。在19世纪中后期，此种边沁主义者的理智态度毫无疑问超越了纯粹社会立法的范围,正如它在 18 世纪同样远远超越了单纯的议会立法领域一样;实际上,它意味着一种看待世界及其变革可能性的崭新观念。正如弗莱施哈克尔评论的那样:"我们不应该想当然地看待这种态度,虽然在过去两个世纪它可能非常普遍。亚里士多德、西塞罗、奥古斯丁和阿奎那等,都并没有把主要精力放在人类长期存在的问题的解决办法上。他们并不认为自己的著作或者任何人类自身的努力能够解决这些问题,相反,他们假设生活在多多少少处于静止状态的世界里,或者上帝自己可以做改善人类状况所需要的重大变革。道德哲学的目的与其说让从事哲学思考的人改变自身的社会环境,倒不如说是获得了某种自我理解而已。道德哲学的这个观点继续主宰了更现代的哲学家,包括哈奇森、巴特勒、休谟和康德等人的著作。康德确实相信道德哲学能够帮助减少或者终止国际冲突,洛克确实认为道德哲学能够帮助人们知道什么时候反抗政府是合理的,但是,认为世界将发生天翻地覆的变化,任何人类实际问题可以通过足够的智慧和善意得到解决的观点,确实是新鲜的……"[26]

如果说詹姆斯·穆勒在原则、观念和情感上遵循的是诺斯-福克斯内阁开放式的 18 世纪商业合作精神以及对宫廷派保守主义的刻骨敌视,那么麦考莱诉求的则是"伟大民族"及其"父亲般的感情",一种超越党派之上的"民族情感",是 18 世纪乔治三世党人的"爱国者君主"路线。毫无疑问,在 19 世纪的帝国脉络当中,这是一种吉卜林式的基于"国家传奇"的保守主义文化情感。在这种文化情感之下,已经经历了半个世纪改造的东印度公司文职体系所造就的帝国精英阶层得以充分施展其"公共精神",也正是这一体制及其"公共精神"将英格兰利益同土著利益进行了截然的、隔绝式的划分,正如阿伦特评论的那样:在这一体制之下,"'冷漠无情'变成所有英国殖民地官员的崭新态度,比起暴虐的独裁,比起专制政体,它是一种更为危险的政府形式。其原因在于:它甚至无法忍受维系暴君及其子民之间的最后一条线索,这条线索是由贿赂与馈赠编织而成的。不列颠殖民行政官员那廉正的性格,使得其专制政府更不近人情。比起亚洲土著的统治者与残酷的征服者,它更难以被其统治的人民接近。清廉冷漠象征着与'利益'绝对划分清楚;如此划分可使清廉冷漠与利益根本没有抵触的机会。相形之下,剥削、压迫或腐败似乎更可以捍卫人的尊严,因为剥削者与被剥削者、压迫者与被压迫者、腐化者与被腐化者生活于同一个世界,分享相同的目标,为拥有相同的事物而奋斗。但是,在冷漠无情的政府形式中,上述第三种比较都被摧毁无遗;更糟糕的是,冷漠无情的行政官员们甚难理解他们已经创造出一种崭新的政府形式,却坚信他们的态度是因为'与落后地区人民接触所迫'而滋生的"[27]。

正是这种隔离和等级式的帝国精神,推动着麦考莱对印度实施法律隔离,此即印度法律的"法典化"——将印度转化为一个帝国精英阶层普遍治理之下的、被去除了政治意志的法典社会。和18世纪欧洲启蒙光谱中的法典诉求所表达的智识诉求和民主诉求不一样,法典化的印度社会是麦考莱文化帝国的重大要素之一,其基本诉求乃是一个"家长式"的政府:"即便是在这个国家里我们也抱怨法官造法;即便在这个国家中道德标准要高于世界其他绝大多数地方;在这个国家中,许多代人当中也没有哪位我们法律传统的看护者曾招致个人腐败的怀疑;在这个国家中有着恰当的制度;在这个国家中每项判决都被聪慧而博学的观众看在眼里;在这个国家中有着智慧而敏锐的公众;在这个国家中每件引人注目的案件都被上百家报纸全面报道;简而言之,在这个国家中有能弥补这一体系之弊端的一切。然而,在一个有着绝对政府并且道德涣散的地方,一个没有酒吧与舆论的地方,法官造法是无法容忍的祸害与丑闻。是时候让地方行政官了解他将要施行的法律,让臣民们了解他将生活在怎样的法律之下。我们的意思不是指印度的全体人民应生活在相同的法律之下:远非如此,在这份议案中没有一个字,在我那位可敬的朋友的演说中也没有一个字能做这样解释。我们知道这个目标多么可取,不过我们也知道那是水中捉月。我们知道必须尊重源自不同宗教、不同民族、不同种姓的种种感情。

英格兰的扩张

我相信，在不伤害这些感情的情况下，可以做许多事来使这些不同的法律体系趋于相同。不过，无论我们是否要同化这些体系，让我们来将它们变得明确，让我们来对它们进行整理。我们不建议草率的创新，希望不给我们任何一部分臣民的偏见造成冲击。我们的原则便是如此，在可能的地方追求一致性，在必需的地方保持差异性，然而在所有地方都要获得确定性。如我所相信的，印度比世界上其他国家更需要一部法典。我同样相信没有其他国家能更容易地获得这一益处。专制政府比民治政府更适合赋予一个民族一部法典，这几乎是专制政府的唯一幸事，或许就是唯一的幸事。整理一个浩繁的、人为的不成文法体系远非一件易事，并且，由少数人来做要比由许多人来做强得多，由拿破仑来做要强过众议院（Chamber of Deputies）以及参议院（Chamber of Peers），由一个像普鲁士或丹麦那样的政府来做要强过像英格兰这样的政府。对于这一目标，两三位经验老到的法学家安静地坐在一起便是个优越得多的机构，而一个大型的民众集会则会分立为不同派别，这种集会几乎总是这样。因此在我看来，现在正是我们能够将一部完整的成文法典这一益处最容易地赋予印度的时机。这项工作在野蛮的时代无法很好地进行，在自由时代则难免伴有巨大的困难。这项工作尤其适于一个像印度这样的政府，一个开明的、家长式的专制政府。"[28]

麦考莱的印度论章以英格兰自由传统为基础，意图确立起英格兰之于印度的优越性。和约翰·穆勒的理智诉求不同的是，麦考莱将这种优越性建基于欧洲之于东方的文化上的特权地位，而非认知上的特权地位；假如说，约翰·穆勒会将现代殖民地民族主义的狂热表达视为非理性的激情，一种反启蒙的政治意志在情感上的表达，那么麦考莱则会将之理解为对欧洲文化霸权的奴隶造反冲动。对约翰·穆勒来说，非理性的激情可以通过认知能力的逐渐提高而得到遏制和改造，认知必定独立于文化；但对麦考莱来说，文化上的霸权和优越性之所以得到确立，恰恰是因为低等文化的存在，后者乃是前者存在的必要前提。设若麦考莱基于文化统绪而非人类认知能力的文化霸权真的在帝国政治当中获得普遍实施，成为普遍现实，那么麦考莱全部印度论章所设定的那种英格兰的优越性也将走向自我毁灭。因此，麦考莱在确立英格兰之优越性时，从未将认知视为独立要素，而是相反地将认知置于文化—权力所构造的绵延网络中，并消融于其中。正如登恩作为民族主义的敌对者但仍然一针见血地评论的那样："民族主义是 20 世纪最大的政治耻辱。……正如今天的情况所示，理性之狡黠最终在民族主义中遇到了自己的对手。"[29]

深谙启蒙理想与"理性之狡黠"之间微妙合体关系的麦考莱，同样深刻意识到他以 1688 年为起始点，以 1832 年为终极点的有关英格兰之优越性的历史哲学叙事，必须以反辉格党要素的存在为前提，否则便无法自我确证；印度问题为他提供了反辉格党要素存在的最佳例证，他也因此选择了帝国政治这个舞台，对他的辉格党历史哲学进行了雄辩的阐述。也正是出于这种意识，麦考莱在有关印度命运的总结陈词中，走向一种悠闲的历史不可知论。而且我们不难理解，这种不可知论并未给麦考莱带来危机感，相反，正是"理性之狡黠"使得麦考莱能够安枕在英格兰之优越性和文化霸权之上，因为在他的历史哲学中，1832 年英格兰的文化图景正是历史的"终极性"所在。为此，他写道："我们印度帝国的命运阴霾密布。对于这样一个与历史中其他国家毫无相似之处，并独自构成一类政治现象的国家，我们难以预测它的命运。我们尚不知晓决定其成长、其衰败的法则。或许印度的公共精神会在我们的体制下壮大，直至该体制再也容不下它；或许借助一个良好的政府，我们能将我们的臣民教育得能胜任一个更好的政府；或许由于接受了欧洲知识的指导，他们能在未来的某个时候渴望欧洲的制度。我不知道这一天会不会到来。但是我绝对不会试图规避或阻碍它的到来。无论它何时到来，它都将是英国历史上最值得骄傲的一天。发现一个伟大的民族深陷奴役与迷信的深渊，统治他们以便使他们渴望并有能力享有公民的一切特权，这确实是我们的殊荣。权杖或许会离我们而去，不可预见的意外事件或许会打乱我们最

英格兰的扩张

深奥的政治计划,胜利或许会在我们军队的面前变化无常,但有一些胜利,他们不会被扭转。有一个帝国,它杜绝了所有导致凋敝的自然原因。这些胜利将是和平的胜利,是理性对野蛮的胜利;这个帝国将因我们的技艺、我们的道德、我们的文学以及我们的法律而不朽。"(麦考莱《印度之治理》)

麦考莱将英格兰的优越性建立在英格兰自由传统及其技艺、道德、文学和法律的恒常性、稳定性之上,这样的优越性在很大程度上并不依赖具体的社会—经济或者政治—军事内容。毫无疑问,"权杖或许会离我们而去",但是英格兰总体上的文化优越性仍然行之有效。显然,在麦考莱看来,帝国文职体系使得帝国精英管理阶层完全避免了18世纪特有的那种社会和国家体制的分裂,并且也远离了政治上的派系之争;帝国统治在根本上将这个阶层塑造成为国服务的"屠龙英雄",并由于"屠龙事业"中所体现的英格兰"一致性"和"统一"原则,而成为英格兰民族荣耀的担当者。

这种观念实际上弥漫在麦考莱时期殖民地官员的东方论章中,比如安吉利诺在其全景式的《殖民政策》一书中谈到殖民地文职体系时评论说:"最崇高的工作、前所未有的工作,正等待着东印度公司的职员……加入这个行列乃是最高的荣耀。"[30]1749年,博林布鲁克在《国家现状反思》中将斯威夫特的情绪性反应和控诉固定为一种完善的阐释模式,并制造了"爱国者君主"的托利神话;1845年迪斯累利在其小说《西比林》中采纳的正是这一模式。博林布鲁克论辩说:"在威廉王即位之时,他实际上是在紧随着革命而走上了这个伟大的行动舞台;此时的民族处境可谓刚刚解脱镣铐……具体而言,威廉王本可以在这个国家获得多种支持……比如土地税、麦芽糖消费税、各种额外的补贴,所有这些本可以在当年就予以征集。也确实起草并提出了这样的规划……但是最终却遭到拒绝,随附的理由充满政治精巧度,但只是看起来合理,结果证明为害甚重。据说,一个这样的新政府,其创建违背了众多的古代原则和现实惯例。如果想得到切实的保障,最好的办法莫过于将众人的私人财富同政府的维系联结起来;除非诱使他们借钱给公众,并接受当前体制下的证券，否则便无法达成这一步。由此便造就了筹措资金的新方法以及股票投机行当。大公司纷纷应运而生，它们自称是仆人，但实际上在很多方面都是政府的真正主人。"[31]

如果说，博林布鲁克试图依托超越党派多元格局的"爱国者君主"权能对英格兰实施国家"民族一体化"，并由此走上同一时期法兰西式的王权—人民统一性路线，那么迪斯累利则试图依托此种标准的托利党神话来推行帝国的"一体化"，将不列颠帝国从一个多元结构转化为欧陆式的民族扩张结构。迪斯累利以 19 世纪最杰出的"战略家"身份寄托自己的声望，由保守党完成英格兰普选权的改革，这件事情完全超出了英格兰自身的宪政想象，却是由迪斯累利一手促成的。保守党正是借助迪斯累利此举以及迪斯累利本人的杰出政党组织天赋，击败如日中天的格莱斯顿，重掌内阁，并迫使他的终身之敌格莱斯顿选择退隐。1875 年事件为迪斯累利的"新帝国"政策提供了极好的进展机会。和麦考莱、张伯伦的"新帝国"政策不同的是，迪斯累利关注的真正重点并非英帝国殖民地、自治领的资源开发和整合。迪斯累利此举是要迎合这一时期英格兰庞大选民群体中盛行的民族主义情感。在迪斯累利看来，英格兰在帝国中的优越性、帝国在整个世界的优越性，此种情感就是选票的基础。"种族就是一切"这种盎格鲁-撒克逊至上主义的口号实际上就是迪斯累利保守党的选举口号。1875 年土耳其事件提供的国际关系格局在表面上非常清晰，但在英格兰，顽强的贵族政治传统使得荣誉和声望的竞争变得甚至比权力角逐更为惨烈，因此也使得政党权力角逐本身也更为模糊复杂。政党领袖、议会、选民、君主，这种四角关系存在相对的变化和多样的随机组合。就外交事务而论，问题的关键就在于政党领袖如何获得并尽可能地保持主动性。迪斯累利的办法是提出一个又一个充满机会主义，但也一个更比一个雄心勃勃的计划来取胜；迪斯累利的难题在于，如何把他过于发达的战略技巧、过于强烈的荣誉要求融合成一种能够得到选民热情回应的态度和理想。在迪斯累利看来，土耳其事件为英格兰及其所代表的新教世界提供了征服东方的理由，这

英格兰的扩张

也许和英格兰传统帝国政策中的担忧和抱负不合拍,但却能够重新唤醒帝国的统一意识和力量。大陆列强受制于小心翼翼地《柏林备忘录》框架,要么不能或不愿利用这样的理由去承担基督教使命,因此他们也只能局限在传统的国家利益或者王朝利益的现实斗争上,由此而给大英帝国影响力留下了巨大的扩展空间。正是在这种新的帝国观念中,迪斯累利的政党团结诉求、个人野心和不免显露出来的机会主义手腕得到了融合,融合成为一种深得女王赞许的理想和政治方向感。如果说詹姆斯·穆勒会将现代殖民地民族主义的狂热表达视为非理性的激情,一种反启蒙的政治意志在情感上的表达,那么麦考莱-迪斯累利的东方政策则是将之理解为对欧洲文化霸权的奴隶造反冲动。对约翰·穆勒来说,非理性的激情可以通过认知能力的逐渐提高而得到遏制和改造,认知必定独立于文化;但对后者来说,文化上的霸权和优越性之所以得到确立,恰恰是因为低等文化的存在,后者乃是前者存在的必要前提。设若麦考莱、迪斯累利基于文化统绪而非人类认知能力的文化霸权真的在帝国政治当中获得普遍实施,成为普遍现实,那么麦考莱全部的印度论章所设定的那种英格兰的优越性也将走向自我毁灭。所以,麦考莱在确立英格兰之优越性时,从未将认知视为独立要素,而是相反地将认知置于文化-权力所构造的绵延网络当中,并消融于其中;正如登恩作为民族主义的敌对者但仍然一针见血地评论的那样:"民族主义是 20 世纪最大的政治耻辱。……正如今天的情况所示,理性之狡黠最终在民族主义中遇到了自己的对手。"[32]

麦考莱的帝国教育政策或者帝国"阐释者"政策,就其社会构成的现实而论,实际上是一项为了迎合 19 世纪中期崛起的英格兰保守主义社会氛围而施展的文化策略。在印度社会当中,在这一策略所展示的图景和架构中,人造的因素远远高出自然的因素,而且占据支配性的地位。正如麦考莱在解释这一政策的目标时所说的那样:"有一个帝国,它杜绝了所有导致凋敝的自然原因。"[33]正是因此,这项政策作为单纯的帝国教育政策,一种狭隘的文化图景,无法在印度社会中获得一个基础性阶级的接纳和支持。这样一个阶级必须能够作为帝国"阐释者"而进行切实的社会——经济斗争,这在印度是不可能的。帝国教育计划不会达成无法获得经济阶层支持的任何目标,这是很显然的。正如查吉特所说:"新的知识分子被西方的种种思想所鼓动,包括自由思想、理性的人道主义和科学进步。但是,中产阶级的这些渴望都无法实现,因为在社会生产过程中其作用受到阻碍;前者提出的目标必然会被后者所排除。所以,现代性基本无法成为社会发展的客观力量……由于中产阶级在社会生产中不能发挥作用,因而洛克、边沁和穆勒的理论,更多地是使人不能认清殖民统治下国家和社会的特质……中产阶级既没有力量也没有立场,无法在国家组织和社会生产之间做有效的沟通,只留下对舶来的个人权利和理性概念的拙劣模仿。"[34]因此,印度自治和独立运动的领导者们都明确意识到"分离"政策的基本重要性。印度若要获得自治,就必须从麦考莱的帝国教育和治理规划中获得整体性的脱离。

作为脱离运动的基础,甘地一开始就反驳了英格兰19世纪非正式帝国论者引以为傲的一项论断,认为英国是在"心不在焉"的情况下获取了印度;甘地在《印度自治》中评论道:"不是英国人占领了印度,而是我们把印度拱手相让。他们不是由于力量强大而占领印度,而是我们留下了他们。现在让我们看看这些观点是否站得住脚。当初他们来到我们的国家是为了做生意。(回忆一下伯哈德公司)是谁造就了伯哈德?那时英国人丝毫没有建立一个王国的打算。是谁帮助了该公司的管理人员?是谁被他们的银器的光芒所诱惑?是谁买了他们的商品?历史证明是我们做了这一切。"[35]甘地进而将这种"脱离"意识伸展并扎根到经济领域,同时也坦率且深刻地剖析了自东印度公司1813年章程所实施的贸易自由化法案之后,以东印度公司极速扩张的商业网络所构成的强有力的英印帝国经济控制体制:"统治印度根本不需要剑,仅仅是由于我们留住了他们。据说拿破仑把英国人描述为一个国家的店主。这种说法恰如其分。为了商业利益,他们控制自己所占领的

英格兰的扩张

任何领土。他们的陆军和海军专门用来保护商业利益。当德兰士瓦吸引不了商人的目光,已故的格莱斯顿先生就认为英国人没必要控制该地区。当它一旦成为有利可图的地方,当地人的抵抗就引发了战争。张伯伦先生很快发现英国人喜欢在德兰士瓦享受宗主权的地位。据说有人问已故的古鲁格总统,月亮上是否有黄金,他说不太可能。因为如果有的话,英国人就会占领它了。如果牢牢记住金钱是英国人的上帝,许多问题就能迎刃而解。随之而来的,我们留住英国人是为了我们的基本利益。我们喜欢他们的商品。他们用巧妙的方法使我们高兴,然后从我们手上拿走他们需要的东西。为此把责任全推给他们,只会巩固他们的权力。还有,我们之间的争端也会强化他们的统治。"[36]

在论析掌控并操纵这一帝国经济体制的背后力量时,甘地以明确的民族主义总体性原则驳斥了英印帝国的二元主权体制以及以议会政治为基础的复杂且人为的立法运作机制。在甘地看来,这样的机制不但方便了统治阶层远离他们应当代表的人民,更方便了道德责任的瓦解。戴雪在19世纪中期之后英格兰议会的运作中已经清晰洞察到这方面的统治危机,不过戴雪相信,通过扩大选举权,这样的缺陷及其造成的危机是可以得到克服的。就政治的实际运作状况而论,应该说戴雪道出了基础性的事实。但是甘地是从总体性原则角度,或者说是从伦理角度看待问题,这理所当然地导致了他对议会政治和代议制的根本性谴责:"事实上众所周知,议员们虚伪又自私。每个人只考虑自己的蝇头小利。恐惧成了他们的主导动机。今天做的事明天也许就不做了。我们绝对找不出一个例子,能够预言议会工作的最终结果。当讨论到最严肃的问题时,人们可以看到议员们伸懒腰、打瞌睡。有时候议员们谈个没完没了,直到听众极其厌烦。卡莱尔把议会称作'世界聊天室'。议员不假思索地投自己党派的票。他们所谓的纪律使党员们盲目服从。如果出现例外情况,某个党员投了独立的一票,他就被认定为党的叛徒。如果把议会浪费的金钱和时间委托给少数几位出色的人物,那么今日英国的地位会重要得多。议会只是国家昂贵的玩具。"[37]这样的论述揭示出甘地对19世纪60年代格雷斯顿实施政党组织变革之后，英格兰政党政治所发生"民主转向"和"国家政治转向"的陌生和冷漠。毫无疑问，这样的陌生和冷漠源自甘地在道德和伦理上对议会政治的无所住心。这一点很容易让人将《印度自治》中的甘地同19世纪英国的标志性的保守派人物等同起来，比如卡莱尔、拉斯金。然而，这样的类同仅仅体现在表面的语词之上。实际上，维多利亚时代的社会批评者们往往都是文化和文学批判者，就如同卡莱尔绝少站在经济学的立场上批判经济学一样，他们自我担负的使命就是揭示并刻画理智和文化之间那种令人痛苦的不一致和冲撞。正如科林伍德在谈到拉斯金时所说，他们从未设想过"'良知'或'信仰'能在'理智'失效之时引导人类"。[38]与之相反，甘地在《印度自治》中所运用的语言范畴充分展示出作为他基本诉求的"脱离"意识。甘地内在而天然地没有受制于西方思想传统的所有两元范畴，而这些范畴在麦考莱的帝国教育政策中都是作为核心要素出现的，比如理智与文化、进步与倒退、信仰与理性、必然性与意志等。确切地说，甘地并非在后文艺复兴或者后启蒙的欧洲思想框架中思考问题。简言之，他的思考框架并非出自精神上的备受压抑，也非出自对世界的建构意向，无论这种意向是唯美的原始主义，还是冷却了的理性主义。甘地眼光注视之处并非已经建成或者有待建设的现代市民社会，而是一个依据总体性的伦理原则而值得期待的社会，这样一个社会可以展现出未来的无限多样性。正是如此，当国大党试图依据议会政治模式重建印度自治之后的政治生活，并在民族主义轨道上予以疏导之时，势必发现甘地是一个无法应对的难题。无论泰戈尔还是尼赫鲁都不得不将甘地简单地理解为前资本主义农民社会的代言人，一个顽固痴迷的"小农知识分子"。

然而，正如查吉特揭示的那样，问题的关键在于甘地同印度民族主义的关系问题，在议会政治道路上昂首前行的现代印度民族精英，自然都倾向于否认甘地对于印度民族主义的推进作用，并相反地视之为印度民族主义现代化和政治化的阻碍。查吉特则尝试打开一片更为宽广的视野："甘地主义如同俄国民粹主义一样,并不是农民意识形态的直接表述。作为一种意识形态,它被理解成一种对当事精英—民族主义话语的干涉,并为一种特定的民族运动塑造成型。只有在那个历史语境中来观察它,才可能理解甘地主义的独特成就:它为完成一项事业开辟了可能性,这项事业对印度这样的国家而言,可能是最重要的历史任务,那就是为一个志在于新的民族国家里取得政权的资产阶级,在政治上借用所有的从属阶级。在印度这个个案里,人口最多的是农民,而正是甘地的意识形态,为这个阶级进入印度的国家政治结构,找到了历史可能性。"[39]

托尔斯泰在俄国民粹主义的核心文本《天国在你心中》里面揭示出民粹主义的关键信条,人类生活的改变并不像笛福在《鲁滨孙漂流记》中刻画的那样,是凭借一个人孤独的自律实现的,也不像雨果在《悲惨世界》中呈现的那样,大众的世界仿佛是一股兀自前行的自发暗流,为启蒙之光无法穿透和照亮。相反,人类生活的改变是可能的,但不是通过人们渐进地或者一个一个地理解并接纳新观念所致,而是在精神领袖的垂范之下,形成新的意识潮流,并以集合的和突进的方式"跨越"到另一种生活安排当中。[40]同样,甘地在论及"政府权力和人民权力"时也指出:"从这里我们发现,人民需要用以保证自己自由的,既不是物质上也不是智力上的力量。他们所需要的一切,就是道德上的勇气,而这种勇气是依赖于信仰的。在这种情况下,他们需要信仰自己的头领,而这种信仰不是人力能够创造的。他们在头领身上找到了一种值得如此信仰的对象,而他又如磁铁一般,将人民的心吸引到自己这儿来。"[41]甘地对国大党民族—精英的民族主义政治路线一贯提出严厉批评,申斥其为道德涣散的集团,但是,甘地主义的致命缺陷也正在于不能提出一条可行的政治—经济实践纲领。尼赫鲁在20世纪30年代批评了当时已经沦为地方政治派系的教族主义政治人物,指出这些人意欲达成的宗教目标实际在经济上是遭到否定的:"世人皆知,政治时代已经过去,我们生活在经济主导民族与国际事务的年代。……印度和世界都受各种经济问题所迫，它们是无法逃避的。"[42]

尽管如此，国大党的民族主义—精英路线在实施以中产阶级为核心诉求的精英主义发现策略之时，仍然不得不面对利益分化和政治责任感瓦解所造成的危机。尼赫鲁认真剖析了危机的根源："印度教和伊斯兰教中的资产阶级，利用宗教的神圣名义，在某种程度上取得了群众对他们纲领和要求的同情和支持，而他们的这种纲领和要求不仅跟群众绝对不相干，甚至跟中产阶级的下层分子也不相干。……这些偏狭的政治要求至多只是对中产阶级的少数上层分子有利，却常常妨碍了全国的团结和进步。但是一些教派领袖人物巧妙地使这些偏狭的政治要求看起来似乎是那个教派的群众的要求，使这些要求带有宗教情感，借此掩盖这些要求内容的贫乏。政治上的反动派就是这样以教派领袖的面目出现并重新回到政治舞台的。他们采取各种步骤的理由与其说是由于他们的教派偏见，不如说是由于他们要阻碍政治进步。"[43]因此，正如尼赫鲁本人深切认识到的那样，要塑造团结性的国家政治，问题的关键不在于作为既成事实的教族政治，而在于对"印度母亲"的"重新发现"。这一发现的要旨就在于意识到大众信念同既存的经济利益之间是有差异的，而且这种差异很难得到协调。大众信念通常处于自发性和非理性的领域。地方性的教派政治往往能够成功地借用这种大众激情为自身的利益服务，因此，"印度之发现"一方面必须尊重大众信念，甘地的工作对于"印度之发现"是必不可少的基础性工作；另一方面，则要防范教派政治对甘地主义在相反方向上的滥用。唯此，甘地主义才能得到引导，进入民族主义政治的轨道。阿克顿在"两种民族主义"之间做出的那种黑白分野的区分，因应了那一时代欧洲，尤其英格兰崛起的文化保守主义潮流，其正确性置于那样的背景中是不难辨识和理解的。然而，20世纪，尤其是在殖民地世界民族主义的爆发及其政治化，却不能以麦考莱式的帝国文化图式作为参照坐标，被单纯地理解为"罪恶的激情"或者"理性之狡黠"。正如登恩评论的那样："民族主义作为一种政治力量,在现代世界中有点反动和非理性的感觉。即便如此,它对共同体成员坚持提出道德要求,并强调文明秩序以及和平并非强力所致,而是人人必须通过自身的斗争方能取得的成就,这在很大程度上较之当今多数资本主义民主国家中纯粹的直觉政治,更少迷信色彩。……世界上主导性国家的经济民族主义来得很轻松,是世界经济动力的自然产物,却对人类的未来构成了真正的威胁;为了民族解放而实施的强力政治,说起来不怎么让人爱听,但其基础却是异常深刻的、有关人类政治境遇的真相,忽视这些真相将是极端的鲁莽。"[44]

以尼赫鲁为标志的印度民族主义精英为了"重新发现"印度,而不得不梳理甘地主义同民族主义之间的关系问题,并在这一梳理过程中赋予印度民族主义以社会—经济内容。在脱离期之后的这段艰难的建设时期,甘地并不介意人们有关甘地主义不具备可操作性的指责,并尽可能地揭示自身的重大缺陷,而尼赫鲁也致力于认真理解印度的过去。在《印度的发现》中,尼赫鲁以同迪斯累利相反的方式再现了"两个英国":一个是以米尔顿为代表的高尚而自由的英国,另一个则是以保守、封建和反动为诉求的英国。当这样的英国来到印度时,"两个英国"是合为一体的,"很难将两者分开"。在此,尼赫鲁重拾了 19 世纪而非 18 世纪埃德蒙·伯克的英印帝国记忆,并宣称,19 世纪的英印帝国实际上是那个"不好的英国"主宰着每一次的重大帝国行为。这样的论断是合理的,而且是很容易理解的。[45]无论麦考莱为辉格党说了多少好话,当英印帝国从 18 世纪和 19 世纪早期的一个政治—法律世界转变为麦考莱式的文化特权世界时,也就意味着英印帝国对自身进行重大变革能力之信心的丧失。1858 年实施的帝国改组,只不过是由托利党负责执行的麦考莱式的基于文化和传统的表面重组,对于印度社会的实际结构未有丝毫触动;如果说有什么改变的话,那就是迪斯累利在麦考莱的文化图式之下,悄然安插了那一时代已经在欧洲悄然崛起的种族意识,并在印度女皇的加冕仪式上进行了种种霍布斯鲍姆所谓的"传统的发明",借此来巩固印度社会的封建现状,使得印度农村社会的土地问题若不脱离英印帝国框架便无法获得大规模解决。实际上，迪斯累利对印度做了奥古斯都对罗马所做过的一切事情，有过之而无不及；而这一切"非自然性"的东西在西利的"自然性"解释图景当中都是拥有一席之地的。如何消解这些"非自然性"的东西，使之融入"自然性"解释图景当中，便成了西利爵士要面对的首要帝国文化问题，当然也成了以格雷斯顿为首的自由党要面对的首要帝国政治问题。

西利爵士在明确讲座主旨的时候，也阐明了这一点："英格兰可以证明自己能够做到美国所轻而易举所做的，即将彼此相距遥远的各个国家联合起来共同组建一个联邦。假使那样的话，若按人口与面积来衡量，英格兰将与俄罗斯和美国一起居于头等大国的行列，并且，将高于欧洲大陆上的其他国家。我们绝不应该想当然地认为这就是令人向往的。幅员之辽阔并不一定意味着伟大；如果通过维持在人口和面积上的第二等级地位，我们就能够在道德上和智识上占据第一等级，那么还是让我们牺牲仅仅是物质上的等级吧。但是，尽管我们不必预先断定我们是否应该保留我们的帝国这个问题，我们还是可以十分公正地假设，经过适当的考虑之后，我们断定它确实是值得向往的。"

注释

[1] 参见 La Reforme Intellectuelle et Morale, Oeuvres Completes, vol. I, pp. 36 - 48。[2] Martin Thom, "Tribes Within Nation"，见 H. Bhabha ed., Nation and Narration, London and NewYork, 1990, p. 22。[3] Scenes et Doctrines du Nationalisme, Paris, 1902，第 56 页。[4] 帕尔特·查特吉：《民族主义思想与殖民地世界》，译林出版社，2007 年，第 12 页。[5] 参见 Plumb, "Churchill, Historian", in Churchill: Four Faces and the Man (1969), pp. 149 - 150。[6] P. J. 马歇尔主编：《剑桥插图大英帝国史》，世界知识出版社，2004 年，第 51 页。[7] 同上，第 18 页。

[8] P. Dickson, The Financial Revolution in England, London and NewYork, 1967, p. 201。[9] 转引自 P. Marshall and G. Williams, The British Empire before the American Revolution, Frank Cass and Company Limited, 1980, p. 127。[10] 麦考莱：《印度之治理》。[11] 参见 J. Bowen, The East Company's Education of Its Own

Servants, Journal of the Royal Society of Great Britain and Ireland, No. 3/4, Oct.，1955，第 106 - 107 页。[12] C. 哈维和 H. 马修:《19 世纪英国:危机与变革》,第 277 页。[13] 转引自 E. Evans, Political Parties in Britain, London and New York, 2001, p. 40。[14] E. Stokes, The English Utilitarians and India, Oxford, 1959, 第 53 页。[15] A. Smith, The Theory of Moral Sentiments, Oxford, 1976, III, i, 2.[16] 参见 D. Hume, A Treatise of Human Nature, Oxford, 1978,第 416 - 418 页。[17] 转引自珍妮弗·皮茨:《转向帝国》,江苏人民出版社,2011,第 185 页。[18] James Mill, "Affairs of India", Edinburgh Review 16:135.[19] H. Wilson, ed.，The History of British India, New York, 1968, 1:110 - 123.[20] James Mill, "Affairs of India", Edinburgh Review 16:147.[21] H. Wilson, ed.，The History of British India, New York, 1968,5:426.[22] 转引自珍妮弗·皮茨:《转向帝国》,江苏人民出版社,2011,第 194 页,注释 1。[23] 同上。[24] 同上,第 196 页。[25] H. Wilson, ed.，The History of British India, New York, 1968,2:124.[26] S. 弗莱施哈克尔:《分配正义简史》,吴万伟译,译林出版社,2010 年,第 144 页。[27] H. 阿伦特:《帝国主义》,台北联经版,第 131 页。[28] 麦考莱,《印度之治理》。[29] J. Dunn, Western Political Theory in the Face of the Future, Cambridge, 1979, p. 55.[30] D. Angelino, Colonial Policy, Chicago, 1931, vol. ii, p. 129.[31] 参见 Bolingbroke: Works, 1754, iii, 151。[32] J. Dunn, Western Political Theory in the Face of the Future, Cambridge, 1979, p. 55.[33] 麦考莱:《印度之治理》。[34] 转引自 P. 查吉特:《民主主义思想与殖民地世界》,凤凰传媒出版集团,2007 年,第 37 页。[35] 甘地:《印度自治》,引自 http://hi. baidu. com/youguangshuai/item/43dd1e7cefd566346f29f667。[36] 同上。[37] 同上。[38] R. Collingwood, Ruskin's Philosophy, Chichester, 1971, p. 28.[39] P. 查吉特:《民主主义思想与殖民地世界》,凤凰传媒出版集团,2007 年,第 136 页。[40] 参见托尔斯泰:《天国在你心中》,吉林人民出版社,2004 年,第 210 页往后。[41] 转引自 P. 查吉特:《民主主义思想与殖民地世界》,凤凰传媒出版集团,2007 年,第 178 页。[42]《尼赫鲁自传》,世界知识出版社,1956 年,第 622 页。[43] 同上,第 155 - 156 页。[44] J. Dunn, Western Political Theory in the Face of the Future, Cambridge, 1979, 第 71 页。[45] 参见尼赫鲁:《印度的发现》,世界知识出版社,1956 年,第 372 页往后。

前　言

　　这份讲稿准备付印过程中,科威尔教授(Cowell)给了我莫大的帮助。他悉心审阅并对讲稿当中涉及印度以及坎宁安先生(Cunningham)的内容提出了建议,坎宁安先生正是《英格兰工业和贸易发展史》(*The Growth of English Industry and Commerce*)一书的作者,这本书相当有意思。

第一讲座系列

第一讲　英格兰历史趋势

方法科学,目标实用,这是我最为器重的史学格训之一。所谓修史,不仅仅是要迎合读者的历史好奇心,更要调整人们对当前的观感和对未来的期许。倘若此一格训持之有据,那就应当以一种历史寓意性质的申述为英格兰的历史做结论;应当从中得出宏大结论,应当展示英格兰事务的一般取向,并据此引领人们思考我们的未来并预见我们的命运。特别是要考虑到,我们这样一个国家在这个世界的角色,是肯定不会在历史进程中黯淡下去的。一些国家,诸如荷兰和瑞典,很可能会认为自身的历史在某种意义上说已经结束了,这是可以理解的。这些国家都曾经伟大过,但是,当初铸成其伟大的那些境遇和条件已然消散了。如今,这类国家只能说是二流国家。因此,这些国家于自身历史的旨趣要么是情感导向的,要么就是纯粹的研究导向;此类国家的历史,所能提供的唯一历史教益,恐怕也只能在于隐退之道。但是英格兰的历史历来就在步步为营的生长轨道之上运行,相当稳定。此一稳定的生长态势即便不一定总是能够相对于其他国家展现出来,但就英格兰自身的历史发展而言,却可以说从来都是此种局面。今日之英格兰毫无疑问较之18世纪的英格兰要强盛很多;18世纪的英格兰较之17世纪的英格兰,同样强盛很多;17世纪的英格兰较之16世纪的英格兰,同样如此。一个国家,臻于此等强盛格局,这就令这个国家之未来命运的问题,变得极端重要,同时也令世人极端关切,毕竟,此等格局之下,有一点是很明确的:英格兰国家那巨大的殖民扩张乃令英格兰必须面对新的危险,这样的危险是英格兰古时那种无足轻重的岛国地位根本无须操心的。

因此,对于英格兰历史的旨趣,应当依循稳步深化之道,向着当前推进,同时,也要考虑到,未来乃借由过去生发而出,因此,对于英格兰历史的旨趣同样应当培育出对于未来的预见。然而,大众史学家不会这么考虑问题。亚里士多德不是说过嘛,戏剧必有终局,但史诗只会消退。既如此,那么流行的史学叙事版本就不应当有任何清晰的终局诉求,而且此种叙事版本中的英格兰还应当呈现出缓慢的衰减模式,日趋衰弱,日趋黯淡,最终在一个低谷地带沉降下来,据此,便可以展现出这么一幅画面:英格兰在历史进程中,非但没有稳步提升自身的力量,而且还在一两个世纪之前就已经开始因为老迈而没落下去了。能这么看吗?英格兰的历史脉流是不是真的就这么迷失并在荒寂沙海中蒸发了呢?此一问题令我们不由得想起华兹华斯的诗句:

> 不列颠自由自由啊,如同洪流
> 涌入世间赞誉之大海,
> 它源自黯淡远古,
> "奔涌向前,无可阻挡",
> 激流肆意,令人惊颤,
> 不受束缚,
> 穿越沼泽、沙滩,名声震荡尘寰
> 但也终将消散,善恶永留人间……
> 此情此景,无须多虑。

如此命运,令人伤感。"无须多虑",大众叙事所接纳、所揭示的正是此种历史思绪、此等历史命运,甚至不列颠自由之脉流很可能也会因此沦落。

设若我们有意愿对此一人间憾事予以补救,那又当何为呢?这

英格兰的扩张

对学年之初的历史系学生来说,可是个好问题;对初入史学生涯的历史学者来说,想必也是个极有分量的问题。这个问题实际上可以帮助打开历史视野,将英格兰历史作为一个整体加以思量,并迫使这些初出茅庐的学生或者学者展开自我考验,看看能否在英格兰历史当中找到意义,找到方法,看看自己是否能够从中得出结论。倘若已经知晓了一系列的人名和时间,知晓了王系名录,知晓了一系列的战役和战争,那也就是时候扪心自问:这一切的一切,目的何在? 或者说,我们辑录史实并将之交托人类记忆,有何切实目的? 倘若史实无法导向伟大真理,而且是兼具科学普遍性和重大实用意涵的真理,那么历史也就只能是一场娱乐盛宴;在历史研究引发的冲突中,历史自身将因此失去自我立足之地。

任何人在长期浸淫于历史研究的过程中,都不可能不面对发展观念、进步观念引发的问题。说白了,我们都在向前走,包括我们所有人。如今的英格兰已经不是斯图亚特时代或者都铎时代的英格兰了。就中间这几个世纪的英格兰历史境遇而言,至少可以说,其中有大量的情状都可以让人生成进步观念。确切地说,这段历史进程不免会让人得出结论,认为事情一直都在向好的方向发展。但是问题在于:如何定义进步? 衡量标尺何在? 倘若真的依托理性精神展开历史研究,并保持刚才我提起的那种清晰的目的诉求,那就必须专注于这个问题,并找到这个问题的答案。因此,我们就完全不能满足于老派历史学家们往往会在叙事结束之时,纯粹为了叙事的缘故,给出的那种花哨但含混的泛泛之论,在我看来,这样的历史学家已经在纯粹的叙事中迷失了。

此类花哨之词,语意朦胧,所指涉者通常不过是所谓的文明进步。但是,何谓文明,他们却又不曾提出定义;确切地说,他们通常都是依托比喻之法,将文明比作一道光亮,将文明进程比作穿越晨昏幽光进至正午时分朗朗乾坤的一个过程;由此,文明时代便同一个遥远且遭到扭曲的历史时段形成对照,他们将这段历史时期称为"中世纪"或者"黑暗时代"。至于这样的文明意象,是否会一直

4

循着一个日益光亮的进程展开，是否会像自然时日那样，逐渐隐没在午后和夜晚当中，或者是否会因为一场突如其来的日蚀而归于终结，就如同古代世界的文明之光所遭遇的那种情境？这一切的问题，在这些流行史学家这里都归于一片晦暗之中，而这样的晦暗不过是为了迎合他们的理论诉求。这样的理论伸张是没有严肃可言的，说白了，只不过是为了展现那华丽的修辞而已。

此种文明理论，可以说正是此种糟糕历史哲学的典范。说实在的，所谓历史研究，是必须就大量的现象、事实、情状展开解释，研究者们甚至都不知道这些历史素材是不是同一类的。说得不妨更实在一些，这一切的素材只不过是碰巧同时进入了研究视野而已；此种情境之下，是不是用"文明"这么单独的一个语词将其概括起来，仿佛是用了一张大网将如此庞杂的历史素材串联起来，就够了呢？人们都在小心翼翼地避免对这个语词展开界定；在论及这个语词的时候，纷纷运用比喻手法，据此暗示说所谓文明乃是一种未知的生命力量，拥有无限的潜能，仿佛只需要提起这个语词，就足以对最为奇异、最为殊异的种种因素形成包容和解释。人们热衷于用这个语词来解释众多并无实质关联的现象，这些现象通常只是碰巧在历史上同时出现而已，比如风俗趋于温和，比如种种的机械发明，比如宗教宽容，比如伟大诗人和艺术家的诞生，比如诸多的科学发现以及宪政自由，等等。尽管根本无从得到证成，但人们还是热衷于认为，所有这些现象乃是彼此联结在一起的，背后有一个共同的因素作为原动力，这就是文明精神之运作。

此种理论一旦在手，人们便会为之塑造更具一致性的面貌，这是很自然的事情。比如说，人们会以思想自由原则为出发点，并据此对一切能够同此一原则联系起来的东西予以追索。倘若其他的要件因素都存在，那么科学发现和机械发明是有可能导源于思想自由原则的；此类发现和发明付诸普遍运用之后，当然也会改变人类生活的面貌，并赋予人类生活以复杂的现代面相；此一变迁，人们当然可以称之为文明的进展。但是，政治自由同所有这一切则

5

并没有关联可言。柏拉图和亚里士多德之前的雅典是赋有政治自由的，不过，柏拉图和亚里士多德之后的时代，这种自由便灰飞烟灭了；罗马人在思想领域尚处原始且蒙昧阶段之时，是拥有自由的，但是在经历了启蒙之后，这种自由便也灰飞烟灭了。诗才同政治自由也谈不上什么关联，比如，在雅典，诗才正是在哲学开启之际归于没落的；文艺复兴之前，意大利有了一个但丁，但文艺复兴之后便再也没有但丁了。

不妨静下心来剖析一下这个我们称之为"文明"的朦胧实体，便不难发现，此一称谓所能提点的寓意当中，有相当一部分是同文明这个语词本身有关联的，确切地说，就是生活在文明共同体或者文明国度中的人群所铸就的那些历史情状。不过，也有一部分同文明的关联仅仅是间接的，也就是说，这部分元素同文明之外的元素有着更为真切的关联，比如说科学的进步。科学的进步历来被视为文明的首要元素，不过也正如前文评说的那样，科学之进步同文明之福祉，二者之间实质上并不存在常态的关联，尽管就大部分的情形而言，科学之进步多多少少也是要以文明福祉为依托的。人类命运在其中扮演的角色，乃是受到严格限制的，毕竟人类命运所依托者乃是"律法和统治者"——正所谓"律法和国王操控人类命数"。史学之效能可以取宏大一途，也可以取狭窄一途：可以就人类普遍福祉相关的一切因素展开探查，也可以将视野仅仅局限于文明共同体，局限于文明共同体的福祉。似乎是借由一种无意识的传统，历史研究取狭窄一途而行。遍览经典史撰，便不难发现，作者的视野都有意无意地聚焦于国家和政府，聚焦于各国的内部发展和彼此间的关系。完全可以肯定，此类素材并不一定就是人类事务中最重要的部分。在修昔底德记述的那个时代，最为重要的事务实质上应当是苏格拉底的哲学生涯以及菲狄亚斯的艺术生涯，然而，修昔底德对二者只字未提，而是致力于叙述一系列的战争和阴谋。这些在我们今天看来，都已经成为琐碎之事。这绝不是视野狭隘所致。修昔底德对雅典的特殊荣耀当然是有意识的，而且相当敏感；否则他怎可能铸就这等论说呢——

$\boldsymbol{\phi\iota\lambda\omicron\kappa\alpha\lambda\omicron\hat{\upsilon}\mu\epsilon\nu\ \mu\epsilon\tau'\ \epsilon\hat{\upsilon}\tau\epsilon\lambda\epsilon\iota\alpha\varsigma\ \kappa\alpha\iota\ \phi\iota\lambda\omicron\sigma\omicron\phi\omicron\hat{\upsilon}\mu\epsilon\nu\ \check{\alpha}\nu\epsilon\upsilon\ \mu\alpha\lambda\ \kappa\iota\alpha\varsigma}?$

雅典有此荣耀，当然会有政治因素的功劳。修昔底德也正是在这个意义上展开了自己的叙史工作，这一点从上面那段话中不难看出。显然，修昔底德的叙史工作就是在这个目的诉求的范围内展开的，政治因素的考量遂成为他叙史的轴心。研究领域的不断细分推动着历史研究工作的进步，这就是事实所在。倘若你们想着一下子把一切都包罗到研究范围之内，那么你们肯定会享有论题多样化的优势；不过若是这样的话，你们是不可能令历史研究工作取得进步的；如果你们想要取得进步，就必须将注意力集中在一时一地的历史现象之上。就我而言，我是希望让历史研究维持旧有的领域划分，至于此一分化图景中未能涵涉的重大论题，则予以单独处理。因此，我认为历史学必须关涉国家，应当探查团体的发展和变迁，而这样的团体乃是借由自身的管理人员和议事会组织来采取行动的。生活在某块土地上的人，都是某个国家的成员，此乃国家的本质所决定的。不过，历史研究在涉及个体之时，通常只是关注个体作为国家成员的这个身份。生活在英格兰的某个人有了一项科学发现或者画了一幅画，这本身并不能成为英格兰的历史事件。个体之历史分量并不对应于个体的固有价值，而是对应于个体作为国家成员的身份。苏格拉底毫无疑问要比克里昂伟大得多，但是克里昂在修昔底德叙事中据有的空间则要比苏格拉底大得多。作为个体，牛顿也肯定要比哈莱伟大得多，不过，研究安妮王朝的历史学家一般都会将研究旨趣聚焦在哈莱而非牛顿身上。

此番解释之后，你们也就不难明白，我此处提起的问题，也就是英格兰历史之取向或者目标的问题，并非乍一看之下那般恍惚，相反，这个问题要清晰得多、明确得多。我此处所谓的历史取向，并非普遍意义上的人类进步问题，即便英格兰也涵括此一普遍进步潮流当中，甚至也不一定就是指涉英格兰特有的一切进步。我所谓的英格兰，仅仅是指以英格兰为领土的那个国家或者政治共同体。此番严格限定之后，问题本身在你们眼中的吸引力估计也就大为削弱了；但不管怎样，此举肯定会令这个问题更容易探究。

由此，问题就演变成：英格兰国家之前进方向或者目标的问题。对于这个问题，世人通常都会不自觉地说出答案：自由、民主！然而，此类语汇是完全缺乏界定的。自由当然一直都是英格兰的主要特质之一，尤其是在同大陆国家对比之时。不过，总体而言，自由尚不足以成为英格兰历史的目标诉求，毕竟，长久以来，英格兰就已经享有自由了。英格兰于17世纪展开的一系列斗争乃确保了自由，即便在当时，自由已经存在了。此后，英格兰的历史运动便朝着人们通常称之为自由的状态迈进，不过，将此种世事状态称之为自由，实际上并不正确。确切地说，如果我们愿意的话，还是将其称为民主更贴切一些；而且，我觉得主流观点是认为，倘若在晚近的英格兰历史中能够辨识出什么宏大取向的话，那么此一取向就应当是民主，先是英格兰社会的中间阶层，接着便是社会底层群体，相继获得了公共事务方面的影响力。

毫无疑问，此一取向乃是足够清晰的，至少19世纪是这样的，毕竟，18世纪的英格兰历史进程当中，民主的迹象只是初露苗头而已。英格兰历史的民主取向是最能引发我们关注的现象，这是因为在过去的一段漫长时期里，民主议题一直都是政治话语和政治论辩的主要材料。不过，历史学应当对事情秉持更远也更为全面的眼光。倘若我们稍稍拉开距离，取材最近几个世纪的历史脉络，看一看英格兰国家的历程，看一看处于被统治地位的广大英格兰民众的发展历程，那就会见证到另一场更能引发我们关注的变迁。这场变迁较之民主运动要更具分量，而且也更为显著，尽管一直以来人们并不是特别热衷于讨论这场变迁，这部分地是因为这场变迁进展得相当缓慢，部分地则是因为这场变迁并没有激起那么大的反对浪潮。此一变迁，我指的就是英格兰向着地球上其他国家的扩张，并最终创建了大不列颠，此一扩张历程乃是简单且显见的历史事实。

　　英格兰族群和国家扩张是强劲有力的,但是我们始终对这一现象无动于衷,这一态度是非常有意思的。此情此景,令人不免感觉我们是在心不在焉的情况下,便征服并拓殖了半个世界。18世纪时候,也就是我们展开此一扩张历程的时候,我们实际上并没有允许这样一场变迁影响我们的想象,也不曾容许此一进程对我们的思考方式有任何的改变;即便是今天,我们仍然自认是居住在同欧洲大陆北方海岸相隔离的一座岛屿之上的一个族群。我们的言论也一直都透射出一种观念,那就是并不真的认为我们的殖民地上的人们是我们的同胞;正是因此,倘若有人询问我们,英格兰人究竟是谁,我们都不会想着将加拿大和澳大利亚的殖民者计算在内。此种固定的思维模式一直以来都影响着我们的史学家。我认为,正是此种影响,令这些史学家在叙述18世纪历史之时,错失了问题的真义。说白了,这些史学家在建立18世纪叙事之时,过分地侧重了议会斗争以及自由运动,但此类事务不过是17世纪情状的苍白镜像而已。他们未能觉察出,在这个世纪,英格兰历史的重点并不在英格兰,而在美洲和亚洲。同样的道理,我相信在我们观察当前事态以及更为留心地观察未来的时候,我们都会在无形中将英格兰单独置于历史前台,令英格兰的殖民地归于后台的晦暗之地,予以忽略。

　　在此,我们还是要略微详细地描述一下我们历史上发生过的这场变迁。伊丽莎白女王统治期的最后几年,英格兰在欧洲以外是没有任何属地可言的。无论是亨利八世时期霍莱的殖民计划,还是吉尔伯特(Gilbert)和雷利(Raleigh)的殖民计划,所有这些最终都泡汤了。此一时期,这世界尚且不存在大不列颠;苏格兰乃是一个独立王国;爱尔兰也只不过是英格兰在异族汪洋当中设置的一个孤岛而已,当时的爱尔兰尚且处在部落阶段。斯图亚特王族即位同时便开启了两大历史进程:其中一项进程在斯图亚特王族最后一位统治者任内得以完成,也就是安妮女王时期,另一项进程则一直延展下去,不曾发生断裂。确切地说,第一项进程就是三个王国的内部融合,此一进程从技术上讲虽然很久之后才得以完成,不过实质而言,乃是 17 世纪和斯图亚特王族的作品。第二项进程则是创建了一个幅员更为辽阔的不列颠,这其中囊括了巨大的海外属地。此一进程乃以 1606 年向弗吉尼亚颁发的第一份特许状为开端。在 17 世纪,此一进程取得巨大进展;不过,直到 18 世纪,"更大的不列颠"才凭借其巨大的幅员以及巨大的政治机体,清晰地将帝国轮廓呈现在世人眼前。现在不妨考量一下当时这个"更大的不列颠"究竟是什么样子。

　　首先是一些小块属地,这些属地按其地理特质来看,可以作为海军哨站或者陆军哨站。抛开这些不论,这个"更大的不列颠"除了联合王国外,首先包括了四块大领地集团,这些领地之上的人口,要么以英格兰人为主体,要么就是英格兰殖民人口在领地人口中占据极高比例,领地本身直属英格兰王座;第五块大规模领地也臣服英格兰王座,并由英格兰官员阶层统领,不过,这块领地之上乃全然是异族人口。前四个大规模领地分别是加拿大自治领、西印度群岛——其中包括中南美洲大陆的一些土地,南非殖民地——其中的好望角拓殖地是最具分量的,以及澳大利亚殖民地——为了方便起见,请容许我将新西兰归入这个属地集团。第五块大规模属地则是印度。

　　这些属地的幅员和价值究竟有几何呢? 首先,不妨看一看这些属地之上的人口。作为新进得到拓殖的地域,很多地方的人口都相当稀少。加拿大自治领连同纽芬兰,在 1881 年的时候,人口刚过四百五十万,大约相当于瑞典一国的人口;西印度群岛也就一百五十多万人,大约相当于同时期希腊的人口;南非殖民地大约是一百七十五万人,不过,这其中,拥有欧洲血统的人群远远不足半数;澳大利亚集团大约是三百万人,比瑞士人口略多一些。由此便形成了总数为一千三百七十五万的帝国人口,其中拥有欧洲血统的英格兰属民以及联合王国之外拥有英格兰血统的帝国属民的总人数为一千万左右。

印度幅员辽阔，这块属地之上的人口差不多有一亿九千八百万，其中以英格兰为宗主国的印度本土邦国还拥有大约五千七百万人口。由此，印度的人口总规模差不多相当于除了俄国之外的欧洲全部人口。

当然，我们也都能即刻意识到，印度虽然拥有巨大的人口规模，但是这个人口群体之于大不列颠的意义，同居住在英伦诸岛之外的一千万拥有英格兰血统的帝国属民，是不一样的。后者拥有跟我们一样的血统，因此是借由最为强韧的纽带同我们联结在一起的。前者则无论血缘还是宗教，皆非我族类，唯有征服这一纽带能够将彼此联系起来。因此，也就完全有理由质疑印度属地是否能够提升我们的力量或安全感，与此同时，印度属地极大地强化了我们的风险度和责任度，这一点则是毫无疑问的。我们的殖民帝国有着完全不同的立足依据；确切地说，这个殖民帝国是满足了诸多根本性的稳定条件的。一般而言，有三条纽带是可以将诸邦国维系起来的：种族纽带、宗教纽带和利益纽带。种族纽带和宗教纽带显然是我们的这个殖民帝国的特征，此一情状本身就足以令帝国拥有强韧的维系力量。倘若我们能够逐渐意识到，帝国之维系也是我们的利益所在，那么，这个帝国就会变得坚不可摧，而且，此一信念似乎正在我们的内心生长起来。因此，在探寻大不列颠未来命运的时候，我们应当更多地思量我们的殖民帝国，而非英印帝国。

倘若从幅员而非人口角度来评估这个帝国，那么上面这一点将会非常重要。上千万的海外英格兰人当然是重大因素；不过，同最终将会见证到的帝国情状相比，此等人口肯定是无足轻重的因素，这一最终情状我们很快就会见证到。不管怎么说，上千万的海外英格兰人散落在一片巨大的区域当中，迅速填充殖民帝国的各个区域，其速度非英格兰自身人口的增长速度所能比拟。要想衡量一下这一分量，不妨看一看如下事实：大不列颠的人口密度平均为每平方英里（约合 2.589 988 11 平方千米）二百九十一人，但是加拿大的人口密度也就是每平方英里（约合 2.589 988 11 平方千米）一个人多一点点。设若加拿大自治领的人口密度同大不列颠帝国的平均人口密度持平，那么这个自治领的人口规模就应当是在十亿左右。要达成这样的人口规模，毫无疑问是非常遥远的事情，不过，人口的巨大增长并非遥远之事。以殖民帝国的总数计算，只需要半个世纪多一点点的时间，海外英格兰人的数量就能够同本土英格兰人的数量持平，由此计算，总人口规模将远远超越一亿这一水准。

这些数据很可能会令我们感到震惊。你们也许会质疑，此等规模的人口增长会是好事情吗？是否道德和智识的提升要比纯粹人口和幅员的提升更值得追求？难道历史上那些伟大事物大多不都是由小国家铸就的吗？诸如此类的问题毫无疑问会在你们心头涌起。但是，我引述这些数据倒也并不是为了满足民族自豪感。帝国之扩张，究竟是好事还是坏事，这个问题且留待世人论说。现在不是考量这个问题的时候。现在，我们应当清楚一点，帝国人口规模的此一提升，是有着巨大分量的。无论是好事还是坏事，此事都是英格兰现代历史上的重大情状，这一点是毫无疑问的。倘若认为这纯粹是物质事实，或者认为人口规模的巨大提升并不具备道德和智识上的意义，这实在是大错特错。设若人们变换他们的住所，从一个岛屿出发到一片大陆、从北纬 50 度出发到热带或者南半球、从一个古老的共同体出发到一块新的殖民地、从巨大的制造业城市出发到甘蔗种植园，或者到那些尚有野蛮的土著部落游荡的国家中那孤寂的羊肠小道，就不可能不变换观念、习惯和思考方式，而且在经历几代人之后，体型也必然会发生变化。我们已然知道加拿大人和维多利亚人非常不像英格兰人；然后，我们是否可以设想在下个世纪，假定母国与殖民地之间的联系得以维持并变得更加紧密，如果殖民地的人口变得与母国人口一样多，英格兰自身难道不会发生很大的变化与改观吗？然而，无论祸福，大英帝国的成长本身就是一个规模空前的重大事件。

显而易见，这是事关未来的最重大的事件。然而，一个事件可能非常重大,但它却是如此简单以至于人们对此并没有什么可说的,以至于它很少能够被传诸青史。就这样,伟大的"出英格兰记"(English Exodus)被当作寻常事件看待,仿佛它是以最为简单且不可避免的方式发生的一样,仿佛英格兰仅仅是在毫无反抗的情况下征服了众多空旷无人的国家,而且它又碰巧拥有最多的过剩人口和最强大的海军实力。我将会说明这是一个重大的误解。我将会说明"出英格兰记"构成了英格兰历史上最丰富、最完美和最有趣的历史篇章。我将冒昧断言,在18世纪,它决定了事件的整个进程,并且自路易十四时代以来直至拿破仑时代,英格兰的主要斗争都是为了获得殖民地而展开的,而且,正是由于对此缺乏认知,我们中的大多数人才会觉得那个世纪的英格兰历史索然寡味。

这一历史篇章中重大的核心史实是我们在不同的时期里拥有过两个这样的帝国。我们占领新世界的注定趋势是如此具有决定性,以至于在我们创建了一个帝国又失去之后,在我们几乎陷入绝望的时候,第二个帝国又成长起来了。我提供给你们的数字毫无例外指的都是我们迄今仍然保有的第二个帝国。当我谈及移居海外的一千万英格兰臣民时,我并没有停下来讲100年前我们曾经拥有的另外一些殖民地,它的人口已经达到三百万,这些殖民地后来脱离我们组建了一个联邦国家,其人口经过一个世纪的繁衍已经是先前的十六倍,这相当于母国及其现有殖民地的人口总和。这是一个极其惊人的重大事件,不但使我们丧失了这一帝国,而且这样一个在种族和特色方面与英格兰相同的新国家迅速崛起,它将会在一个世纪的时间里在人口方面超出俄罗斯以外的任何一个欧洲国家。但是,我们遭受的失去美洲殖民地的损失在英格兰人的心里埋下了怀疑和疑虑的种子,这影响到我们对英格兰未来的全部预测。

因为,如果这一"出英格兰记"已然成为18、19世纪英格兰最重大的事件,那么,英格兰未来最重大的问题一定就是:我们的第二个帝国将会是什么样子,以及我们是否预料到它可能会重蹈第

英格兰的扩张

一个帝国的覆辙。解答这个问题,实质上就等于是从英格兰历史的研究中寻求前文提及的英格兰历史的道德寓义。

有这么一个古老说法,据说杜尔戈(Turgot)曾经在《独立宣言》发表的四分之一个世纪之前说过,"殖民地就像挂在树上的果实,成熟了就会落下来"。他还补充道:"一旦美洲能够独立照管自己,她就将像迦太基一样行事。"难怪当这一预言明显变成现实的时候,从中演绎出的这个命题(尤其是在英格兰人的心目中)竟然会上升到一种不证自明的原理的高度!这无疑就是我们对第二个帝国的成长缺乏兴趣或不甚满意的原因之所在。我们会说:"它的地域广袤和快速成长有什么关系呢?它又不是为了我们而成长起来的。"而且在我们不能保有它的观念上又加上了我们也不愿意保有它的这一观念,由于历史学家们倾向于持有那种奇怪的乐观的命定论,我们的美国战争史家通常觉得有必要弄清楚——我们失去殖民地不但是不可避免的,而且对我们而言甚至还是一件幸事也说不定。

现在,我暂不打算探究这些观点是否站得住脚。我只想在此指出,有两种不同的备选方案摆在我们面前,而且这个问题——我们能够探讨的这个无与伦比的、最为重大的问题——指的就是在这两种备选方案之间做出抉择。那四块殖民地可以变成四个独立的国家,在那种情况下,对于其中的两个——加拿大自治领和西印度群岛——将不得不考虑这样一个问题:是加入美利坚合众国还是选择独立?在上述任何一种情况下,英格兰的名号和英格兰的制度都将在新世界占据强大的主导地位,而且这种分离可能这样来操作,以至于母国可以始终维持与其前殖民地的友情。这样的一种分离方案会使英格兰在人口方面与欧陆上离我们最近的邻国维持在同等的水平上,可能会比德国少些,而与法国的人口则相差无几。但是,俄罗斯和美国这两个国家将会一道成为规模更大的大国,俄罗斯的人口马上就能达到我们的两倍,而美国要达到这一步或许也已为时不远了。我们的贸易也将整个地暴露在新的危险之下。

另一种备选方案是,英格兰可以证明自己能够做到美国轻而易举所能做到的,即将彼此相距遥远的各个国家联合起来共同组建一个联邦。假使那样的话,若按人口与面积来衡量,英格兰将与俄罗斯和美国一起居于头等大国的行列,并且,将高于欧洲大陆上的其他国家。我们绝不应该想当然地认为这就是令人向往的。幅员之辽阔并不一定意味着伟大;如果通过维持在人口和面积上的第二等级地位,我们就能够在道德上和智识上占据第一等级,那么还是让我们牺牲仅仅是物质上的等级吧。但是,尽管我们不必预先断定是否应该保留我们的帝国这个问题,我们还是可以十分公正地假设,经过适当的考虑之后,我们断定它确实是值得向往的。

为了形成这样的一个判断,在这些讲座中,我打算从历史角度考察英格兰长期以来呈现出的扩张趋势。如果我们发现它对于国民生活而言是意义深远的、持续的、必要的,那么,我们将学会更加严肃地思考这个问题;如果我们能够满足于解释我们的第一组殖民地的分离并不只是膨胀的通常结果,像肥皂泡必然破裂一样,而是某些当时的条件所造成的结果,而这些条件是可以消除的,而且已经被消除了,那么,我们将学会满怀希望地思考这个问题。

第二讲　18世纪的英格兰

英格兰的扩张历程在18世纪进入了急速推进的阶段。因此，若要真正理解此一扩张的本质并评估这一扩张历程吸纳了多少的民族精力和民族活力，最好的办法就是参阅18世纪文献。我也由此可以断言，若从这个角度展开历史探查，18世纪文献必然会获得新的意义和新的分量。

无论是在大众史学中还是在有关18世纪的片断式论述中，18世纪留给民族记忆的印记毫无疑问是微弱且含混的，这一点我历来都不吝提及。准确地说，18世纪的大部分时光，在我们眼中都呈现出一片僵滞景象。会有战争，但都没有带来结果，也无从感受到有任何新的政治观念运行在这一历史进程中。时间似乎一无所成，在世人看来，这一时期当然称得上是繁荣时期，但也没什么值得铭记的。乔治一世和乔治二世的黯淡身影、沃尔波和佩尔海姆那漫长且驯服的主政期、同西班牙的贸易战、德廷根和丰特努瓦之战、愚人气十足的纽卡斯尔首相、威尔金斯挑起的无聊喧嚣，当然还有那场悲惨的美洲战争；寻遍时代的各个角落，都找不到伟大气息，那令人沮丧的单调和乏味，笼罩着人与事的四野。然而，真正激发我们念想的乃是那种宏大的统一性。同一时期的法国同样缺乏恢宏气度，不过，此时的法国是有着统一性的。确切地说，此一时期的法兰西是可以理解的，在智识上是很清晰的，可以用一个语汇将此一时期的法兰西描述为"大革命前夜的时代"。但是对于18世纪的英格兰，我们能说什么呢？18世纪的英格兰造就了什么？

我们有那种伟大事物即将降临的感觉吗？

然而，我要问的是，倘若汲汲于在一历史时期挖掘这样的统一性，这种做法真的靠谱吗？

我们习惯于依托王表将历史事件分化为各个时段，这种习惯是非常令人遗憾的。此种历史分期毫无疑问是机械的，即便临朝的君主根本没有分量可言，我们也会照做不误。当然，有些时候，我们也应当承认，在位君主并不像我们认为的那般无足轻重。在我看来，乔治一世绝非我们通常认为的那般无足轻重，然而，即便是最具影响力的君王也极少有资格用自己的名字来命名一个时代。比如说，"路易十四时代"这个语汇本身就制造了大量的谬见。因此，若真要对英格兰历史进程实施分期，首先要做的就是摆脱此类毫无效用的名号，诸如安妮女王时代、乔治一世时代以及乔治二世时代等。取而代之的，则是以民族生活之切实的发展阶段为依托的分期机制。必须依托重大事件而非王表来展望历史。要做到这一点，就必须对历史事件展开评估，权衡其分量；倘若不对历史事件实施精细的考量和剖析，我们是不可能做到这一点的。一旦完成了对重大历史事件的圈定工作，接下来就要对铸成历史事件的种种情由展开追索。由此，所有得到圈定的历史事件都获得一种发展的特性，每一个这样的发展历程遂成就了民族历史进程的一个篇章，每个这样的篇章则借由历史事件得到命名。

不妨就以乔治三世王朝为例。倘若这段历时六十载的王朝仅仅因为同一个君王在引领朝堂，才获得历史统一性，岂不是太过荒谬了吗？那么，我们又能以什么来取代将这位君王作为历史分期的原则呢？很显然，那就是重大历史事件。由此便不难见出，乔治三世王朝的部分时期乃是以美洲之失落这一重大历史事件为标志而得到论定的，另一段时期的标志性事件毫无疑问就是同法国大革命的斗争。

但在民族历史当中，有大的分期也有小的分期。那里面除了章，可以说，还有卷和册。这是因为，当我们仔细考察时便会发现，

英格兰的扩张

那些大事件似乎彼此相关;那些年代上彼此接近的事件被认为是相似的;它们构成一些组,每个组被看作是一个单独的复杂事件,而这些复杂事件以它们的名字命名那些组,就像那些更简单的事件用自己的名字命名历史中的不同章。

在历史的某些时期中,这一过程很简单,以至于我们几乎无意识便这样做了。这些事件的重要性写在它们脸上,且事件之间的关联也是明显的。当你读法国路易十五时期的历史,不需推断便可感觉到你正在阅读法兰西君主政体的衰落。但是在历史的其他部分,线索并不那么容易找到,正是如此才让我们感觉到困惑和缺乏兴趣。这正如我说过的,是英格兰人在回顾18世纪的历史时所意识到的。在多数此类例子中,责任在于阅读者:他若有了线索便会对这一时期感兴趣,并且他若慎重地寻找便会找到那线索。

于是我们要考察18世纪的那些重大事件,考察每一个以看到它独特的意义,并且用一种视角将它们放在一起比较,去探索任何可能的普遍趋势。当然,我说的18世纪是很粗略的。更准确地说,我是说开始于1688年革命并结束于1815年和平的那个时期。那么,什么是那个时期的大事件?没有革命。以内部骚乱的形式,我们只找到了詹姆士二世党人(Jacobite)分别于1715年与1745年的两次不成功的叛乱。王朝曾有一次改革,不寻常的一次,但通过议会法案和平地完成了。这一时期的重大历史事件只有一种,即对外战争。

这些战争的规模比英格兰自14、15世纪的百年战争以来进行的任何一次都更大。比较早期战争,它们也是一种更为正式的有模有样的战争。因为英格兰现在已经第一次有了常备的陆军和海军。伟大的英格兰海军首先于共和国时期的战争中正式成型,创始于叛乱法案(Mutiny Bill)的英格兰陆军则追溯到威廉三世。在光荣革命和滑铁卢战役之间,一般认为我们进行了七场战争,其中最短的持续了七年,而最长的持续了十二年。在这一百二十六年间,有六十四年即超过一半的时间都花在了战争上。

这些战争比之前发生的规模更大，可以用它们给国家带来的负担来估计。这一时期之前，英格兰当然也常处于战争状态中；在这一时期开始时她也没有多少负债——她的负债少于一百万镑——但是在这一时期结束时，即 1817 年，她的负债达到了八亿四千万镑。同时，你不能用即便是这么一个大数目来测度这些战争的花销。八亿四千万镑不是战争的花销，只是国家无法支付的那部分花销；但是已经有一笔数目庞大的钱是付过了的。因此，只此一笔在一百二十年间欠下的债务，相当于在整个这一时期中每年有七百万镑战争花费，然而 18 世纪中较好的时候政府整年的花销也不超过七百万镑。

这一系列大战显然是这一时期独有的特征，它不仅开始于这一时期，看上去也终于这一时期。自 1815 年起，我们在印度和一些殖民地有些局部战争，但说到与欧洲强权的斗争，我们在这个相当于前一个时期的一半多的时间里只看到了一次，并且只持续了两年，而在 18 世纪则看到了七次。

不妨粗略地回顾一下这些战争。第一次的欧洲战争是英格兰因光荣革命而被卷入的。它被铭记在心，因为麦考莱（Macaulay）曾讲过它的故事。它持续了八年，从 1689 年到 1697 年。接着发生了由西班牙王位继承问题引起的那次大战。我们应当记住它，因为马尔伯罗（Malborough）在战争中取得了多次胜利。这场战争持续了十一年，从 1702 年到 1713 年。接下来的一场大战现在已经几乎从我们的记忆中消失掉了，没有出现任何非常伟大的指挥官，也没有取得任何明确的结果。但是我们都听人们说过詹金斯之耳这一传说，也听说过德廷根和丰特努瓦战役，虽然无论是对战争的原因还是对它们带来的结果，可能很少有人能给出合理的解释。然而这次战争也持续了九年之久，从 1739 年到 1748 年。下一场便是七年战争，我们没有忘记其中腓特烈的那些胜利。在英格兰方面，我们都记得一系列伟大的事件——亚伯拉罕高地之役、沃尔夫（Wolfe）之死以及加拿大的征服。然而就这次战争而言，也可看

英格兰的扩张

到有多少事件从我们对 18 世纪的想象中逐渐消失。我们已经完全忘记了,那次胜利只是当时人们视为传奇的许多胜利中的一次,于是这个国家从陶醉于荣光的斗争中产生,英格兰站在伟大的顶点,这是她从未达到过的。我们已经忘记了,通过所有 18 世纪留下的,这个国家回忆起那壮丽的两三年①就像在回忆无法恢复的幸福,它在很长时间内一直是英格兰人唯一可夸耀的事:

> 查塔姆(Chatham)的语言是他的母语,
> 沃尔夫伟大的爱国之心牵挂着他的同胞。

这是第四场战争。它与第五场形成鲜明对比——我们心照不宣地达成共识,尽少提及第五次战争。我们称那场战争为美洲战争,它从最初对《巴黎和约》之敌意的爆发算起持续了八年,从 1775 年到 1783 年。我们在美洲确实不光彩,但是它的后半部分发展为一场伟大的海战,在这场海战中英格兰陷入几乎与全世界为敌的困境,不过在罗德尼(Rodney)战事上,我们则光荣地大获全胜。第六场和第七场战争是两次对革命法国的大战,我们几乎不会忘记它们,只不过我们应当更独立地看待它们:首战从 1793 年到 1802 年持续了九年,之后的战争则从 1803 年到 1815 年持续了十二年。

现在可能很少有人想到将这些战争关联起来,或者在其中寻求任何贯彻始终的计划或目的一致性。如果这样一种思考确实发生了,我们很可能会发现自己才刚刚展开这方面的尝试,便沦落至令

---

① 请注意冷漠的沃波尔(Walpole)如何记录它们:"内阁或议会的权谋手腕在这一时期几乎没有施展。所有人在国家的胜利中迷醉了,至少那场景是这样的,人们对政府很满意,此种迷醉之情压制了人们的意愿表达,即便是最为强烈的意愿,也使得人们羞于暴露自己的嫉妒。确实有个插曲,展示出不那么强烈的英雄情怀。……这当然会令历史故事多样化,而且,人类激情的此种复杂格局,倒也有助于让我们的后代确信,后文将展示的那些不朽壮举乃是实实在在的历史情状,而非来自传奇时代的凭空捏造。"

人绝望的挫败境地。在一场战争中,问题似乎是西班牙王位的继承顺序。另一场战争中,问题则是奥地利王位的继承和帝国的承续。这些问题看上去的确存在牵连,但是,继承顺序问题又与西班牙人主张的西班牙所属的美洲大陆的探索权利、同阿卡迪亚(Acadie)界线问题、同法国大革命原则又有何牵扯呢? 同时,这些战争的起因完全是偶然的。正是因此,这些战争本身那拖沓散乱的特性当然会令我们感到困惑。战争可能在低地国家或德国的中心突然爆发,战事也有可能随时在任何地方发生,在马德拉斯,或是在圣劳伦斯河的河口,或是在俄亥俄河沿岸。因此,麦考莱谈到腓特烈大帝入侵西里西亚之时不免评述说:"为了劫掠一个他曾承诺要保卫的邻居,黑种人在科罗曼德尔海岸(Coromandel Coast)交战,红种人在北美五大湖沿岸剥去彼此的头皮。"初看起来,战事的格局就是如此令人迷乱。

但是更仔细地观察后,人们还是会发现一些一致性。举个例子,在这七场战争中,从一开始有五场仗是与法国打的,而另外两场,虽然在开始时一场是与西班牙,另一场是与我们与自己的殖民地进行的,然而后来都很快变成与法国的战争,并以此结束。

这便是我们寻求的普遍性历史情状之一。对于此一情状的全部分量,人们并不一定总是能够体察得到,毕竟,整个 18 世纪中期的历史已经沦落到过度的遗忘境地。我们没有忘记有两场对法国的大战在 18、19 世纪的交替时期,又有另外两场对法国的大战在 17、18 世纪的交替时期,但是大约 18 世纪中期的一场英法大战我们已忘了一半,同时,作为这场战争的前奏和余波,那场同西班牙的战争转化为了一场对法国的战争,又有一场同美洲的战争转化为了对法国的战争。事实是,这些战争自身对称地组成一组,并且在整个这一时期明显地作为英法之间巨大对抗的时代,像是又一场百年战争。事实上,在当时以及我们自己的记忆中,英法之间永远的纷争很像是自然的法则,以至于几乎很少被我们说出来。他们那个时代的那些战争,混合着对克雷西(Crecy)、波依提尔

英格兰的扩张

(Poictiers)和阿金库尔(Agincourt)的含糊的记忆,在一代代人脑海中创造一种印象,即英法之间总是并将永远是处于交战中。但这纯粹是个错觉。在16、17世纪,英格兰、法国并非持续的敌人。这两个国家曾经常联合对付西班牙。在17世纪,盎格鲁-法兰西同盟几乎就是常规:伊丽莎白和亨利四世是同盟;查理一世有个法国皇后,克伦威尔与马扎然展开协作;查理二世和詹姆斯二世则都顺从路易十四的政策。

但是,同法国的频繁战事是纯粹的偶然现象吗?或者说,仅仅是因为同法国毗邻而必然会引发频繁冲突吗?经过考察,你们会发现,那些战争并不完全是偶发的,它们有内在的情由,并且在时间上也是有关联的。倒不如说战事之偶尔中断才是偶发现象;战事之连绵不绝乃是自然的且不可避免的历史情状。在《乌德勒支和约》后确实有过一次长达二十七年的休战;这是西班牙王位继承战争留给整个欧洲的筋疲力尽的自然后果,继承战争的规模之大几乎可以与欧洲国家对拿破仑的抗争相当。但是当这次休战结束时,我们可以认为后续的所有战争都是被偶然的暂停所打断的一场战争的构成部分。不管怎么说,1740年和1783年之间的那三场战争,即一般被称为的奥地利王位继承战争、七年战争和美洲战争,就它们都是英法之战而言,乃是密切地联系在一起的,构成了"战争三部曲"。我希望大家特别注意这点,因为此一战争集群被认为是具备共同的重大目标和结果的大事件,为这么一个惨淡时代塑造了恢宏气度,此一气度世人历来都认定是这个时代完全缺乏的。只是我们自己的无知和刚愎自用,导致我们忽视了此一历史时代的伟大。也正是因此,我们总是将历史视野聚焦于琐碎的国内事件、国会争吵、政党密谋和宫廷的流言蜚语。碰巧乔治三世的继位发生在这段时期,因此对我们来说似乎是,由于我们安排历史的幼稚,我们便创造一个分期,而这里与其说是一个真正的分期,毋庸说是有明显的连续性。同时,就议会和政党政治而言,乔治三世的继位确实是一个不可忽视的划时代事件,我们历史学家但凡涉猎此一时期,都倾向于去书写议会历史而非国家与民族历史,显然,是错误的品味和意识误导了我们,使我们依旧看不到我们历史中最伟大、最值得纪念的一个转折点。我认为这些战争是英法之间一次伟大的、决定性的斗争。我们看看事实。名义上,这三场战争中的首战结束于 1748 年的《亚琛条约》(Treaty of Aix-la-Chapelle)。名义上,接着是英法之间八年的和平,但其实根本不是这样。不管《亚琛条约》可能对解决牵涉战争之中的其他欧洲强权的争吵有何效力,都根本不曾对英法冲突有片刻打断。甚至几乎在表面上也未曾如此,比如英法在美洲拓殖地的界线问题上、在阿卡迪亚和加拿大的边界问题上,争论的激烈程度丝毫不比条约之前弱。说实在的,这些都不是小问题。不只在言语上,而且在武力上,战争几乎一直持续。此外,我在美洲边界注意到的情况在另一边界即印度边界同样存在,当时英法沿那条边界进行着遭遇战。这是值得注意的但未被关注的事实,英法长时间对抗过程中发生的一些最重要的遭遇战,以及我们军队历史上的一些经典事件,都发生在这名义上英法和平共处的八年中。我们都听说过法国如何在俄亥俄河建造了杜克斯尼要塞(Fort Duquesne),我们弗吉尼亚的殖民地如何在乔治·华盛顿的命令下派遣了一个四百人的主力部队,他那时还是一个非常年轻的人和一个英格兰国民,他去袭击那一要塞,而他又如何被包围且被迫投降了。我们也曾听过太多这一时期的关于布拉多克(Braddock)将军的战败和去世的故事。我们最好还要记得杜布雷(Dupleix)和克莱武(Clive)在印度的战斗,阿尔果德(Arcot)的保卫战以及那些导致我们建立英印帝国的行为。所有这些事件都是英法为霸权而展开的不顾一切的斗争的一个部分,但是你们会发现,其中大部分都发生在 1748 年的《亚琛条约》与 1756 年第二场战争开启之间的这段时期。

接着便是一场从 1744 年或更早一些,到 1763 年《巴黎和约》为止的大冲突,这场冲突持续了二十年之久。法国在这一冲突中遭遇了现代历史上除 1870 年之外的最悲惨失败,这场失败事实上终结了波旁王朝的命运。但是十五年后，在这场战事中带领我们取得胜利的那位伟大政治家的有生之年，英法又交战了。法国开始与我们那些叛乱的殖民地建立联系，承认他们的独立，用军队援助他们。于是又开始了一场英法之间在陆地和海洋上展开的五年之战。但是我们能认为这是场全新的战争，而不是近来持续冲突的延伸吗？此次战事，法国实际上是在我们悲痛的时刻，前来为昔日的痛楚复仇的，这一点从来都是昭然若揭的。创建美利坚合众国，是她为失去加拿大而实施的报复行动。用一句日后将会名扬四海的格言来说，此时的法国乃是在"召唤一个新世界的到来，借此修复旧世界的平衡"。

因此，这三场大战之间的关联显然要清晰且明确得多，并非表面上看起来那般散乱。但是要想知道这其中的关联何等紧密，就必须探询战事的起因，必须问一问：它们背后都是同样的原因吗？乍看上去似乎不是这样。毕竟，英法之间的战争历来都不是孤立的，而是与同时进行的其他战争混合在一起的。这种庞大的混合格局乃是 18 世纪的特征。比如说，我们大可以问一问：占领魁北克的行动同腓特烈与玛丽亚·特蕾莎女皇（Maria Theresa）为争夺西里西亚而进行的战争有何关系？这种混合，给历史错误和草率的归纳留下了极大的空间。战争的真正情由很可能因此被误解；比如会说，在七年战争中所有欧洲新教力量都站在一边，倘若我们据此认为新教精神在印度和加拿大也取得了针对天主教精神的胜势，那我们就大错特错了。

我认为，英格兰在新世界和亚洲的扩张足以概括 18 世纪英格兰的历史议题。可以论定，这一世纪中期的三场大战正是英法之间为占有新世界而进行的决定性斗争。当时，很少有人生出这样的感受，此后，也极少有人这么看待问题；18 世纪的英法争斗可谓第二次百年战争，对这么一场战事的解释则是：英法是以新世界宗主之潜在候选人的身份展开这场漫长决斗的，这个世纪中期发生的"战争三部曲"，则是这场世界性战事中起决定性作用的战役阶段。

我们占据北美,这不仅仅因为我们发现它是无人居住的,也不仅仅是因为我们比其他国家拥有更多的船以将更多的殖民者带到那里。我们确实不是从既有强权手中将新世界夺过来的。但是在新世界的拓殖进程中,我们是有竞争者的,那就是法国,而且在某些方面,法国还领先我们一步。

北美洲的历史情状其实非常简单:与詹姆斯一世授予弗吉尼亚和新英格兰特许状几乎是同一时间,法国在新大陆更靠北的地方创建了阿卡迪亚和加拿大拓殖地;当威廉·佩恩(William Penn)从查理二世那里取得宾夕法尼亚的特许状的时候,依托一次伟大的探险之旅,法国人拉萨尔(La Salle)成功地从五大湖来到密西西比的源头,并沿大河而下,进抵墨西哥湾,发现了一大片土地,这片土地后来迅速变成法国殖民地路易斯安那。这就是在1688年革命开启了我所谓的第二次英法百年战争的时候,英法在北美的关系格局。英格兰在东部海岸从北到南有一系列繁荣的殖民地,但法兰西拥有两条大河:圣劳伦斯河和密西西比河。一位政治预言家在1688年革命之后,在比较了这两个殖民强国的前景之时,不免会考虑到两条大河之于殖民前景的巨大益处,从而认定北美的未来很可能是属于法国而非英格兰的。

不过,将历史探查的眼光进一步伸展也是极为重要的。由此便不难见出,法国和英格兰在那个时代的殖民历程乃是齐头并进的,不仅在美洲如此,在亚洲也是如此。英格兰商人对印度的征服似乎是个独特、异常的现象,但我们若以为英格兰人在殖民观念上的创造力、在行动中投入的精力有任何与众不同的地方,那我们就错了。是法国人最先精细地构想出征服印度这一想法的;是法国人首先发现此一政策是可行的,并酝酿出可行的方法;是法国人首先着手并改进了一些方式以便完成这一任务。确实,跟北美相比,在印度他们的优势更加明显。在印度,我们一开始是处于劣势的,我们也只是以一种决绝的自卫精神同他们战斗。并且,我发现,稍稍研究一下我们对印度的征服进程,便足以看出,我们并不是被野心驱使,也不是完全为促进贸易的欲求所激励,其实自始至终——换言之从克莱武最初的努力到韦尔斯利勋爵(Lord Wellesley)、明多勋爵(Lord Minto)、哈斯廷斯勋爵(Lord Hastings)确立起我们对于整个广阔半岛的权威为止,一直都是对法国人的恐惧在驱使着我们。在土邦的每次行动背后,我们都能看到法国的阴谋、法国的黄金、法国的野心,我们从未摆脱觉得法国人正在把我们赶出去的那种感觉,这是杜布雷和拉布唐奈斯(Labourdonnais)时代留下的感觉,直到我们成为整个印度的主人为止。

可见,在美洲和亚洲,法国和英格兰乃处在面对面竞争的格局中,为争夺价值不可估量的战利品而展开斗争,也正是此一情状解释了英法之间为何会爆发第二次百年战争。这是深层的解释,但对于不睦的真正原因即便交战国自己并不总是这样一目了然,对其他国家来说就更难以明了了。与其他时代一样,争执的偶然原因经常出现在类似于英法这样的近邻之间,这些原因足以触发战争;也只有在18世纪中期这三场战争中,才能够看出他们是因为新世界而交战的,甚至还能够很明晰地看出这一点。在早些时候,威廉三世王朝和安妮王朝的战争更多的是出于其他的原因,因为那时对新世界的争吵还不曾达到最高点。而在后来法国革命后的两次战争中,新世界的问题则已然退入后台,因为法国已经完全失去了对美洲和印度的控制,此种局面之下,法国能做的便只是为重新控制美洲和印度而展开毫无希望的努力。但是在1740—1783年之间的三场战争中,真正目标完全在于争夺新世界。在第一场战争中,这个问题完全嵌入进来;在第二场战争中,法兰西遭遇了致命打击;第三场战争中,法国采取了强烈的报复行动。这是大英帝国历史上的伟大一章,因为这是帝国作为一个整体而进行的第一场伟大战斗,欧洲之外的殖民地和定居点不只是被母国拖着走,实际上他们发挥了引领作用。我们应当在18世纪大事记中为这次事件留下浓墨重彩。这个过程中决定性的重大事件发生在乔治二世王朝的后半段。

　　不过,在此前我们同路易十四的战争中以及此后同法国大革命的战争中,略加探查,便不难见出,英法冲突的关键在于新世界,这一点要比人们通常认为的要真切得多。在整个 17 世纪,殖民地问题的分量的确一直都在提升;在 17 世纪,另一个重大问题就是新旧教会之间的冲突,不过,这个问题已经随着时间的推移而退居后台了。但是对于在之前我们与路易十四的战斗,以及后来与法国革命的斗争中,通过仔细研究我们会发现,英法之间争执的真正起因是新世界,其重要性远比我们想象的更甚。17 世纪殖民地问题的重要性确实一直在增长,而那个时代其他争论不下的问题,譬如两个教会间的争论,已经处于次要地位。正是因此,当克伦威尔与西班牙开战时,问题的核心也就在于他所攻击的是一个天主教强权还是一个新世界的垄断势力。同一时期的两个新教大国英格兰和荷兰,本应出于宗教利益而并肩作战,却作为敌对的殖民大国而彼此展开了激烈的战斗。现在,由于 1683 年路易斯安那的发现和拓殖,法兰西已位居殖民强国的前列。此后不到六年时间,英法百年战争爆发了。

　　然而,这一系列战事中的第一场战争尽管在北美史撰中被标示为"第一次殖民地之间的战争",但是殖民地问题本身在其中并没有扮演多么突出的角色。到了第二场战争,殖民地问题就显得相当突出了,尽管人们将这场战争称为"西班牙王位继承战"。我们切不可被名字误导了。已经有太多的控诉,指涉我们因为这场战争浪费了大量的鲜血和金钱。人们指责我们犯下了邪恶的罪错,人们认为我们无端地介入一个与我们本无牵扯的西班牙问题,突然因为并不存在的法国霸权幽灵而自感恐惧。于是,人们纷纷申述说,倘若我们当时将那样的精力放在贸易上,那会是多好的光景啊! 然而,在这个问题上,不妨读一读兰克[①]。对这场战争之起因,

―――――――――――

① 有可能的话,最好是读一读 C. V. 诺尔登(Noorden)的作品 Europäsche Geschichte im 18ten Jahrhunderte。在这部作品中,诺尔登可以说是第一次对这场影响深远的欧洲变迁进行了充分的阐述。

英格兰的扩张

兰克是有阐述的。从中不难见出,正是贸易把我们引向战争。西班牙王位继承之所以令我们牵涉其中,是因为,法国会借助这场战争确立其对西班牙的影响力,进而进入西班牙在新世界的垄断领域并将我们永久性地排斥在外。所以这场战争之于英格兰的实际意义是关乎殖民地的,即对阿卡迪亚的征服以及《阿西恩托协定》(Asiento Contract),它首次使英格兰跻身奴隶贸易大国的行列。

我们同革命法国的战争、同拿破仑的战争,也是一样的情形,新世界归属问题乃是战争的根本情由之一。在美洲战争中,法国为自己当年被逐出新世界报了一箭之仇,同样,在拿破仑战争中,法国付出了令人震惊的巨大努力,试图收复失地——这就是拿破仑在英格兰问题上的成见。这确实是拿破仑对英格兰不变的观点。他从不把英格兰看作一个岛国、一个欧洲国家,他视其为世界帝国,一个借由附属国、殖民地和遍布各个海洋的海岛组成的庞大网络,他注定终将葬身其中。因此当 1798 年他被安排负责第一次对英作战时,他从研究不列颠海峡开始,无疑还扫了一眼爱尔兰。但是他看到的一切并没有迷惑他,即便几个月之后爱尔兰突然发生了叛乱——如果这位意大利的征服者突然执掌爱尔兰法军的帅印,那就无疑会令英格兰遭遇前所未有的沉重打击。但他的头脑被其他东西占据着。他一直惦记着要征服印度,直到英格兰阻止了他的进度[①];因此他决定并说服督政府,与英格兰展开竞争的最好办法是占领埃及,同时煽动铁普苏丹(Tippoo Sultan)向加尔各答当局开战。他确实实行了这一计划,以至于整个战斗从不列颠海峡转移到了大英帝国这一庞大空间当中,当爱尔兰不久之后发生起义时,他们痛苦而失望地发现法国不能借给他们波拿巴,而只给了他们亨伯特(Humbert)将军和可怜的一千一百名士兵。

当这场战事在 1802 年的《亚眠条约》(Treaty of Amiens)中归

---

① 在科西嘉时期,拿破仑的确梦想过进入英印帝国体系寻求生计,梦想着以土豪身份衣锦还乡。参见 Jung, Lucien Bonaparte et ses Mémoires, I. p.74。

于结束之时,战争的结果铸造了大不列颠历史进程中的一个伟大时代。当这场战争结束于1802年的《亚眠条约》时,它的结果在大英帝国历史上开创了新纪元。首先,法军最终撤离埃及,这就是说,波拿巴攻击英印帝国的庞大图谋失败了,他的同盟铁普苏丹,也就是拿破仑口中的"公民铁普"(Citoyen Tipou),在早些时候已经被打败并战死了,贝尔德(Baird)将军已经率领一支英格兰军队进抵红海,与哈奇森(Hutchinson)将军会合,将法国势力逐出埃及。与此同时,在殖民地世界,英格兰则依然是锡兰和特立尼达岛(Trinidad)的主人。

但是,从1803年延伸到1815年的最后一场战争,能够说是为新世界展开的战争吗?看起来是不能这么说的;而且,明眼人一看即知,英格兰从这场战争开启之际,就已经拥有了绝对的海上霸权,拿破仑根本没有重返新世界的机会。然而,我相信拿破仑正是这么打算的。首先,看看它的缘起与原因。一开始,是马耳他问题触发了这场战争。根据《亚眠条约》,英格兰应在规定时间内撤离马耳他,但由于特定原因,这里不需讨论,英格兰后来拒绝这样做。那么为什么拿破仑想要英格兰撤离马耳他,却又为何遭到拒绝呢?这是因为马耳他是通向埃及的要道,英格兰有理由相信拿破仑会立即重新占领埃及,那么争夺印度的战火就会重燃。所以这场战争实际是为了争夺印度,尽管后来因为第三次反法同盟的出现,战事矛头转向了德意志。此外,虽然通过占领马耳他,我们确实有效地、一劳永逸地避免了攻击,但我们自己并不知道我们有多成功。我们始终相信印度充满了法国的阴谋;我们相信马拉塔人、阿富汗王子和波斯国王是法国手中的玩偶,不管怎么说,许多法国军官都在这些地方效力。很可能1803年的马拉塔大战对韦尔斯利勋爵来说是对法战争的一部分,很可能亚瑟·韦尔斯利相信在阿萨依(Assaye)和阿伽木(Argaum),他遭遇了与萨拉曼卡(Salamanca)和滑铁卢(Waterloo)同样的敌人。事实是,由于拿破仑计划的海上行动遭遇大败,以及他计划之外的德意志战事获得大胜,我们搞不清楚他的战争意图。他被吹向一个他不想去的方向，而大陆封锁体系和对西班牙、葡萄牙（伟大的新世界强权）的暴力占领显示了他没有忘记他的初衷。此外，马勒森（Malleson）上校在他的《法国近来在东方的战斗》(*Later Struggle of France in the East*)一书中也揭示出，在法国海军力量于特拉法加一战被摧毁很久之后，法国在印度洋上以毛里求斯岛为基地，继续着极具破坏性的劫掠行动。直到英格兰占领了该岛，并且是和平地占领后，英法为新世界而战的百年战争才画上了句号。

　　至此，算是完成了对 18 世纪这几场战事的概览，从中不难看出，当我们说扩张是 18 世纪英格兰历史的主要特征的时候，这话的含义要比我们初看起来深刻得多。一开始，此一说法似乎仅仅意味着，加拿大、印度以及南非方面的征服行动，较之欧洲或者英格兰内部的事件，诸如马尔巴罗的战争、布伦瑞克王族的继承问题、詹姆斯二世党人的叛乱行动乃至同革命法国的战争，是更具内在分量的重大事件。然而，你们也都看到了，欧洲以及英格兰内部的这些重大事件看起来似乎同大不列颠之成长没有关联，实际上二者乃是紧密相关的，而且，这一系列的事件也都是同一历史进程中前后相继的时间点。我们说扩张是 18 世纪英格兰历史的主要特征，乍一看，这似乎是指 18 世纪英格兰的欧洲政策并不具备同殖民地政策持平的分量。但实际上，这话的意思是说，欧洲政策和殖民地政策是同一伟大民族发展进程的不同方面而已。我说这话的意思就在于此，甚至还不止于此。实际上，扩张一说，不仅仅将欧洲事务和殖民地事务融构为一体，而且也将军事斗争同英格兰的和平扩张、同英格兰在实业和商业领域的发展进程，都联结为一体，在这个世纪，英格兰在实业和商业领域取得的发展是空前的。不过，要真正理解扩张的意涵，就必须考察一下英格兰在新世界的拓殖行动的特殊性质。

第三讲 帝国

"殖民帝国"，此一称谓是我们再熟悉不过的了，不过，"殖民"和"帝国"这两个词放在一起，这其中很可能包含了一些我们并没有认识到的东西。"帝国"一词既具军事意涵，也具专制意涵，因此，似乎并不契合母国和殖民地的关系格局。

存在两种截然不同的殖民方式。其一，可以称之为"自然的"，这是因为此一殖民方式在自然界是存在近似情形的。"殖民地就如同果实，成熟时候才会掉落"，杜尔戈如是说。也有人认为，殖民进程就如同蜂群之聚合；或者如同孩子在长大成人之后结婚并离开父母到他处居住。毫无疑问，历史进程中不乏这方面的切实例子，足以揭示出此种顺其自然的殖民方式。最初的移民行动通常都是这样的。欧洲历史开篇之时或者希腊和意大利的早期历史中，都可以见证到雅利安族群的希腊—意大利分支群体在展开移民行动，纷纷占据了各自的地界。日后，这些群体就是在各自当初占据的地界上演绎各自的伟大的，从中不难辨识出一个自然而然的历史进程在初始观念的影响之下一步步展现。我们读到过一种叫作"圣春"（ver sacrum）的制度，此一制度要求把所有春天出生的孩子奉献给某位神灵，但这位神灵也接受人们用移居替代献祭①；于是，这些献身者

---

① 保卢斯曾提起，意大利人曾忍受着巨大危险的煎熬，要将所有新生儿都用于献祭。就在那时，有人看见无辜的童男童女被残酷地杀害了，盖上成年人的衣服，然后抛在外面。

长大后便被驱赶着穿过边界，旅途中往往会同某些动物突然遭遇，献身者在动物身上看到神灵的指导，便定居下来建造城市。从献祭的动物我们可得知有些城市如波维亚努姆（Bovianum）和帕斯姆（Picenum）便是由此得名的。

毫无疑问，这是自然而然的殖民方式，但是这样的殖民机制是不可能铸就一个殖民帝国的。因此希腊语ἀποικία一词虽然可以译为殖民地（colony），但其实与现代的殖民地有着本质的区别。我们把殖民地理解为一个共同体，它不仅仅是衍生而出的，而且还同母国保持着政治上的依附关系。而希腊语ἀποικία一词所指的不是一个依附性质的共同体。确切地说它完全独立于母国，虽然血缘意识使他们处于永久同盟之中。希腊人并非不了解附属国的观念。属地政府往往是由共同体中外在于它自身的城邦所建立的。但是在希腊，附属国不是殖民地，而殖民地也不是附属国。

拉丁语 colonia 则毫无疑问有着十足的依附性质。不过，罗马人的殖民体制是非常特殊的，说白了，那是一种用来驻防被征服土地的机制。此一机制可以省去军事上的开销，不过，此处无须在这个问题上有更多的阐述了。

希腊人那原始的殖民体制从未在现代复兴，这一点相当重要而且有着根本性的分量。现代殖民进程乃发端于哥伦布发现美洲大陆，或者更严格来说是始于 1404 年贝当古（Jean de Bethencourt）对加那利群岛（Canaries）的征服。此后，现代殖民运动便大规模地展开了；现代殖民运动所占据的地界，要比古代希腊拓殖者据有的为数不多的地中海岛屿和半岛区域，大了不知多少倍，因此我认为，母国不可能同意那些移民者成立独立的共同体。尽管首批冒险者如科尔特斯（Cortez）或皮萨罗（Pizarro）拥有巨大的特许权，尽管其权能涵括了征兵、进行战争与维持和平，可以说是臻于可怕的程度，譬如我们的东印度公司，但是国家仍然总是将至高权能牢牢掌控在自己手中，除非有场成功的叛乱，否则便无法从母国手中抢走此一权能。古代的柯林斯人当然不曾想象自己能够在遥远的西西里展开统治，不过，另一方面，现代的西班牙、葡萄牙、荷兰、法国和英格兰政府也不会想象他们的移民会因为藏在南美的大草原或太平洋群岛中而宣称独立。

倘若我们所谓"自然"一词指的是"本能"，那么现代殖民体制倒也不能说是具备十足的"自然"特质。不过，倘若这个词的意思是指"合乎情理"，那么情形就完全不一样了。所以，在此种情形之下，我们根本不能因为现代殖民体制没有展示出蜜蜂或者植物身上的那种本能，而认为它是"非自然"的。无论如何，我们都不能轻率地提出谴责，并轻率地评点说："看吧，古人的智慧和哥特中世纪的暴政，多么强烈的反差啊！哥特体制从来不会放松自己的控制体系，无论距离多么遥远；希腊人则温和且富于智慧，遵循自然这一向导，在他们的观念中，孩子既然长大了，也就有权过自己的独立生活，既如此，就祝福孩子们，让他们去吧。"

实际上，倘若检视一下现代殖民的具体情境，便不难看出，现代殖民体制乃是从这些情境中自然而然且不可避免地生发而出的，这就如同古代世界也自然而然地孕育了他们那种基于本能的殖民体制一样。

一个已定居的共同体越过海洋来占有另一块土地，这与一个族群在连贯地域之上或者在仅有狭窄海峡相隔的地域之上逐渐展开的迁居行动，是完全不同的。对于后者来说，微弱动机产生的温度和动力就足够了，但是前者需要惊人的杠杆之力（prodigious leverage）。纵观哥伦布的生平，不难发觉一个重大情状：他在每个转折点上都需要国家的帮助。是国家为他提供了装备和费用。此外，发现新大陆的当时，很明显是没有不可抗拒的力量推动欧洲人去利用那一发现的。确切地说，闸门突然打开之时，并没有水流奔涌而出，因为那时的欧洲没有过剩人口在寻求出路，只有个别的冒险者准备好了去掘金。若非向国王证明他发现的土地能给国家带来收入，哥伦布也不能取得任何进展。此种情境之下，由于国家的帮助总是不可或缺的,国家也就得以毫不费力地在殖民地保持其权威。

我们也会观察到,现代国家可以说必然要以不同的方式展开殖民进程,这是因为现代国家的性质不同于希腊城邦。希腊人完全把国(state)等同于城(city),也正是因此,希腊语中,城和国是同一个词汇。亚里士多德当然也知道马其顿和波斯这样的领土国家(country-state),但此种国家形态却不曾进入他的《政治学》论题当中。依据亚里士多德的通常原则,波斯、马其顿这样的国家并不能被称为国家。在亚里士多德看来,这是因为它们不是城邦。另一方面,依据现代观念,一个民族之内的、说同一种语言的人民,一般来说也应有同一个政府;当然,很少有人能弄清楚此一现代观念是何时形成的,也很少有人能弄清楚此一观念的发展历程。

很显然,不同的国家观念,必然会在移民之效能的问题上催生不同的观念。如果国家是城邦,那么出城的人也就等于是出了国。所以希腊的殖民观对希腊人来说是很自然的,因为那些着手建造新城的希腊人确实在事实上不可避免地建立了一个新国家。但如果国家是民族(注意是 nation 而非 country),那么从此一观念中就不难找到支持现代国家普遍惯例的一个充分理由,毕竟,据此观念,移民并不是走出国家而是带着国家一起走。这一观念就是:有英格兰人的地方就是英格兰,有法国人的地方就是法兰西,因此法国在北美的领地被称为新法兰西,而至少英格兰海外领地的一部分被称为新英格兰。

现代国家,就其组织形态而言,就是可以容纳领土之无限拓展的,古代的城邦形态则并非如此。这一点虽然已经涵涉在上述观念中了,不过仍有着十分重大的意义,因此,需要单独阐述。希腊的城邦由于确实是个城市,不可能接纳任何的调整或者改变,否则就不再是城邦了。《政治学》相关篇章是有必要不断征引的,因为它对于政治科学的研究者相当重要。亚里士多德在这部作品中申述说,国家必须有适量的人口,因为"若人口过多,或缺少一个斯顿托尔(Stentor)那样的传令官,那么谁能在战争中指挥他们呢?"现代国家已经如一个领土国家一样大了,它可以变得更大。要么像法国和西班牙那样没有全国性质的议事会,要么如英格兰一样建立代议制性质的全国议事会组织。在现代国家,全体公民集会机制显然是难以运作起来的,此举的目的显然是要克服此一难题。

在此,对现代殖民机制之特性展开如此详尽的阐述,目的是要理解我们的帝国究竟是什么,同时也要理解,为什么必然会催生这样的帝国体制。英格兰完全可以轻易地展开大规模移民,同时又不会令英格兰国家本身有任何的扩张。毕竟,我们所谓的"更大的不列颠",乃是指英格兰国家的扩张,而不仅仅是英格兰民族性的扩张。这样的扩张并不完全是拥有英格兰血统的人口的扩张,比如在加拿大和澳大利亚实施拓殖活动,就如同古时的希腊人向着西西里、南意大利以及小亚细亚西部海岸地带实施的拓殖。这样的扩张乃是民族性的扩张,而非国家的扩张。这样的扩张并不会带来新的力量。实际上,当马其顿对希腊人展开攻击和征服行动之时,那些拓殖地并没有为希腊本土提供任何的援助。现在我们同样可以见证德国人持续地流入美洲,但并未出现大德意志帝国,因为德国人迁徙时虽未同时遗失他们的语言和观念,但却未带着他们的国家一起。这就是德国的情况,原因在于德国人去得太晚,当时新大陆已被切分为不同的国家,德国移民不得不进入既有的国家当中,如希腊人一样,这是一种国家理论的结果,这种理论将国家等同于城邦。但是大不列颠却是英格兰国家真正意义上的扩张;越过大洋的不只是英格兰的民族性,还有英格兰政府的权威。由于缺乏一个更合适的词,我们只能称它为帝国。它是各个省区的集合,每个省区都有一个首都任命的政府——它们是最高政府的代表,在这一方面它的确和历史上的伟大帝国相像。但是,这个帝国总体上并非建立在军事征服之上,并且遥远省份的居民与宗主国的居民是同一个民族的,它也完全不同于旧世界的大帝国,如波斯、马其顿、罗马或土耳其。英帝国与旧时大帝国在许多方面是相似的,但它没有它们的暴力、军事等特征,正是这些特征使大多数帝国很短命并且迅速腐败。

由此,便足以看出,大不列颠是如何成长起来的。在瓦斯科·达·伽马和哥伦布突然打开西欧国家同新世界的交往通道之后,催生了一个伟大帝国的家族,不列颠帝国乃是这个家族当中唯一有分量的幸存者。英格兰所做的,也一样是西班牙、葡萄牙、法国和荷兰曾经做过的。大西班牙、大葡萄牙、大法兰西、大荷兰以及大不列颠都曾存在过,但是由于各种各样的原因,前四个帝国要么消失了,要么变得无足轻重了。大西班牙消失了,大葡萄牙在半个世纪之后的独立战争中失去了它最大的行省巴西,就像美洲战争夺去了我们的美洲殖民地一样。大法兰西和大荷兰的一大部分在战争中丢失并合并进了大英帝国。大英帝国自己在遭受了一次严重打击之后幸存到现在,成为一个几乎逝去的世界格局中仅存的纪念碑。不过,在一个关键点上,不列颠帝国不同于那些帝国。

15世纪末突然向欧洲开放的那些国度,大体上可分为三类。瓦斯科·达·伽马探索的那些地域,大部分都已经有古老且幅员辽阔的国家存在了,因此,那批探险家们在很长时间里都不曾想过要颠覆这些古老国度。哥伦布发现的大陆上只存在两个国家,而它们又很快被证明是并不稳定的。哥伦布建立的那种关系格局可以说是人类历史中,两个族群之间的一切关系格局中最为怪异也最具暴力色彩的,它导致了强烈的抗争,可谓人类编年史上最糟糕的一页。这样的抗争毫无平等可言。美洲大陆诸民族并不具备抵抗欧洲的力量,就像羊不能抵抗狼一样。即便是在已然拥有众多人口和政治组织的地方,如秘鲁,也没能形成任何抵抗;原有的国度消散而去,统治家族不复存在,那里的人口沦为某种形式的奴隶。因此这个国家的所有地方都落入来自征服民族的拓殖者手中,遭到随意的处置和掠夺。移民不仅仅像在印度那样逐渐显示出相对于本地民族在军事上的优越性,并最终征服了他们,而且还极为迅疾地建立了控制权能。那情形,就像是一队猎人突然攻击一群羚羊一样。每个地方都是这样,但美洲的国家也分成两种。西班牙、葡萄牙统治的中南美地区与英格兰统治的北美地区有着巨大的不同。在墨西哥、秘鲁和南美洲的其他一些地区,当地族群虽然不如欧洲人那般强健,但在人数上并不少;那里拥有上百万的人口,已达到农业文明阶段,甚至还有了城市。但散布在目前已经属于美国和加拿大自治领的北美地区的印第安部落则人数很少。有人估算,"美国落基山脉以东的全部印第安人口,在美洲被发现后的任何时候都没有达到三十万人"。因此,虽然欧洲人在新西班牙是占据优势地位的,但却是生活在当地印第安人之中的;北美的欧洲人则完全取代了当地种族,且随其前进而把他们向后推了很远,也完全没有与他们混合在一起。

瓦斯科·达·伽马和哥伦布向欧洲世界开放了那些区域,其中最具分量的区域为英格兰据有,这可以说是英格兰的十足幸运。英格兰遂在一边铸就了英印帝国,在另一边铸就了自己的殖民帝国。不过,在殖民帝国的地域之上,原有的国家缺乏强有力的政府,英格兰占据着那些相对空旷的地方,且澳大利亚的土地从落入英格兰手中起就处于相同的状况了。这一事实遂带来了一个重大后果。

前面已经谈到,所谓的"更大的不列颠",并不完全是英格兰民族性的扩张,同样也是英格兰国家的扩张。民族性的扩张同样是大不列颠帝国发展进程中的突出特征。倘若民族性的扩张并没有伴随国家的扩张,就像古希腊的拓殖机制一样,那么可能会有道德和智识方面的影响力的提升,但政治力量却不会提升。不过,另一方面,倘若国家的扩张超出民族性的范围,那么帝国的力量将不会稳固,而且还会沦落至人为、虚假的境地。这是大多数帝国的境况,比如我们自己的英印帝国就是如此。英格兰政府在那里很有力,但英格兰民族在亚洲人口的汪洋中,不过是沧海一粟。此外,倘若一个民族的民族性扩展到其他土地上,它有可能会遇到那些它不能消灭或者不能完全驾驭的民族,即便已经完成了征服行动。

英格兰的扩张

倘若遭遇这样的境况,便要面临巨大且持久的困难,同当地族群展开争夺战。同帝国对立的族群不能完全被消化,并且仍是一个持续的弱点或危险的原因。在扩张的同时又能够避开此等危险,这实在是英格兰的幸运。英格兰的拓殖区域都是极为空旷的,实际上,新移民是拥有一个无边界的区域的。每个移民都能获得土地,而当地民族也没有能力同移民展开甚至是和平的竞争,遑论武力竞争了。

此一申述总体而言是真切的。大多数帝国实际上都只是在诸多异质族群中武力建造的机械聚合体,那些帝国往往也都是因为此一弱点而归于瓦解。大英帝国总体上可以说是避免了此一弱点。

这种论断总体来看是真实的。英帝国总体上并没有致使多数帝国倾覆的弱点,即作为不同种族的机械、强制结成的联盟所具有的弱点。当然,人们有时候将大英帝国视为一个本质虚弱的联盟,不能承受哪怕是最轻微的震动,我将在后面考量这其中的情由。但不管怎么说,大英帝国拥有多数帝国以及一些共和国求之不得的基础性力量。在这个问题上,不妨举例来说,奥地利被德意志人、斯拉夫人和马扎尔人(Magyar)之间的民族竞争所分裂;瑞士联邦联合了三种语言;但是英帝国粗略地看主要都是英格兰人。

当然,此一说法是要打上一定的折扣的。在帝国四个集群中,只有一个集群完全适用这一说法,即澳大利亚,这一表述才是完全真实的。澳大利亚原住民在种族等级中很低,完全不会带来任何麻烦,但是即便如此,既然我们把新西兰算进来,就切不可忘记毛利人的部落是有着一定力量的,他们已占据岛屿的北部,就像上个世纪高地部落在我们自己岛屿的北部也会给我们制造麻烦一样,而毛利人绝不是可以轻视的,虽然毛利人加起来不超过四万人的规模,而且人口还处在迅速地衰减当中。不妨再看看另一个集群,也就是北美殖民地,包括最主要的加拿大自治领,我们发现核心地区最早不是由英格兰的拓殖者创建的,而是由法国的拓殖者创建的。因此在一开始，民族性难题非但不是不存在，而且还相当严重。法国人的加拿大后来被称作下加拿大（Lower Canada），殖民者完成征服之后，便被称为魁北克省。它有一百五十万的人口，而整个自治领的人口也不超过四百五十万。他们是生活在英格兰人群和新教徒群体中的法国人和天主教徒。就像奥地利和俄国的民族问题一样，这种异质族群的境况在不久之前还在加拿大造成了不和谐的局面。加拿大叛乱乃是维多利亚王朝元年的标志性事件，虽然它伪装为一场自由之战，但杜伦勋爵（Lord Durham）在他著名的《加拿大报告》中明确讲道："我曾预期这是政府和民众之间的争斗；但实际上，我发现的是两个民族在同一个国家里的战斗，我发现的是族群间的战斗而非原则间的斗争。"然而，另一方面必须注意，在这里，异族的元素减少了，并很可能随着英格兰移民潮的推进而最终消失，同时它的敌意也因联邦制的引入而在很大程度上平息下来。

　　第三个帝国集群，也就是西印度群岛。在这个集群里面，族群差异是相当严重的。并且也唯有这个集群当中，可以见证到新世界历史中的独有现象造成的一系列后果，此一独特现象就是黑人奴隶制。在这里，作为哥伦布大发现的直接结果，黑人奴隶制首次大规模出现。只要此一体制还在延续，便不会带来民族问题，一个彻底奴隶化的族群便不再成其为民族了，而奴隶的暴动完全不同于一个被压迫族群的反抗。但是，一旦奴隶制废除，奴隶还继续存在，身上保留着明显的肤色和身体特征，这实际上等于是异质民族性的徽章，随着自由和对公民权的伸张铺陈开来，此一民族问题就会产生威胁。但是在西印度群岛这个集群当中，这种困难到现在并未以一种严重的形式出现，因为殖民地分散在各个小岛上，彼此间并没有共同体的感受。

　　第四个帝国集群就是南非集群。在这里，民族性问题可以说是最为严重的，并呈现出双重困境。南非集群经历了先后两次征服行动，且两次征服行动乃是叠加的。荷兰人首先在本地族群当中

英格兰的扩张

展开拓殖,而后便是荷兰的殖民地被英格兰人征服。这看上去很像加拿大的情况,在那里法国人在印第安人当中展开拓殖,随后也被英格兰人征服。但是这其中有两个方面是存在差异的。首先,南非的当地部落并未在白人到来之前消失或减少,相反在数量上还大大地超出了白人拓殖者,并显示出红种印第安人从未有过的联合和前进的势头。在 1875 年的人口调查中,我发现开普殖民地有接近七十五万的人口,但其中三分之二是当地人,只有三分之一是欧洲人。当地人口在外来定居者中数量减少的背后,还有一个原因是本地人口向旷阔大陆内部的不确定的、无限制的增长。其次,则是另一个难题,最初的拓殖者不是英格兰人而是荷兰人,这个最初的拓殖群体并没有像加拿大所发生的那样衰减下去或者趋于消失。在加拿大,英格兰人移民潮迅疾而来,这显示了他们在很大程度上比法国人更为有力且增长更快,逐渐使英格兰的民族性在整个共同体中占据优势地位,以至于 1838 年法国人的起义成了没落族群的困兽之斗。南非没有发生此类事情,没有迅疾的英格兰人移民潮为这个拓殖群体赋予新的特质。

前面曾给出一项一般性说法,认为"更大的不列颠"秉持了族群同质性的格局,很显然,上述情境是要令此一一般性说法打折扣的。不过,这倒也不一定就意味着此一一般性说法不成立了。实际上,威尔士、苏格兰和爱尔兰都有着异质的凯尔特血统,而且凯尔特语言也是我们完全无法理解的,但是无论从哪个方面看,我们都在英伦诸岛塑造了同质的族群意识。既然如此,帝国当然也能够接纳众多的法国人、荷兰人以及众多的卡菲人和毛利人,同时又不至于令族群的整体同质性蒙受折损。

考虑到帝国命运的长久,族群同质性乃是意义重大的一环。维系共同体之完整且使之成为一个国家的关键力量有三,即共同的种族、共同的宗教以及共同的利益。它们以不同强度发挥作用,它们也可能单独行动或共同协作。有人认为大英帝国作为一个整体并不能长期持续并将很快分裂,这些人提起的理据通常都在于第三种力量,据此,这些人认为,大英帝国缺乏共同利益这条纽带或者说这条纽带并不具备足够的韧劲。有人往往会说:"什么! 那些住在南回归线另一边的澳大利亚和新西兰的居民能与我们这些住在北纬50度的人群有什么共同之处呢? 谁看不出距离如此遥远的两个共同体不能长时间地共同维系一个帝国呢?"这种说法是非常有分量的,特别是它有一个令人印象深刻的事实作为支撑,即我们的美洲殖民地确实在上一世纪发现他们与我们不可能共存于同一个共同体之内。但是,即便承认这一论断的重要性,也仍然可以说,即便缺乏这一维系力量,另外两条帝国纽带却是具备足够力量的。将敌对民族和敌对宗教人为地联合起来的许多帝国都没有维持太长时间,但是大英帝国不只是一个帝国,虽然我们经常这样叫它。它的联合是最有活力的一种。它通过血缘和宗教联合起来,虽然这些纽带会断裂的情境并非不可想象,但到现在为止它们还很强大,只会在某些暴烈的瓦解力量面前让路。

本次讲座,我详尽阐释了我们这个殖民帝国的性质,毕竟,无论是"帝国"一词,还是"殖民"一词,都充斥了太多的含混。我们的殖民地跟古典学者见到的希腊人或者罗马人的殖民地不是一回事,说白了,我们的帝国根本就不是世人口中常常说起的那种帝国。我们的帝国并非借由武力构造起来的族群聚合体,相反,我们的帝国拥有总体上的族群同质性,就仿佛那不是帝国,而是一个通常意义上的国家。若要展望这个帝国的未来并探究其命运,此一情状乃是根本性的。

我也详尽阐述了因为新世界之发现而崛起的那个帝国家族,我们这个帝国也置身其中,我这么做的目的是要让大家理解过去。18世纪的英格兰被过多地视为一个欧洲岛国,而非一个美洲和亚洲的帝国;说白了,人们总是过多地考量大不列颠,而较少地考量"更大的不列颠"。可惜这种错误观念的传播范围还不仅于此,毕竟,18世纪还有过"更大的法兰西""更大的荷兰""更大的葡萄牙"以及"更大的西班牙",这些我们都忽略了,就如同我们忽略了"更大的不列颠"一样。

欧洲国家在17—18世纪的一项根本特征就在于：这五个西方国家都在新世界附加了一个帝国，这一点极少有人能够记起。在17世纪之前，这一状态才刚刚开始，但从18世纪开始，它便已经灰飞烟灭了。哥伦布的大发现导致无以计数的结果，但这一切也只是以极为缓慢的速度在施展自身的影响力，以至于在这些民族向新世界提起各自的主张之前，16世纪已经过去了。直到那个世纪末才出现了独立的荷兰，所以不会出现一个大荷兰，并且在那个世纪，法国和英格兰也还没有自己的殖民地。法国确实策划了在北美的拓殖行动，譬如卡罗来纳这一称谓便是源于法国国王查理四世，就足以证明这一点，但是邻近佛罗里达的西班牙人插了一脚，将其摧毁。不久之后，附近沃尔特·雷利（Walter Raleigh）勋爵的殖民地也一起消失了，没有留下一点痕迹。结果在几乎整个的16世纪中，新世界始终掌控在两个为之付出巨大努力的国家手中，那就是西班牙和葡萄牙，西班牙主要注视着美洲，而葡萄牙则面向亚洲，直到1580年它们合并在一起且持续了六十年之久。从1595年到1602年的七年间，荷兰大举进入了帝国间的竞争，法国与英格兰随后在17世纪即詹姆士一世王朝时也加入了进来。

19世纪时候，这五个国家围绕新世界展开的竞争停止了。停止的原因有两个：其一是独立战争，这场战争令大西洋彼岸的殖民地从母国脱身而出；其二就是英格兰实施的一系列殖民征服活动。前面曾谈到，在我所谓的第二次百年战争中，大法国被大英格兰蚕食；大荷兰以同样的方式遭到严重削弱，失掉了好望角和德梅拉拉（Demerara），尽管不少于一千九百万人口的爪哇直到今天也仍然附属于大荷兰；西班牙和葡萄牙的衰落就在当前这个世纪，我们身边仍然在世的很多人都曾见证过此一衰落过程。倘若依照事件的必然结果而非事件发生当时催生的兴奋感来评价，那么此一事件完全应当成为世界历史上最为重大的事件之一，因为它几乎是整个中南美洲独立的开端。它主要发生在本世纪的20年代，是一系列暴乱的结果。若问到暴乱的原因,我们会发现它们缘于拿破仑的征服行动对西班牙与葡萄牙造成的震荡,所以事实上拿破仑生涯的一个重要结果便是大西班牙和大葡萄牙的衰落,以及南美洲的独立;这些甚至可以说是拿破仑制造的最为重大的历史结果。

这些都可谓重大变迁,我怀疑你们对这些变迁是否真的了解,但无论如何,这些变迁造就的历史结果就是:西欧各国,除了英格兰之外,大体上都同新世界断了关联。当然,这种说法只能说大体上是真切的。西班牙仍然占据着古巴和波多黎各,葡萄牙仍有大量的非洲领土,法国开始在北非建立新的帝国。虽然如此,这四个国家已实质性地改变了自己在世界中的位置。它们基本上已经幻化为欧洲国家,就像哥伦布跨越大西洋之前它们的样子。向你们揭示此一变迁的重大意义,并不是什么难事。西班牙刚刚度过一段困顿时期。她驱逐了一个波旁君主并尝试了一阵共和体制。这场动荡无疑对半岛情状产生了重大影响,不过若是放在世界范围加以考量,则可以说几乎没有激起什么浪花。假如同样的事情发生在 18 世纪或者 17 世纪,地球另一边也会抖三抖。从墨西哥到布宜诺斯艾利斯,从北回归线以上到南回归线以下,可能每寸土地都会被暴乱和内战所震撼。同样,最近法国的灾难局面若发生在18 世纪,也将震撼圣劳伦斯河、北美五大湖以及密西西比河,并且影响德干高原及恒河谷地的王公们的政策,甚至可能改变印度斯坦的权力格局。实际上,发生在 19 世纪的这些灾难,其震荡波最终只局限于法国自身;在其他地方也会引起同情,却与利益无涉。

由此便不难看出,无论是 17 世纪还是 18 世纪,都有那么一段时期,新世界以特定的方式同西欧的五个强国联系起来,这种现象在 18 世纪要更为常见。这种附属调整并决定了这段时期欧洲的所有战争和谈判以及全部的国家间关系。在上一讲中我曾指出,若我们只着眼于欧洲,便不能理解英格兰与法国之间在这几个世纪的战争,那些战争确实是大英帝国和大法兰西围绕新世界展开的战事。而且我也注意到,倘若要考量同一时期的荷兰、葡萄牙和

英格兰的扩张

西班牙,同样也必须以大荷兰、大葡萄牙和大西班牙为框架。如今,此一情状已经成为过去之事,西班牙帝国以及葡萄牙和荷兰帝国,基本上已经像法兰西帝国一样消散而去。但是大英帝国仍然存在。由此便不难见证大英帝国的历史起源和特征。它是在欧洲的特有境遇和政治思想之下,是新世界的发现所催生的整个帝国家族当中的唯一幸存者。所有这些帝国都被特定的危险所困扰,只有大英帝国摆脱了困扰,将命数延续到今天,但即便如此,大英帝国仍然感受到了类似的震动和类似的危险。因此,接下来要考察的重大问题便是:大英帝国能否改造自己不完善的体制,以避免未来可能发生的危险。

第四讲　旧殖民体系

前面曾经谈到,古希腊的殖民体制,若是同现代殖民体制比较,的确可以说是一种自然体制。不过,现代殖民体制也并非不可以被视为自然体制。古希腊观念中的国家,本质上是很小的,据此,希腊人认为,过剩人口只能借由创建新城这个办法来加以消化和安置。不过,那种认为国家可以无限制生长和扩张的观念,就一定是非自然的吗?果实成熟了会从树上掉落并生长出另一棵树,这是很自然的事情。若是一棵橡树开枝散叶,伸展出千百条支系,反而会招致世人深深的蔑视。米利都及其诸多拓殖地,毫无疑问是前面那种情形;英格兰则选择了扩张,并扩张成为"更大的不列颠",这无疑是后一种情形。

不过,有一点是可以肯定的:一百年前我们自己的殖民地起而反抗的那种殖民体制,也是数年之后西班牙和葡萄牙被殖民者起而反抗的那种体制。在这种体制当中,当然存在着并非自然的元素的。

说白了,单纯的扩张观念是很难加以清晰构思的,而且基本上也是无法清晰地对应到现实中的。

不妨在内心略微勾勒一下"更大的不列颠"图景,也就是一个可以无限扩张但本身不会因此发生改变的国家图景。人们常常问起:殖民地有什么好处?不过,倘若殖民地只不过是母国的简单扩张,这样的问题是不可能被问起的。这种扩张是否可行,这个问题倒是完全可以提起。不过,有一点也是无可置疑的:如果它可行,那它必定是值得欲求的。

地球上的无主之地乃是占有者的财产,而且是绝对意义上的财产,让我们从认识这一点开始。碑文有言,是哥伦布"给了里昂和阿拉贡一个新世界",从字面上讲,这可以说是完全正确的。他的确将大片地产给了某些人,如果说众多贫困且不幸的人不曾因此变得富有,错误必然出在所赠予财富的分配和管理之上。由于他的发现,许多欧洲国家为了巨大的地产蜂拥而至,其数量之巨足以使所有的欧洲穷人都变成富有的地产主。

不过,在据有并享用此等财富之前,有一项条件是必须达成的。所谓财产,只有在国家的监理之下才能够存在。所以,为了使新世界的土地成为可被安全享用的财产,新世界必须建立国家。如果没有国家,拓殖者可能会被印第安人杀死,或者遭受敌国竞争者的攻击。唯有法律和政府的统治在新世界像在欧洲那样建立起来,财产对所有人来说才算是安全的,因此,如果欧洲的穷人觉得生活困顿难熬,无力在这拥挤的国度获得立锥之地,他只要移居到新世界,在那里土地价格低廉,他们很快就会变得富裕起来,好似获得一笔遗产。

所以,在地球上不太拥挤的地域建立起国家,其价值无须争论。但是,为什么这些应当是我们自己的殖民地?没有任何理由可以阻止移民建立属于其他欧洲国家或者其他独立国家的殖民地,那么,我们为什么要给自己增加维持殖民地的麻烦呢?

毫无疑问,这是个很奇怪的问题,除非是特殊场合,否则在英格兰肯定不会有人提起这样的问题的。大部分人都喜欢居住在国人之中,居住在他们已经习惯了的法律、宗教和环境里。如果与那些操着不同语言的人们居住在一起,便等于实实在在地把自己放到了一个非常不利的环境之中。事实上,移民去向毫无疑问是自由开放的,不过我们没有发现有大批的英格兰人去到陌生的新世界国家定居,比如南美共和国、巴西,或者墨西哥。关于殖民地的价值没有什么疑问,并且,事实上所有人都想当然地认为,只有通过殖民地,新世界的财富才能被我们的国民所享用,即便这跟美利坚和众多殖民地国家之诞生没有关联。但是,美国对我们几乎像殖民地一样有利,我们的人民可以移民到那儿去,而无须牺牲掉他们的语言、主要的制度和习惯。合众国是如此辽阔、繁盛,引起了我们很大的重视,我们忘记了它与我们的关系是多么特殊;并且如果它对我们的好处跟殖民地一样,这仅仅因为它是在英格兰殖民地的基础上建立起来的。在抽象地估计殖民地的价值时,回想起这个特殊的案例,是足以将人置于困惑境地的;我们应该将美国完全抽离出视野之外。

因此,仅从抽象层面而言,殖民地不过是国家地产的极大扩张,可以令无地之人据此得到土地,也可以令困顿之人获得财富。这无疑是个很浅显的道理,往往由于太简单了而遭到忽略。历史中不乏国家由于缺少空间而拥堵不堪的事例。历史记载着他们如何经常无法阻挡地跨越国界,涌入邻国,去寻找土地和财富。现在,我们可以肯定,在过去的时代,没有哪个国家能像今天的英格兰这样,如此拥挤。现代英格兰的人口如此稠密,这至少在欧洲还是一个新现象。我们一直都在说自己的国家拥挤不堪,人口的增长率持续攀升,国家正在变得越来越拥挤,这令我们时常发出警惕的问询:半个世纪之后将会怎样?我们说:"领土是固定的;我们有12万平方英里(约合31.08万平方千米),它已经非常拥挤了,可七十年之后人口还要翻一番。我们会变成什么样?"这是一个有意思的例子,我们习惯将殖民地排除在外。实际上,我们的国家真的很小吗?只有可怜的12万平方英里(约合31.08万平方千米)吗?我发现事实完全不是这样。女王座下的领土辽阔无边。让我们从印度次大陆说起,尽管它尚未完全开放定居,但臣服于女王的国土面积已经远远超过美国,尽管人们一直将后者引为人口稀少、具有无限扩展空间的例子。的确,这个大帝国的母国已经很拥挤了,但是为了消除压力,我们没有必要(仿佛我们就是哥特人或土库曼人一样)占领邻国的领土,甚至无须冒着风险、忍受艰苦;我们只需要

英格兰的扩张

在加拿大、南非和澳大利亚占领无边的领土即可。在那里，我们的语言得以通行，我们的宗教得以宣扬，我们的法律得以确立。如果在威尔特郡、多塞特郡尚有困顿之人等待救济，澳大利亚的无主财富即可弥补。一方面，有人没有财产；另一方面，财产还在等待人们占有。我们不能允许这两个事实在头脑中并存，一边在焦急地、绝望地思考着如何救济穷人，而当提到殖民地的时候，我们却问："殖民地有什么好处？"

　　毫无疑问，之所以会有这样的情形，部分的原因在于我们在此类问题上缺乏系统思考，部分的原因则显然在于，在英格兰，人们素来不把殖民地视为英格兰国家和民族在新领地上的扩张。无疑，人们认为它们属于英格兰，尽管不稳定，但人们同时又觉得它们外在于英格兰，所以对他们来说，离开英格兰在一定程度上便意味着自绝于英格兰。这点可以很清楚地从反对大规模移民的观点中看出，即殖民地对于移民来说可能是有好处的，但对英格兰却是毁灭性的，因为那将剥夺她最优秀、最刻苦的那部分人民。之所以说剥夺，是因为，他们认为这些移民不再是英格兰人了，或者将不再效力于英格兰共同体。不妨将这种移民观点与发生在美国的移民观念进行比较。在美国，人民持续地迁往西部，在那里定居下来，这些地方随后成为各州。但这并不被认为是国家衰弱的现象或者原因，也从不被认为是对国家活力的损耗，相反，却被当作活力最大的证明，以及增强活力最好的方式。

　　我们还并没有一个真正的大英帝国。当我谈到 18 世纪大英帝国的创生时，在某种意义上，我的确是有些夸大。大英帝国的基础就建立在我们的殖民帝国当中，并将最终从中产生，但是其中没有什么是有意为之的，也没有人认识到发生的事情有多重要。殖民地没有真正地被认为是母国的延伸，而是别的什么东西。那么，什么才是正确的殖民地概念呢？我发现我们不得不再一次问这个问题。

　　我已经指出，在 16 世纪，并没有人口自发地由欧洲流到新世界。欧洲并没有过多的人口；人们也并没有对更广阔空间的迫切需求。那么,为什么国家领土扩张的概念——它在今天对我们而言是如此自然——会出现在大发现的时代。相反,我们看到当时的政治家十分困惑,不知道新的土地有何用处,并怀疑它们是否真有用处。塞瓦斯提安·卡伯特(Sebastian Cabot)受到亨利七世的鼓励,直到发现他并未带回香料,然后便被冷落了。他放弃了英格兰,转而为西班牙效力。[①]由此导致需要呼吁国家提供帮助的相同原因却产生了关于创设殖民地的特别的功利主义观点。国家所需要的是收入,于是,他们必然地将殖民国家视为可被转移到欧洲的财产,而非欧洲文明的新基座。

前面曾谈到那种自然的殖民体制,此种殖民体制乃是一个族群在其政治制度尚且处在萌芽期的时候,在一片辽阔土地上展开的拓殖行动的结果。16世纪的殖民机制与此种自然体制是完全不同的。16世纪的殖民机制是一些原本生活在严厉统治体制之下并且空间有限的族群,因为地理大发现而向着遥远地域开展的拓殖行动。在自然的殖民方式中,国家很少出现,由个人或者其他的团体完成所有的工作,在新的拓殖地建立新国家。另一种却是由国家领导、对拓殖地实施管理,并以国家为主导来获得殖民地,殖民地一旦建立起来,便使之臣服于母国,国家此举乃是为了从中获利。这一种体系初看起来似乎比其他的体系没有那么重的功利色彩,因为国家不仅依赖于地点、位置,还依赖于血缘;但实际上它的功利色彩更重,因为它只用纯粹的政府的眼光来打量殖民地,所以用的是纯粹的财政的观点。在美洲第一个殖民地建立起来的时候,西班牙殖民地的概念被认为是西班牙的延伸与另一种作为西班牙的财产的概念的混合。所以,对于第一种观念,尽管它是本能的产物,但在经验上回答不了任何问题。谁会相信一个国家的两部分会被整个大西洋分隔开呢? 第二种观念实行起来就没有那么难

---

① Schanz, *Englische Handelspolitik*,阅读名为 *Die Stellung der beiden ersten Tudors zu den Entdeckungen* 的那一整章。——原注

了,因为它并不是什么新的东西。中世纪就有这样的事例:国家所占有的各部分被海洋分割开来。我敢说,很有可能,西班牙的印度议事会便受到了威尼斯之前处理亚得里亚海上的附属国和干地亚(Candia)的影响。威尼斯关于附属国的概念是纯粹自私的和商业的。它们并不认为这些附属国构成了共和国的一部分。所以,通过将两种互不相容的理论结合在一起,最初由西班牙创立,后来又被其他欧洲现代强国所接受的殖民体系便出现了,当然,这中间或多或少是经历了一些调整的。

因此,若是再提起殖民地的好处何在这一问题,就多多少少要将此一情状明确地记在心间。这样的问题本文已经暗示了,提问者所谓的殖民地,并非国家的组成部分,而是附属于国家的财产。毕竟,对政治躯体的固有组成部分提起这样的问题,显然是荒谬的。有谁会想到要追问对于康沃尔(Cornwall)或者肯特的金钱投入是否能够获得足够的回报,以及这些地方是否值得保留?将民族国家各部分维持在一起的纽带是另一种类型;这并非纯粹的利益纽带,而是类似于家庭纽带。倘若殖民地被全然视为国家的扩张,同样的纽带也可以在国家和殖民地之间构建起来。倘若大英帝国确实奉行一种实实在在的传统的帝国体制,那么加拿大和澳大利亚便可被视为如肯特和康沃尔一般。但是,如果不再以这种方式看待殖民地,如果在我们的观念当中,离开故土的移民不再属于我们这个共同体,那么他们与我们之间的关系,就会从属另一种观念。要么是古希腊的概念,将他们视为已经成年、婚配并在远地定居的孩子,所以,家庭的联系仅因为外界因素就必然要归于瓦解;要么就维系原有的家庭纽带,就像现代国家所做的那样,不过,那样的话,就必须改变其性质。它必须以利益为依托。因此,问题也就出来了:殖民地有什么好处?要回答这个问题,就必须提供证据,证明殖民地作为一项财产或者一项公共投资是可以获利的。

倘若这样的联合机制提供的利益是互惠的,这倒也不啻为两个国家之间很好的联合基础。若真是这样的情形,是完全可以据此构建一种联邦体制的,这方面的例子并不少,确切地说,虽然不存在任何的亲缘纽带,但是各个国度还是能够完全依托共同利益这一纽带构筑并维系一种联邦机制。诸如奥地利和匈牙利就是如此,瑞士联邦的德意志区、法国区和意大利区也是此种情形。这也可能是我们帝国的情形,当然,前提是,不只是我们这边感觉殖民地在付出。我们从中获得了许多利益,殖民地一旦独立,这样的利益也将消失,而且殖民地也能感觉到母国的付出,并且他们通过这种维系也收获不小。现在,很容易在我们和最遥远的殖民地间感受到这种共同利益,因为蒸汽动力和电力已经大大缩短了彼此间的距离。但是,新世界发现后的早期阶段,这种共同利益格局是不大可能建立起来的。在实践中,大西洋是一个深得多也宽广得多的海湾,双方任何相互的利益总难以实现。所以,总体上,旧的殖民体系并不具备联邦的平等特质。

古老的殖民观念习惯将殖民地视为母国的附属品,甚至是牺牲品。此种观念并不总是正确的,对此可得小心一些。比如说,有人会认为,我们的美洲殖民地的反叛行动,乃是母国的自私和恶劣而造成的,确切地说,人们常常认为是母国给美洲殖民地戴上了贸易镣铐,却没有提供任何的利益补偿。事实绝对不是这样的。在英格兰和美洲殖民地之间存在真正的相互利益。英格兰为了获得贸易特权就需要向殖民地支付费用。在 20 世纪中叶,在双方的争端开始的时候,是殖民地而非母国处于债务状态。主要因为我们与殖民地的关系,我们曾经两次陷入战争,最终的破裂不是因为英格兰对殖民地的压力,相反是因为殖民地对英格兰的压力。如果说我们确实向他们强征了税收,这只不过是为了抵消他们所欠的债务。为了他们的利益,使我们的殖民地无须我们的支援就能剿灭法国在北美的力量,从中我们看不到任何不自然的苦楚。

旧殖民体系更多地是将殖民地排定在被征服的位置上,不会以联邦体制的平等眼光看待殖民地。一般而言,这的确是旧殖民体系的实情。此种理论所运用的语言就显然暗示了这一点。人们在

英格兰的扩张

谈论英格兰或者西班牙的殖民地的时候,通常将其称为"财产"。那么,究竟在何种意义上,一个地方的人群可以将另一个地方的人群视为自己的财产呢?这种表达几乎隐含着奴役;倘若这样的看法仅仅意味着各个殖民地的民众都共同地臣服于同一个政府,那么无论如何,它都是不合适的。本质上,这不过是这样一种观念:殖民地只不过是一片为母国利益效命的地产。

西班牙同殖民地的关系格局已然成为一种类型,树立在世人面前。在这样的关系格局中,殖民地本土人群沦落至奴役境地;在一些地方,本土族群沦落以已经转变成殖民地国家官员的酋长为主宰的强制劳役体系;另有一些地方,本土族群则由于过度劳作而近乎灭绝,并因此被黑奴取代了。母国乃取强横姿态,从殖民地获取稳定收入,并且通过巧妙的分工机制管理殖民地,使殖民者因此受到教士阶层和一批受奴役民众的牵制,而这些受奴役的当地人群是为了实现牵制之目的而生活在父权体制下——典型的殖民体系就是如此。这跟新英格兰那样的殖民模式完全不是一回事情。在新英格兰,殖民者无须缴纳任何帝国税赋,那儿没有受压迫的印第安人,没有金矿和银矿。然而,政府无法忘记从殖民地获利的先例,我发现查理二世就曾在 1663 年动用过此类先例。殖民地即财产似乎成了一条既有原则。

一个群体被视为另一个群体的财产,其劳动果实也交付其主人,没有任何利益补偿机制,反而以建基于征服或者其他方面的绝对权能理论为依托,这本质上就是野蛮。即便是公开且明确地将此种关系格局建基于绝对的征服权能,它都因太不道德而无法持久,除非世事已经沦落至彻底的野蛮状态。所以,我们可以通过征服取得印度,但是,我们不能为了金钱上的利益而控制印度。我们并不从那里收取任何贡品;它也不是我们为了获利而进行的投资;倘若在治理印度的过程中,为了我们的利益而牺牲了印度的利益,那将是令人羞于承认的事情。更不用说,将这样的理论应用到殖民地身上,那是极野蛮的,因为那意味着,我们用对待被征服者的方式或者用文明国家即便对待敌人也不再使用的方式对待自己的同胞,尽管除了共同的血缘基础外,我们不再有任何其他联系。或许,甚至在旧的殖民体系里,这样的理论也未能被慎思明辨地接受。但是,既然在 16 世纪,它被毫无顾虑地应用到被征服的附属国身上,并且西班牙的殖民地在一定程度上都是被征服的附属国,我们立马就可以看到,野蛮的原则已经潜进了西班牙的殖民体系中,并在那里潜伏着,毒害着后来的时代。我们也可以理解,西班牙的"典范作用"如何影响了在一个世纪之后也投身于殖民事业的其他欧洲国家,如荷兰、法国、英格兰。

像法国这样的国家,此种观念导致的结果就是母国对殖民地的铁一般的权威。在加拿大,法国殖民者生活在众多严厉规条之下,倘若这些殖民者生活在法国,就不会遭受这样的钳制。英格兰殖民地是不存在这样的情况的。在贸易事务中,英格兰殖民群体当然也会受制于一些规条,不过也就是这些了。在此之外,英格兰殖民者是完全自由的。同样的民族性令英格兰殖民者在殖民地的任何地方都可以主张作为英格兰人的权利。梅里维尔(Merivale)先生注意到,旧的殖民体系中并不存在承认所谓的现代王室殖民地,英格兰人在没有代表会议的情况下被行政统治着。在旧体系中,公民议事会组织并非正式创建,而是自然而然产生的,因为议事会组织形态乃扎根在英格兰人的本性当中。老一代殖民地历史学家哈奇森(Hutchinson)是这么评述 1619 年的殖民情状的:"这一年,弗吉尼亚议会骤然产生了。"的确,此时的母国政府并没有犯对殖民地过多干预的错误。殖民地彻底地留给他们自己管理。他们中的某些人,尤其是那些英格兰人,从一开始就致力于最实际的目的,即建立独立国家。早在 1665 年,第一批殖民地建立后的仅仅40 年,《独立宣言》之前的 100 年,我发现马萨诸塞州并不认为自己属于英格兰。"他们说,"一个委员写道,"尽管他们支付五分之一的金银,但根据特许状条款,他们对国王并无义务,对之只有礼仪之尊。"①

　　因此可以说,我们的旧殖民体系实际上根本没有暴政成分可言。双方冲突爆发之时,美洲方面提起的怨诉倒也都是真实的,不过,较之之前或者之后的境况,实际上都要好一些,还不至于引发如此严重的后果。这个殖民体系的不幸并不在于干预过多,而在于那少量的干预举措令人反感。确切地说,母国方面要求极少,但这些要求也都确实不能算是公平的。除了在贸易方面,美洲殖民地实际上享受了不受限制的自由。在贸易领域,也是为了国内的商人而对殖民地进行干预,征缴税款。但恰恰是这一点令母国选择了错误的方式。如此对待殖民地,看起来显然是将殖民地视为"财产"了,把后者当作为国内的英格兰人服务的庄园田产。没什么比这更加不公平的了。如果这不是主人对奴隶的要求,那么也至少类似于地主对佃农的要求。在佃户身上,地主并无更多利益。如果地主没有付出别的什么,他至少提供了的确属于自己的土地。但是,一个马萨诸塞的殖民者可能会问,英格兰给了我们什么呢,以至于可以对我们的劳动有永久的抵押权?詹姆斯一世的特许状允许我们使用他从未见过,也从不属于他的土地;因此,我们本应该在无须任何令状的情况下占有我们自己的土地,而不会遭到任何反对。

　　由此便不难见出,旧殖民体系乃是两种彼此对立的观念的杂合,完全没有理性可言。母国方面给出的宣示乃将殖民者作为英格兰人和同胞兄弟加以治理,但现实情形则令人不免生出美洲殖民者乃是被征服的印第安人的印象或者感觉。然而,在这样的旧

---

① *Calendar of State Papers*, Colonial, December, 1665. 他还补充说:"他们说他们能够轻易地靠着公文而拖七年,而在那个时候以前,情况就会发生变化。而且,一些人甚至声称,谁知道这次荷兰战争结果会怎样呢?他们曾通过团体和协会组织向克伦威尔提供不少帮助,并通过一个名叫温斯洛的先生递话,希望克伦威尔将他们的殖民地宣示为自由国家,而现在他们正是这么设计的,也正是这么看问题的。"

体系中,殖民者的现实待遇如同被征服的人群,但母国又给了殖民者充分的自由度,此种局面之下,反叛便是可想而知的事情了。

前面已经讲过此种怪异的杂合殖民观念是如何缘起的。英格兰人在采纳了此种观念之后,会如何维系相应的格局,由此想必也就不难理解了,倘若英格兰人不曾找到改进之道,这也没什么不好理解的。在当时的世态境遇之下,倘若英格兰人想着要改革他们的殖民体系,最自然的方式就是彻底地摆脱殖民地。不管怎么说,在那样的境遇中,成年儿女的比喻正可以运用于殖民地中,它们与母国距离遥远,利益分殊。在当时的环境下,所谓改进之道,莫过于终止所有可行的联合以及母国所有的权力,于此,希腊体系便是最合适的形式,希腊人的拓殖地乃是完全独立的,但母城又与之永久结盟。然而在 17 世纪,至少就通常情况来说,我们的殖民地都过于遥远,难以联合。的确,困难反而在于理解为何新英格兰的脱离会拖延得这么久;不过,我想其中的阻力是 17 世纪末法国力量在美洲的增长。英格兰与法国间的殖民地大战拉开帷幕后,殖民地与我们之间的关系就比以前更为亲近;并且我们可以想象,如果加拿大没有在 1759 年被我们从法国人手中夺过来,如果与法国的争斗不是终结而是变得更加激烈,那么,殖民地可能就不会发布《独立宣言》,我们之间的关系会有一个更坚实的基础,而不是土崩瓦解。事实上,起初并没有感觉有联合的需要;接着,在一段时间里人们强烈地感受到联合的必要;而后来当所有压力都突然消解之后,一个改进的殖民体系的想法立马就会在独立梦想面前让步。

世事境遇既然如此,那么旧殖民体系也就很自然地会尽可能长时间地维系下去,这便是母国的想法,毕竟,在这样的境遇之下,对旧殖民体系稍加碰触,就会招致危险,而且,略微的改变就很可能会令旧有的纽带顷刻间灰飞烟灭。那邪恶的权能之所以得到近乎顽固的维系,仅仅是因为这样的权能已经存在了,而且大家都想不出改进之策。

那样的情形,甚至很可能连更健康的关系格局都无法清晰设

英格兰的扩张

想。前面讲座中,我曾将殖民地视为过剩人口的自然出路,母国之外富饶的资源能够使人生活安逸,同时又不用牺牲被认为是最珍贵的东西,也就是民族性。但是,一个世纪以前的英格兰人怎么可能产生这样的想法呢?那个时候,英格兰的人口压力并不是特别大。美洲战争期间,大不列颠的总人口规模不超过一千两百万。即便殖民地比母国更为富饶,然而,对本国土地的热爱、居住习惯以及对移民的畏惧和厌恶,这些方面权重的影响可能更大。实际上,向着新世界开展的移民潮,正如前面已经指出的那样,并不是从新世界被发现的那一天起就开始了,甚至当我们的殖民地变得相当繁荣的时候,这样的移民大潮也未曾开启。说白了,移民潮直到"1815年和平"时期才得以开启。在旧的殖民体系下,环境是很不一样的,这点可以由新英格兰殖民地史加以佐证。从中我们了解到,自1620年开始直到"长期议会"召开的20年间,移民潮的确在稳定地流动,但它有一个特殊的原因:当时的英格兰圣公会十分严厉,因此,新英格兰就为清教徒、布朗教派和独立派群体提供了避难所。相应地,据称长期议会一召开,这股移民潮就停止了;此后一百年内,很少有人由英格兰移民进入新英格兰,以至于人们相信试图退出殖民地的反向运动都已经是无可阻挡的了。[①]

此等境况之下,也许会有殖民地存在,但不会有"更大的不列颠"存在。一个"更大的不列颠"的物质基础当然可以在这样的境况中奠定下来,也就是辽阔的土地,并且能将竞争者逐出那辽阔的领地。从这样一种物质角度来看,倒可以说"更大的不列颠"在17、18世纪的时候就已经创生了。不过,用来形塑此一物质实体的观念尚付阙如。达成所需理念实际上只是一个步骤的问题,此即建

---

① 新英格兰此后(也就是1640年之后)从海外接受的流入移民被一直都存在的流出移民抵消,而且还不够,在这两个世纪的时间进程当中,新英格兰的移民分散到北美乃至世界的各个地方。此前那段时期的流入移民不超过两万五千人,今天不少于四分之一的美国人口源于这批初始移民。——Hildreth, *Hist of U. S.* i. p. 267.

立如下之原则：殖民地在某种程度上与母国同气相连，而英格兰与大洋彼岸的殖民地亦同呼吸共命运，除非诉诸战争，否则他们就是英格兰人。

英格兰殖民地在 18 世纪的境况，同样也是其他国家的殖民地在 18 世纪的境况。大西班牙、大葡萄牙、大荷兰、大法兰西，与大不列颠一样，全都是人为构造的，缺乏有机的统一和生命。

正是因此，这些帝国都很短命，而且大不列颠似乎一度也要沦落至同样的命运。而且，看起来，还要比另外几个帝国更为短命。先于英格兰一百多年建立的西班牙的美洲殖民地并没有很快瓦解。1776 年的《独立宣言》不仅是最令人震惊的事件，而且更是殖民地世界反抗母国的最早行动。

大不列颠最终也没能凭借统治者的智慧逃脱此劫。当旧殖民体系的终极缺陷彻底暴露出来的时候，我们没有抛弃旧体制并采纳改进之道。一个新帝国逐渐从当年催生了旧帝国的那种境遇中成长起来。说实话，我们未能从经验中汲取智慧，我们只是从中汲取了绝望。我们意识到，旧体制是无法长久维系殖民地的，不过，我们并未从这一意识中推导出改进之道，反而只是从中得出这样一种看法：殖民地迟早是要从我们手中滑落的。

而后，帝国进程便在这个世纪的 40 年代迎来了自由贸易时代。自由贸易体制对一切限制贸易的规条都相当憎恶，在这其中，自由贸易体制尤其对旧殖民体系提起了彻底的谴责。这个体系被废弃了，与此同时，我们殖民地的那些在我们看来曾一文不值的观念愈发成熟，认为它们越早得到解放越好。除非 19 世纪的世界能够维持得像 17、18 世纪的样子，这条原则才足够合理。我们的先辈们认为，除了从中榨取贸易利益，殖民地对他们一无是处。当垄断被放弃，还有什么可以留给母国的呢？

接下来是一段平静的时期，将帝国联系在一起的柔弱的纽带没有受到任何冲击。在这有利的环境中，自然的脐带足够强壮，能够阻止灾难的发生。在世界各个部分的英格兰人依然记得，他们同出一脉,有相同的血缘、同一种宗教、同一段历史、同一种语言和文学。这就足够了,无论是母国还是殖民地都无须为另一方做出巨大的牺牲。这段平静的时期帮助了全然不同的帝国观念的成长。这种观念基于这样一种考虑:就政治关系而言,距离不再有重要的影响。

18世纪时,是不可能存在真正意义上的"更大的不列颠"的,这是因为母国和殖民地之间距离遥远,殖民地彼此之间也同样距离遥远。如今,这样的障碍不复存在了。科学给了政治机体一个新的循环系统,这就是蒸汽动力,此外还给了一个新的神经系统,这就是电力。这些新的条件使得重新考虑殖民地问题成为必需。首先,它们使得实现大英帝国的古老乌托邦成为可能,同时,它们也使得这样做成为必要。我们首先谈谈可能性。在过去,这样一个巨大的政治机体只有处于一种低级形式时才是稳定的。所以大西班牙比大英帝国长寿,准确地说就是因为西班牙足够专制。大英帝国受到议会自由的磕绊。在如此大规模的国家中,议会自由是不可能的,但专制却完全可能。如果在我们的殖民地实施议会代表制可行,那争论就可以避免了。但它却是不可能的,为什么?柏克在一篇著名的文章中给了回答,他认为在如此遥远的距离上召集代表制议会是荒谬的。如今,这个观念已经不再荒谬了,无论具体的困难有多大。从我们这分裂出去的殖民地已经树立了联邦模式。在广袤的领土上,有些还人口稀少甚至刚有人定居,人们轻易地跟更古老的共同体联合,在最大程度上享受着整体的议会自由。美利坚合众国通过展现一个国家如何抛出持续的移民浪潮,通过展示大西洋此岸的殖民者如何能够到远在太平洋的大陆居住,在根本上解决了我们的旧殖民体系无法解决的问题。并且,遥远的拓殖地不会很快宣告独立,他们实际上也都愿意为了整体的利益而承担相应的税赋,这一点也没有人怀疑了。

最后要说的一点是,刚才就帝国之可能情状所做的申述,如今看来,此种情状在上个世纪只能说是可能情状,在这个世纪,则在可能性之外,平添了迫切性。毫无疑问,人类的发明创造令大规模的政治联合成为可能，不过，同样是这些发明创造，同时也令旧有的国家机制变得不再安全，也没那么重要了，令他们纷纷沦落为二流角色。倘若美国和俄国的联合局面能够再维持半个世纪，那么在这段时光结束之时，就能够令法国和德国这样的老牌欧洲国家完全沦落为二流角色。英格兰也将面临同样的命运，当然，前提是在这段时光结束之时，英格兰仍然自视为单纯的欧洲国家，依然以那古老的大不列颠及爱尔兰联合王国的观念框架思考问题、看待世事，此乃皮特的遗产。在这样的历史情境之下，倘若我们寻求弥补之策，在散布于全球、分化为不同族群且除了女王权威之外没有任何纽带可言的众多拓殖地和岛屿中间，熔铸出一个人为的联合体，据此对抗美国或者俄国这样的巨无霸式的新型国家，毫无疑问，这将不会是弥补之策，而是愚蠢之策。不过，前面我也曾谈到，我们的这个帝国并非通常意义上的人造机体。说白了，倘若将印度排除在外，我们的这个帝国就完全不成其为一个帝国。相反，那只是一个庞大的英格兰民族。在蒸汽和电力时代之前，这个民族广泛地分布在世界上，种族和宗教那种强大稳固的自然联系似乎由于距离而解散了。距离一旦被科学消弭，一旦美国和俄国作为政治联合的例子证明，远距离的政治联合开始成为可能，大英帝国也就形成了，这不仅是事实，而且还是不争的事实。于此，大不列颠将成为一个更为强大的政治联合体，即便不比美国强大，至少也可以有信心地说，它将比世人所谓的俄罗斯政治联合体强大得多，后者是斯拉夫人、日耳曼人、土库曼人、亚美尼亚人的聚合体，是东正教徒、天主教徒、穆斯林和佛教徒的聚合体。

第五讲　新世界对旧世界的影响

前面讲座中我曾谈到,18 世纪的英格兰历史有着何等的统一性,那一时期的重大战事实际上都是彼此联结在一起的,并且还形成了一个连贯的序列;要辨识出此一情状并非难事,你们只需要注意这么一个事实就行了:"更大的不列颠"和"更大的法兰西"正是在这段时期建立起来并呈现出对峙状态。前面讲座中,我还沿着这条思路继续推进,给出评述:在 17、18 世纪,并非只有英格兰和法国拥有庞大的殖民地,西班牙、葡萄牙以及荷兰也都拥有庞大的殖民地。我认为,在研究这两个世纪的历史之时,切不可忘记,这一历史时期的大部分时段,这五个西欧国家都不是纯粹的欧洲国家,而是世界国家,五个国家在这一时期也都因为一个重大问题而争执不断,这个问题根本不是欧洲问题,而且视野仅限于欧洲的研究者恐怕都不免会忽略这个问题,此即新世界的归属问题。倘若你们能把这一点牢记在心,那对你们的研究是会有很大帮助的。

倘若你们充分记住此一显著事实,那么这些国家的政治历史就能够获得相当程度的统一性,并且还可以将那些战争和联盟举动化归为一个简单程式。我现在要说的是,特别是对英格兰来说,欧洲国家通过与新世界的关联而做了很大的调整,这些调整不仅体现在国家间的关系领域,还体现在各个共同体的特性上。我们会发现,英格兰从中世纪就开始形成的现代特性或可以被简要描述为:英格兰已经扩张为"更大的不列颠"。

在不到三十年的时段之内便发生了两起重大事件:新世界的发

现和宗教改革。这两起事件与另外两起事件有着紧密的联系，即欧洲国家的巩固和因土耳其征服所造成的东方世界的锁闭，这造成了巨大的变化，即我们所知的中世纪的结束和现代的开启。在这两大领导性的事件当中，其中一起比另一起进行得要迅猛得多。宗教改革带来的影响立竿见影并处于历史舞台的最前沿。半个多世纪以来，历史学者会发现自己主要关注的是哈布斯堡王室和宗教改革之间的斗争；最初在德国，那里的宗教改革得到法国的帮助，接着发生在低地国家，那里有时受法国，有时受到英格兰帮助。与此同时，对新世界的征服一直在后方进行，并没有受到欧洲学者的关注。科尔特斯和皮萨罗的成就对欧洲的斗争似乎没有带来任何反响。可能直到临近 16 世纪末，弗朗西斯·德雷克（Francis Drake）及其同伙袭击了西班牙在中美洲的殖民地，才促使西班牙与英格兰为敌；可能直到西班牙无敌舰队的时期，新世界才开始对旧世界造成明显的影响。

不过，也只是从此一时段往后，宗教改革和新世界才开始作为两个重大因素，同时掌控了欧洲事务，不过，这其中，宗教改革的影响力逐渐衰减下来，新世界的影响力则日益显著。17 世纪的特征就是这两大因素联合起来一并发挥作用。正如前面讲座中谈到的那样，此一情状可从克伦威尔针对西班牙的战争决策得以揭示。这一战争是双面的：看起来，它是新教和天主教之战，但实际上乃是围绕新世界展开的战争，也正是因此，这场战争最终导致了对牙买加的征服。我们同样可以从以下事实中看到这一点，即 1672 年英法两国针对荷兰的联盟，一个新教力量得到克伦威尔式的政治家沙夫茨伯里（Shaftesbury）的直接许可而攻击另一个新教力量，因为他们在新世界存在利益竞争。但到该世纪末的时候，宗教改革作为政治世界中的力量已经衰落了。在 18 世纪，占绝对影响的自始至终都是新世界。正是这一点赋予了那个世纪平凡而独特的商业特征。宗教问题连同其当年的宏伟气度已经归于沉寂，构成世俗和物质考量的殖民地问题取而代之。

英格兰的扩张

　　此种历史境遇之下,新世界,作为向着拓殖者开放的辽阔土地,势必会借由两种方式对欧洲各国产生影响。首先是纯粹的政治影响,确切地说,新世界会对欧洲各国政府产生影响。不管怎么说,处于争议漩涡的辽阔土地当然会成为恒常的战争理由。我们一直考量的也正是新世界催生的此种政治影响,我们已经注意到18世纪的诸多战争,特别是英法之间的几场大战,主要都植根于此一战争理由中。但新世界也同样会对欧洲诸共同体自身产生影响,改造他们的工作和生活方式,改变他们的工业和经济特征。在这个意义上可以说,英格兰的扩张乃涵涉了英格兰的变革。

　　如今的英格兰主要是一个海洋国家,一个殖民化的、工业化的国家。流行的观点总是认为,英格兰历来就是这样一个国家,并认为这是英格兰人的本性所注定的。在吕克特(Rückert)的诗篇中,神灵五百年之后故地重游,发现那里有森林、城市、海洋,遂不断地询问这些东西是怎么来的,得到的答案一概是:"一直是这样,将来也这样。"这种非历史的思考方式,倾向于将内在的必然性归属于我们所习惯的东西,特别是在盎格鲁-撒克逊人种的特质这一问题上,这样的思维可以说是大错特错。我们可能是别的样子,不仅如此,我们曾是别的样子,这对我们来说太不可思议了。毕竟,我们已经习惯了在探寻事实是否如此以前,就试图解释为什么我们总是如此。这就好像我们生来就认定,自海盗和维京人时代以来,我们就是伟大的四海漫游者,是勤于工作的、善于殖民的民族。我们认为大海是自然注定赐予我们的,我们在这条大道上出发征服各方、拓殖各方。

　　然而,英格兰事实上只是在伊丽莎白时代,才开始感受到贸易和海洋向自己发出的召唤。

　　我国乃是岛国,而且我国岛屿在西部和北部方向都直视大西洋,这样的地理环境很可能会令我们想象着英格兰历来都是海洋国家,此乃事物之必然性决定的。我们乘船驶出海岛,之后我们被一群海盗征服。但是毕竟英格兰不是挪威,英格兰不是一个只有一些狭长地带的可耕种土地的国家,从而迫使居住在这里的人们不得不转向海洋去寻求生计。英格兰在金雀花王朝时期并不心仪海洋;事实上那时的英格兰根本就不是一个海洋国家。在战争时期,我们偶尔会发现中世纪的英格兰拥有一支规模可观的海军。但是一旦和平到来,海军的规模就会重新缩小。对海峡中海盗的长期抱怨显示出英格兰在本国海域内行使控制权的能力有多么微弱。我们已经正确地注意到,中世纪各国并没有常备军队,除了一些意大利的城市国家,而他们都没有常备舰队。海军的衰退在这段时间一次又一次地发生着。后来,每当有新的战争爆发,政府便会颁布一般性的令状,令商船都可以成为武装民船,而且还可以从事海上劫掠。事实上,尽管在金雀花王朝时期,英格兰民族在精神上比之前任何时候都更为好战,但是可以注意到,在那段日子,英格兰的雄心更多地直接表现在陆地战争而非海战。英格兰陆军的荣耀在那时令海军大为失色。我们记得克雷西和波依提尔的胜利,但我们已经忘记了斯诺斯。

事实上,英格兰的海上功业与我们大多数人所设想的并不一样,它更多的是现代的成就。这要追溯到 17 世纪的内战时期,从罗伯特·布莱克(Robert Blake)任职开始。布莱克经直布罗陀海峡追击鲁珀特太子号而进抵西班牙东海岸,这一事件被认为是英格兰军舰在十字军东征后第一次在地中海上出现。毫无疑问,有很多早于布莱克的海军英雄,如弗朗西斯·德雷克、理查德·格兰威尔(Richard Grenville)和约翰·霍金斯(John Hawkins)。但是,伊丽莎白的海军只是英格兰海军的婴儿阶段,而那些英雄自身没有完全去掉海盗习气。在都铎王朝以前,我们只发现海军的胚胎。除了亨利五世的短暂统治时期之外,15 世纪的英格兰海军史表现出的只有脆弱,在这之前非常脆弱是常态,有效能只是例外情形。这一状况直到爱德华一世统治时期才有所改变,爱德华一世是最早着手建立常备海军的君主。

不仅仅是海上的战争,还有海上探索,以及各种各样的海上活动,

英格兰的扩张

英格兰在这些方面的功业都是现代才有的。在 15 世纪至 16 世纪那无与伦比的海上大探索时代,我们毫无疑问是做了一些事情的,但是我们没有僭居领导地位的理由。我们的确获得了一个有前途的开端。一艘从布里斯托驶出的船确实率先到达美洲大陆,确切地说英格兰水手在早于哥伦布一年前就看到了美洲。我们当时似乎可以匹敌西班牙,因为如果说卡伯特指挥官①不是英格兰人的话,哥伦布其实也不是西班牙人。但是我们又一次落后了。亨利七世不明智地极度节俭,亨利八世卷入了宗教改革的飓风中。在第一代伟大的发现者中没有英格兰人的名字。直到哥伦布已经睡在坟墓中的半个世纪以后,弗罗比舍(Frobisher)、钱塞洛(Chancellor)、弗朗西斯·德雷克才在海上出现。在各国海事的威名中,不管是战争、探索还是殖民,在西班牙军舰队面前,英格兰都无法伪饰一流。西班牙赢得了战利品,不是依赖美德,更多地是依靠派出了哥伦布所带来的好运,但实际上应得这一切的无可非议地应是葡萄牙,葡萄牙有理由抱怨哥伦布荣耀的侵扰。甚至为针对哥伦布,葡萄牙可能争辩说,如果目标是发现印度,那葡萄牙走了正确的道路而发现了它们,而哥伦布却走错了路而错过了它们②。在这些国家之后,在一个相对低的层级上,英格兰和法国也许能占有一席之地,我不清楚英格兰是否有资格排在法国前面。由于历史学家天然地希望在最大程度上宣扬我们的实际成就,因此这段时期的历史在某种程度上被伪装起来了。后来,当我国在海洋上至高无上的权威一旦被确立起来,我们会惊讶于任何一个与我们争夺世界第一的国家的存在。但在西班牙已经在一个世纪的大部分时间中享有优越性之后,我们满

---

① 约翰·卡伯特是意大利人,拥有威尼斯的公民身份。不过,倘若他的儿子塞瓦斯提安是在他定居布里斯托之后才出生的,倘若是儿子,而非父亲,指挥了这些船只,那么所有的成就或许可以归功于英格兰。但证据却并不是这么说的。相关的讨论,参见 Hellwald, *Cebastian Cabot*。

② 即使为哥伦布做这样的辩护,认为走错路而发现美洲比走对路而发现印度要好,葡萄牙也可以回应说,自己两样都做到了,因为在从里斯本到印度的第二次航行中,葡萄牙发现了巴西,这只比哥伦布的第一次航行晚了八年,而且,倘若没有哥伦布这个人出现,美洲的发现者毫无疑问就会是葡萄牙。

足于作为一个充满活力的有抱负者来挑战它。即便在 16 世纪末期,当一大部分美洲大陆已经被西班牙开发为皇室殖民地,葡萄牙已经派遣官员去统治印度洋,西班牙的传教士已经到达了日本,葡萄牙的伟大诗人已经引领文学生涯 16 年,并写出了对于先前诗人而言是难以置信的地方史诗的时候,英格兰人还是海事新手,还没有任何殖民地。

不妨再看看制造业和商业方面的情况。英格兰人在这些领域同样也并不享有天命召唤,并不具备这方面的天生才具,我们在这些领域的成功,并非天命或者本性所赐。我们在制造业上的成功得益于我们与全球生产大国的独特关系。世界上大量的产品往往收获于土地辽阔而人口稀少的国家。但是这些国家不能加工他们的原材料,由于所有的人力都投入了生产,那里没有多余的人力从事制造。美洲的棉花、澳大利亚的羊毛因此来到了英格兰,在这里,不单有大量的剩余劳动力存在,还有固定的制造设备,以及近海岸发现的大量煤矿。所有这一切都是现代的,大部分是非常现代的。在 18 世纪的下半叶,煤炭和机械开始占统治地位。大规模的生产在新世界被发现之前还闻所未闻,直到250 年以后,随着铁路的出现,大规模生产才能被广泛应用。因此,很显然我们制造业的伟大基础是直到晚近时期才被确立起来的。英格兰和葡萄牙有着完全不同的经济地位。制造商并不短缺,但这个国家迄今为止却远未因不止息的工业和实践才能被注意,以至于一篇写于 15 世纪的文章描述道,英格兰人“很少艰苦劳作,疲惫不堪,他们过着更具精神性和优雅的生活”①。那时的英格兰大部主要依靠与佛兰德斯(Flanders)的利益交往生存。它生产的羊毛在佛兰德斯制造,它那时与佛兰德斯的关系如同现在澳大利亚与西赖丁(West Riding)的关系,伦敦如同悉尼,根特(Ghent)和布鲁日(Bruges)如同利兹(Leeds)和布拉德福德(Bradford)。

---

① Fortescue,转引自 Mr. Cunningham, *Growth of English Industry and Commerce*, p. 127。除了懒散与好沉思外,15 世纪的英格兰人还喜欢附庸风雅,而且完全缺乏家庭情感。参见 Gairdner's *Paston Letters*, vol. iii. Intr. P. Lxiii。

英格兰的扩张

实际上,直到伊丽莎白时代,英格兰总体上都是这样的情状。不过,在伊丽莎白时代,就在英格兰开启自己海上伟业的同时,也开启了自己的制造业大国之旅。毕竟,此一时期,弗兰德斯的制造业已经因为低地国家同西班牙的宗教战争而归于消亡了。弗莱芒的制造业群体纷纷涌入英格兰,这给长期以诺里奇(Norwich)为中心的英格兰制造业带来了新生。英格兰制造业史上的诺里奇时期遂由此开启,这个过程贯穿整个 17 世纪。这一时期的特点在于,英格兰已经可以加工自己的产品:羊毛。英格兰不再像原来一样是一个主要从事生产的国家,也不像现在一样是一个主要从事制造的国家,它是一个可以制造加工自己产品的国家。

制造业的情况就说到这里了。但是,当前英格兰在工业的成绩只是英格兰制造业成就的一部分。它同时拥有世界范围内的运输贸易,并且因此成了交易与商业中心。现在,作为一个伟大的航海国家,它开始涉足运输贸易。我们略显多余地指出,在中世纪,在英格兰成为海洋大国之前,它并不拥有这种贸易。因为事实上在那段时间,根本不可能谈及运输贸易。它预示了伟大的海洋交通,而伟大的海洋交通在新世界被打开之前是不能开展起来的。在这之前,商业活动在欧洲中心国家,而意大利和德意志的帝国城市拥有自己的商业中心。15 世纪的伟大商人是佛罗伦萨的美第奇家族、奥格斯堡的富格尔家族以及热那亚圣乔治银行的创建者们。

在中世纪,从商业角度出发,英格兰并不先进,而是一个整体落后的国家。在当时的商业强国面前,英格兰是没有地位可言的,这就如同今天英格兰自己也未必瞧得上德国和法国的商业体系和银行一样。在中世纪,意大利也是可以在商业上蔑视英格兰的。意大利等国家通过他们的城市生活方式、广泛的商业联系能力以及敏锐的处事能力,将英格兰和法国划归旧世界的、农业的和封建的国家,划入当时主流思想理念之外。

随后发生了巨变,意大利和德意志诸国陷入窘境。并且使得整个商业运行进入另一个轨道,即便这样的时候,也没有理由指望英格兰会把握这样的机缘取而代之。它们的继承者是荷兰。17世纪的大部分时间,世界上的运输贸易都掌握在荷兰人手中,而阿姆斯特丹成为世界的贸易中心。在克伦威尔和查理二世早期的统治时期,英格兰就是在与荷兰人的垄断斗争。直到那个世纪晚期,荷兰才开始出现衰败的迹象,英格兰才开始取得在商业贸易领域决定性的领先地位。

由此观之,便不难得出这样一个结论:我们今天常常说起的英格兰那强大的海上贸易和工业实力,实际上都是现代历史进程的产物。直到18世纪,这些重要特质才开始明显地展现出来。17世纪是今日之英格兰的力量和轮廓在破晓幽光中初露山水的历史时段。如果我们要问这是从何时开始的,答案非常简单明确,那就是伊丽莎白时期。

这也正是新世界开始施展其能量的时候,历史情状已经非常明确地展示出英格兰的现代特质,还有那世所罕见的伟大成就,从一开始就归功于新世界。并不是维京人的血统使我们成为海洋的统治者,也不是盎格鲁-萨格逊的勤劳天赋使我们在制造和贸易做得如此优秀。真正的原因是更特殊的条件,这个条件在我们几百年来经历农业或田园生活、战争生活和对海洋的漠视之后才出现。

卡尔·里特尔学派曾经以大量的申述提出了以地理环境为依托的文明三阶段论:以河流体系为基础的江河文明(potamic)、以内陆海洋为依托的内海文明(thalassic),最后则是海洋文明(oceanic)。新世界的探索进程所引起的变迁,似乎证实了此一理论:欧洲文明从内海文明发展为海洋文明。以前,贸易都依循地中海展开。海洋则意味着界限、边界而非通道。确实会有少量贸易是跨过北部相对狭窄的海域展开的,正是这些贸易养育并支撑了汉萨同盟。但是,工业中心和文明中心则一直都在地中海区域,中世纪的贸易体系乃是在古代世界的框架中展开的,意大利在两个历史时段都获得了相对于阿尔卑斯山另一侧国家的天然优势。法国和英格兰当然算是相应时代非常先进的国家了,但是比起15世纪的意大利,它们依然野蛮、狭隘,算不得一流国家。这其中的原因并不偶然,实际原因是法国和英格兰是内海国家,但是意大利则得益于海洋文明的好处。佛罗伦萨的成功依赖于羊毛制造业,而

英格兰的扩张

威尼斯、比萨和热那亚则依赖于与外国的贸易和相互依存。相同的时期,英格兰与法国刚刚放弃封建制度和乡村生活。法国和英格兰之于意大利共和国,就像色塞利和马其顿之于雅典和柯林斯一样。

接下来,哥伦布和葡萄牙人令大西洋取代了地中海的商业通道地位,从而彻底改变了旧日的情形。也就是从这一刻开始,意大利的商业统治地位结束了。此一时期的意大利可谓连遭劫难,此一历史情状本身多多少少是可以揭示出这其中的因果链条的。意大利的政治衰落期恰好也是在这段时期展开的。北方的各股势力纷纷跨越阿尔卑斯山,进驻意大利;意大利成为法国和西班牙的巨大战场,被征服、被瓜分;此后,意大利的荣耀便再也没有复生。此等灾难及其显著情由,也就是外族入侵,令我们错失了那些不那么显著的情由,实际上,这些情由也都在同一时期发挥出各自的效能,将历史进程向着同样的方向推进。不过,无论如何都可以肯定,即便没有外族入侵,意大利的衰落也是回避不了的。往日里意大利那吟唱的能量和荣耀之源,此时已然枯竭,这其中的原因很简单,欧洲人已经发现新世界了。不妨将之与散落在肯特郡沿岸的海港城市做比较,那无际的大海正是从此处伸展而去。即便不曾有外族跨过阿尔卑斯山,那一度充满生机和运动的伟大的意大利城市共和国,也一定会沦落至荒寂状态。地中海其实并没有远去,但是已经没有了"奥德赛"时代的几乎所有特质。地中海不再是人类交往和文明的中心海域,当然也不会再是一片历史海域。当商业覆盖大西洋之后不久,土耳其的海权力量就很干脆地将意大利从地中海扫地出门了。对此,兰克有言,巴塞罗那的贸易看起来几乎没受到新发现的影响,但是此一贸易体系在 1529 年以后很快就因为土耳其人的海上霸权而衰落下去。土耳其的这个海上霸权地位,乃是通过巴巴罗萨(Barbarossa)的胜利、法国和苏里曼的结盟以及巴巴里(Barbary)国家的建立,建立起来的。很显然,神启律法让欧洲文明终止内海经济,开始海洋经济。

此一历史情状带来的巨大结果便是,历史运动和智识之中心开始从欧洲中心区域向西部海岸地区迁移。文明此时已经从意大利和德意志抽身离去；具体去向何方，尚且无法明确，不过可以肯定的是，必定是向着西方而去。16世纪的历史足以清晰揭示出此一变迁。16世纪开始之时，这个尘世之上所有的才具似乎都生活在意大利和德意志地区。现代艺术的黄金时期是在意大利展开的。但是如果意大利的画家有什么对手的话，那就是德意志人。米开朗琪罗至少认为有必要去和那些喜欢德意志风格（maniera tedesca）的人辩论。同时，宗教改革发生在德国。在那一时期，对法国和英格兰来说，能够去迎接文艺复兴和宗教改革就已经是够荣耀的事情了。但是随着时间推进到16世纪末，我们慢慢意识到文明的领头羊变了。意大利和德意志先是被赶上，之后便黯然失色。我们逐渐地习惯于认为，伟大的事物更应该到别的国家那里去寻找。在17世纪，几乎所有的丰功伟绩都是在西欧或欧洲的海洋国家中展开的。

由此便迎来了西欧列国或者欧洲海洋国家为争夺新世界展开斗争的时代。西班牙、葡萄牙、法国、荷兰和英格兰这些国家在大西洋上有着如在古代社会希腊和意大利相对于地中海那样的位置。这些国家遂开始显露出同样的智识优越性。征服、殖民和商业的诸多问题占据了它们的心智，在此之前它们的心智是单调乏味的。前面讲座中已经以相当详尽地向你们展现这一变化对英格兰人民产生了什么样的影响。这一影响对荷兰人来说是非常令人震惊的，而且也是最为迅猛的。荷兰的黄金时代是17世纪的前半叶，让我们花点时间来考察一下造就其繁荣的原因。

当年，揭竿而起反对菲利普二世的低地国家，你们也都知道，并不仅仅是后来的荷兰共和国以及再往后的荷兰君主国的那七个省份，造反者当中，还包括了今天比利时王国的一些省份。在菲利普二世面对的这个造反集团当中，最为繁盛者恰恰是今天归属比利时王国的那些省份。在当时，这些省份的制造业最为发达，其地位相当于中世纪的兰开夏郡（Lancashire）和西赖丁。前一群体即荷兰诸省在那时的分量要逊色很多。这些省份主要从事航海，并控制了鲱鱼捕捞业。那场造反行动的结果是西班牙可以继续掌控比利时省区的财产。从这一时期开

英格兰的扩张

始,比利时诸省就被称为西班牙的低地国家。但是,西班牙已经没有能力掌控荷兰诸省。在一场漫长的战事之后,西班牙被迫接受了荷兰诸省的独立诉求。在这一斗争中,比利时诸省的繁荣走向了尽头,前面讲座对此已有提过。佛兰德斯制造业者移民到英格兰并建立了羊毛制造业。但那些从事航海的省份一开始是很穷的。它们在战争中不但没有衰朽,反而变得富裕起来,并且在战争结束之前就已经成为世界上最伟大的商业国家,由此创造了一项人间奇迹。这是为什么呢?因为它们是海洋国家,更因为它们的海洋是面向新世界的通衢大道。由于它们较早地投身海洋,它们实际上领先了英格兰人一步,反叛西班牙的行动更证明了自身的优势,凭借这场战争,本已羸弱的西班牙帝国等于是向它们的攻击矛头敞开了。弱小的荷兰竟然凭一己之力成功对抗了庞大的西班牙帝国,还在这么一场完全不对等的对抗中凭借一己之力在两个半球之间建立了庞大的殖民地帝国,这令世界惊讶不已。同时海洋开始给这些西方国家以智识上的刺激,这一点在荷兰最为明显,诸多人杰在智识领域如同在商界领域那样具有引领地位:受欢迎的李普修斯、斯卡利哲和笛卡尔,还有格劳秀斯,当然还有皮特·海因(Piet Hein)和范特鲁普(Van Tromp)。

新世界之能量在荷兰身上乃以令人震惊的方式展现出来。由此在荷兰身上催生出的效果,跟我们在英格兰身上看到的那些效果是完全不一样的,尽管都同样巨大。毕竟,荷兰之强盛缺乏足够雄厚的基础,因此命数也就甚为短暂。不过,单就新世界之影响而言,荷兰的情形无疑更令人震撼,而且荷兰之强盛乃更为明显地依托新世界这一单一因素。

这就是新世界对旧世界的影响。此等影响不仅在那个时代的战争和联盟中体现出来,同样也在西欧诸国的经济增长和变革中展现出来。所谓文明,通常都会借由伟大事业获得强大推动力,一代又一代的人都融入这样的伟大事业中。欧罗巴和亚细亚之间的战争,对古希腊文明产生了强大动力;中世纪的十字军行动,也催生了同样的力量。西欧诸国围绕新世界展开的斗争,也是一样的情形。说实在的,正是这场伟大斗争,将西欧诸国提升到前所未有的历史位置上,引领这个世界的智识潮流,特别是英格兰。英格兰正是借由这场斗争中所取得的成功,才成就了那样的伟大。

诸多要素令英格兰在五国竞争中,成为最终的胜利者。不妨就这些要素略作评说,为本次讲座作结。在这五个国家中,这段历史时期开端的那个世纪是属于西班牙和葡萄牙的,然后是荷兰;之后大约一个世纪,法国和英格兰围绕新世界展开了势均力敌的竞争。现在,所有这些国家之中,只有英格兰保持着强大且主导性的殖民地权力。为什么会这样?

不难看出,荷兰和葡萄牙乃是在一个不利的、狭小的基础上展开此一历史进程的。荷兰的衰落有明显的原因,这些原因实际上大家也都心知肚明,荷兰在同西班牙的长达八十年的战争中付出不小的代价,不过荷兰也因此获得了补偿,这一补偿我在前面已经谈到了。但在这之后,首先是与英格兰的海战,之后是与法国持续半个世纪的斗争,现在则是与英格兰的海上竞争,最终,荷兰屈服了。在18世纪早期,荷兰就已经显示出衰退的征候,在《乌德勒支和约》中放下了武器,实际上是丢弃了自己的胜利,彻底丧失了竞争能力。

葡萄牙人则遭遇了不同的灾难。从一开始,葡萄牙人就已经意识到自身资源的不足,也正是因此,他们才后悔当初没能在非洲北海岸地带收一收自己的野心。1580年,他们遭受了其他欧洲国家未曾遭受过的沉重打击。葡萄牙及其世界范围内的附属地和贸易站点都落入西班牙人的掌控,葡萄牙为此蒙受了长达六十年的困顿期。在此期间,它的殖民地帝国逐步转归西班牙,同时还遭到荷兰人的攻击,损失惨重。葡萄牙作家指责西班牙幸灾乐祸地看着他们的损失,并制造了一个葡萄牙的替罪羊。可以确定这种不满引发了1640年的暴乱,最终由布拉干萨家族(House of Bragança)建立了新葡萄牙,这其中的主因在于殖民地的丧失。这场暴乱本身使新葡萄牙的国外财产损失更多,为了得到英格兰的帮助,它以孟买的岛屿相许。第二个葡萄牙不能与第一个葡萄牙匹敌。第一个葡萄牙诞生了亨利王子(Prince of Henry)、巴托罗缪·迪亚士(Bartholomew Diaz)、瓦斯科·达·伽马、麦哲伦和卡蒙斯(Camoens),这在欧洲历史上确实是独特的荣耀期。

上述情境同样揭示出,17世纪的历史从某种意义上来说,也是新世界反作用于旧世界的历史。最初一个阶段发生的重大事件——荷兰的兴起、世纪中叶的葡萄牙的革命,都是由殖民地引发的。

至于西班牙和法国遭遇的失败,毫无疑问是任何单一原因都无法完整解释的。不过,也许有一个重大原因是两个国家共享的,而且也在极大程度上导致了两国的失败。

西班牙倒是没有很快便失落自己的殖民帝国。西班牙在一个世纪前建立了该帝国,并在英格兰建立其第一个帝国之后又将之维持了半个世纪。与英格兰相比,西班牙只是在持续建立新殖民地这一方面稍有逊色。其中情由乃是16世纪后半叶西班牙的发展活力出现了重大衰退现象。人口的衰减和财政的崩溃枯竭了包括殖民在内的一切活力。

法国没有类似的衰退现象发生。说白了,法国是因为一连串失败的战争才失去了自己的殖民地的。可能你们会认为无须进一步探究了,战争的运气解释了一切。但是我仍然可以从这纷乱的历史线团中辨识出,错误的决策乃是两国最终失败的主因。说白了,这两个国家都太大包大揽了。

西班牙、法国跟英格兰相比,存在根本性的差别。西班牙和法国深深地卷入了欧洲的争斗,英格兰却一直都能够置身事外。实际上,从切实角度考量,英格兰的岛国位置令它跟新世界更近,它几乎就属于新世界,或至少可以来选择自己属于新世界还是旧世界。西班牙本来也拥有同样的选择,但是它征服了意大利,更致命的是与德意志结盟。因此,同样是在16世纪的进程中,西班牙在新世界殖民,在自己的国家里则制造了一个相当博杂的西班牙帝国,这样的帝国注定是要衰落的,因为这个帝国连起码的税赋体系都难以维系。查理五世逊位的时候,西班牙几乎沦落至破产境地,虽然它可以靠着尼德兰那令人称奇的繁荣苟活下去。很快,西班牙便疏远了尼德兰,失去了尼德兰的穷人,毁灭了尼德兰的富人,并卷入与法国的长期战争中;对荷兰的八十年战争之后,它又开始了长达四分之一世纪的对葡萄牙的战争。此等境遇,破产和政治衰落便是必然之事。这些负担无疑是极其巨大的。此外,西班牙国民——它们的性情是在连绵不断的宗教战争中塑造成型的——缺乏工业能力,两者相结合,便带来了如下结果:新世界的确是赐予它们了,但它们既不会正确运用,也无力从中受益。

　　法国的情况则完全不同,法国一直都在两项无法并存的政策之间摇摆犹疑:一项是殖民地扩张政策,另一项则是欧洲征服政策。在这个问题上,不妨将 1688 年到 1815 年的七场大战放在一起加以比较,便会震惊地发现,这些战争的大多数都是双线的:一面是法国与英格兰作战,另一面是法国与德意志作战。是法国的双重政策造成了这样的历史情状,法国因此也深受其害。英格兰基本上只有一个目标,只进行一场战争;但是法国在同一时间基于两个目标进行着两场战争。查塔姆说他将在德意志征服美洲,显然,查塔姆是看穿了法国因分散自身的力量而造成的弱点,于是查塔姆便贿赂腓特烈(Frederick)以便让法国在德意志自我消耗,同时法国在美国的财产则在毫无抵抗的情况下落入我们的手中。拿破仑同样被新世界和旧世界分了神。他本能地挫抑英格兰,并本能地修复在殖民地和印度的损失。但是他征服了德意志并入侵俄国。他当然会说,通过德意志,他能打击到英格兰贸易;通过俄国,他或许能开辟通达印度的道路,但这也只是安慰而已。

　　由此便可以反观一下英格兰。英格兰历来不曾因为两个目标而分散精力。自 15 世纪撤出在法兰西地界的争夺之后,英格兰同欧洲体系的关联便已经相当微弱了,由此避免了同邻居的漫长战事造成的负累。正是因此,英格兰从根本上便已经不再垂涎那顶令欧洲大陆兵荒马乱的帝国王冠,也无须受累去保证《威斯特伐利亚和约》。当拿破仑凭借大陆体系将英格兰与欧洲大陆隔绝开来之时,英格兰却证明了自己是可以不依靠欧洲的。因此英格兰总是很自由,贸易自由则不可避免地将英格兰的信念引向新世界的方向。从长期来看,这一优势是决定性的:一方面,英格兰无须像西班牙、法国那样维系一个欧洲王权;另一方

英格兰的扩张

面,英格兰也不用承受因"普天之下,莫非王土"这一帝国信条带来的道义冲突。荷兰和葡萄牙无法摆脱这样的冲突,西班牙亦然。因此可以说,没有任何事情会令英格兰的殖民进程发生中断或者偏移。简言之,五个竞争新世界的国家中,最后的成功降临到最少被旧世界阻碍的那个国家头上。这个国家并非一开始就显示出最为强劲的殖民进取精神,在勇气、创造力或能量上,这个国家实际上也不比其他国家更胜一筹。

第六讲　商业与战争

西欧五国围绕新世界展开的竞争,足以概括 17、18 世纪绝大部分的历史进程。倘若我们只是单单研究一个国家,就会忽略包括此一模式在内的诸多历史模式,这就是长久以来的历史研究状况。

倘若历史研究者在研究现代欧洲历史之时,也能秉持他们探查古希腊历史之时的那种眼光和框架,那无疑会从中获益良多。在古希腊的历史进程中,总是有三四个城邦同时展现在历史脉络中,诸如雅典、斯巴达、底比斯以及阿尔戈斯等,更不用说马其顿和波斯了。由此,历史研究者们就能够围绕重大历史潮流展开极富教益的比较和极富效能的思考。此种情境完全是因为古希腊世界并非单一的一个国家,而是众多城邦国家的聚合体,此种情状显然是无法在历史学家心中建立起一种明确且一贯的意识,令他们去单独书写雅典、斯巴达等城邦国家的历史,相反,历史学家们一般都觉得有必要去书写一部总体意义上的希腊史。诸位希腊历史的研究者,不妨将你们运用于希腊历史的习惯思考方式也运用于这几个西欧国家。你们已经习惯将环绕共同海域的一组国家放在一起思考,诸多岛屿点缀着这片海域,海的那边则是异族居住的未知的大片土地。你们曾把这么多国家放在一起思考,而不仅仅是选取其中一个单独考量,你们曾追索过几个希腊城邦之间复杂的利益博弈对整个希腊世界产生的普遍影响。现在有五个这样的国家摆在你们眼前,西班牙、葡萄牙、法兰西、荷兰和英格兰以同样的方式

英格兰的扩张

并置于大西洋东北海岸,并对海洋包含或隐藏的东西有着共同的兴趣。如果国家对你们来说太大,而海洋又是无边无际,殖民地如此分散,你们认为自己不能把这些国家放在一起观察,展开研究,那就不妨将这五个国家放到同一张地图中去,用小比例绘制这幅地图。若如此,你们的努力必将使你们的头脑超越纯粹编年叙事的流水账,而将一种确定的原则用于事实的拣选,它们分组的依据既不是时间的序列,也无关个体的经历,而是诸般历史情形的内在关联。五个国家之间为新世界而展开的争斗,与古希腊城邦国家之间的那种争斗是完全不同的,后者不是相互关联的。哥伦布的发现超越了其他争斗,它们自己已经够复杂的了,并持续存在于欧洲国家内部,特别是它与宗教改革的纠缠。这是何等纠缠的世事网络啊!在这样的一个情形中,科学应当做些什么呢?显然首先要做的就是区分并归置由同一原因而引起的所有后果。要做到这一点,就必须明确地拒绝以时间顺序设置历史进程;必须打破纯粹编年叙事的框架。若如此,便不难看到,如同前面讲座已经谈到的那样,在16—18世纪,存在两项重大历史事件,分别是宗教改革和新世界的发现,二者都产生了深远影响;这两大事件应加以单独研究,以便追踪它们各自导致的一系列后果,直到我们发现这是两个原因交互的共同作用。我们的任务是分别考虑新世界对这五个西欧国家的影响。

现在要问一问:为何新世界对这些国家的影响并非仅限于拓展他们的商业活动,而是更进一步地拓展了他们的知识并由此拓展了他们的观念呢?前面讲座中我曾谈到,在16世纪进程中,文明中心区域乃从地中海地区迁移到大西洋海岸地区,由此令往日通常聚焦在意大利和德意志身上的世人目光,在16世纪结束和17世纪的进程中,同样很自然地向着欧洲西部和北部方向转移。想当年,意大利和德意志可是诞生了拉斐尔、米开朗琪罗、安吉洛斯、阿里奥斯托、马基雅维利这样的人物,当然也孕育了丢勒、胡腾以及路德这样的人物。可以说,欧洲世界正是由此拓展了自己的知识并据此拓展了自己的观念。在这个新的文明中心区域,我们见证了西班牙的塞万提斯和卡尔德隆,英格兰的莎士比亚、斯宾塞和培根,荷兰的斯卡利哲、李普修斯和格劳修斯,法国的蒙田、卡佐邦。世界的命运掌握在亨利四世、伊丽莎白女王和奥伦治亲王手中。随着时间流逝,我们自然而然地更习惯于预期所有的伟大事物都将在这一区域产生,并认为意大利和地中海已然过时了。这是很自然的事情。与新世界的接触是可以产生这些结果的,这都是情理之中的。既然我们过去习惯于将古代文明追溯到地中海的影响力,当然也就会对大西洋产生同样的预期。一旦大西洋成为另一个地中海,当陆地向更远方伸展开来的时候,大西洋是应当在更大的范围内建立同样强劲的影响力的,不过,至于为什么没有立即便产生出任何更深远的影响,这一点目前还不清楚。要理解这一点,必须考虑新、旧世界相接触的独特性质,我们现在已经多少接触到了现代殖民体系,所以是可以展开这方面研究尝试的。

在此,不妨设想一下新世界之于旧世界的影响力会以何种另外的方式予以施展。比如说,倘若美洲已经如同欧洲那样,存在着强大且稳定的国家,那会是怎样一番情形呢? 若如此,则我们同美洲的关系就应当如同我们今天同中国或者日本的关系。我们这边提起的动议很可能会遭遇礼貌的拒绝,如同中国那样。若如此,则最终的结果要么是断绝交往,要么就是尝试强行打开交往渠道,不管成功与否。也可能,美洲国家也会像日本一样开放且宽容,那就会建立起交往、思想交流以及利益互惠格局。但无论哪种情况,于欧洲而言,都不会产生大的政治影响力,毕竟在那样的时代,交通困难,欧洲政治体系与美洲体系之间不可能进行任何融合,或任何欧洲与美洲国家的联合。两个世界可能会互有意识,彼此关系比不上英格兰现在与中国或日本的关系,而更像 17 世纪英格兰与中国、日本、印度或波斯的关系。

实情是,美洲大陆除了墨西哥和秘鲁而外,并没有此等稳固国家存在,即便是墨西哥和秘鲁,也都在西班牙探险者的一击之下,就已经坍塌了。换言之,新世界并不存在那种可以令旧世界退避三舍的力量。此一历史情状的结果便是开启了旧世界前往新世界的移民潮流。

这本身是一项重大历史情状。此一历史情状不仅仅意味着大西洋成了另一个地中海,而且还意味着更多。对希腊人来说,地中海给予他们贸易,令他们得以同异族交往,并由此催生观念的变化,不过,除了特定时期而外,地中海并未给希腊人提供无限制移民的渠道。古希腊的移民潮流不仅规模不大,而且移民群体所占人口比例也很低。一些政治强权守卫着对面的海岸。但是即便这一事实也只是社会性的而非政治性的。移民本身是私人事务,与政府无关,虽然它有可能对政府产生很大的影响,比如清教徒向新英格兰的移民无疑对我们的内部争斗产生了可观的影响,但这种影响只是间接的。

各国政府当然可以对新世界的一切事务视而不见,闭关自守。若是这样,那些伟大的探险家们很可能就会在新世界自立王国。若如此,则新世界之于旧世界的影响力势必会局限在非常狭窄的范围之内。美洲大陆如此广阔,人口如此稀少,因此不管这些冒险家们干了什么,都不会产生远距离的后果,而欧洲政府也许会关注它,但没有任何的担心。新世界那时将对旧世界发挥着像现在南美国家施于欧洲一样小的影响。革命的暴力可能会在那里猖獗,但不会有人关注,它的影响会在空旷且辽阔的土地上趋于蒸发。

对上述假设情形进行考量之后,便不难分辨出实际历史进程中的关键环节何在。新世界本来未必会对旧世界产生任何真正意义上的政治影响,而且新世界也不一定非得发挥这样的政治影响,至少不必如此直接地施展自身的影响力。欧洲政府对新世界一系列的介入行动,并试图控制其臣民在新世界所建立的国家,最终将新世界转变成一支最为强悍的政治力量,实情就是这样。这些政策必然在实质上改变五个欧洲大国的利益和位置,由此完全改造了欧洲政治。在此,之所以着重强调这个事实,是因为我认为,人们一直以来都严重忽略了这个事实,而我此次讲座便是基于这一根本事实。总之,17、18世纪,新世界并不在欧洲之外,而是作为一项原则存在于它的内部,激起无数变化。因此新世界已经不再是无法激发历史兴趣的孤立区域,相反,它是一支当前的力量,其分量无可匹敌,历史学家必须对此保持敏感,这一影响已经在很长一段时间里同宗教改革不相上下。进入18世纪之后,它对欧洲国家的政治影响便超过了宗教改革。

以这几个世纪为研究对象的历史学家们,一般来说都主要是以那么两三项重大历史运动作为主题的:其一是宗教改革及其影响;其二是在各个国家展开的宪政运动,此一运动在英格兰导向了自由,在法国则借由专制体制导向了革命。当然,这些历史学家也会考量此一时期欧洲土地上时不时涌现出来的所谓霸权,诸如奥利地皇室、波旁王室以及拿破仑家族等。这些大的运动可以说是构筑起了一个框架,仿佛所有的事件都可嵌入其中。然而,这一框架是不充分的,也过分拘泥于欧洲。它没有为众多更具分量的事件留下位置,它漏掉的历史要素很可能要比它包容进来的历史要素更大、更具连续性、持久性。若单独考量欧洲,则可以说每一个视角都有其根据。欧洲是从一个庞大的教会和帝国分裂为不同的王国以及民族性的或自组织性的教会,就像那些将眼睛盯着宗教改革的人所说的一样;宪法学者们则认为,欧洲是一群君主国,民众自由在这些君主国中逐步自我发育;在国际法学者看来,欧洲是一群国家,彼此之间达成艰难的均势格局,不过一旦霸权出现,这种均势就会即刻瓦解。但是所有这些解释都不完备,都留下了一半的事实无法解释。在此,实在是有必要做出如下补充:"欧洲也是一个国家集群,新世界的吸引力正在五个最西边的国家身上伸展开来,要将它们拉入新世界帝国的行列。"

前面讲座中,我已经用这样的思路考量了18世纪的历史进程,并且在那里,我也已经向诸位表明,此一思路完全解释了18世纪在英格兰和法国之间展开的第二次百年战争。我一直都相信,秉

英格兰的扩张

持欧洲均势观念的历史学家在考量这场百年战事之时,乃过度地依从了欧洲视角。这一点在这些历史学家围绕拿破仑展开的史撰中,呈现得特别明显。确切地说,这些历史学家完全把拿破仑看作一个怀有征服全欧洲野心的统治者,而且他们认为,拿破仑的才能也足以令他达成这样的功业。然而,拿破仑生涯的主要特征却在于:他的确进行了征服,但这并不是他想要的征服,他想要的是另外的东西。他想要进行伟大的征服,他也完成了伟大的征服,但是他所成就的却并非他想要的征服。拿破仑并不关心欧洲。"这个旧欧洲让我厌倦"(Cette vieille Europe m'ennuie),他坦率地说。他的野心完全指向新世界。他是个巨人,梦想恢复那个在 18 世纪一系列战争中坍塌的"大法兰西",他希望推翻建在"大法兰西"废墟之上崛起的不列颠帝国。他对欧洲的征服是偶然的,并且他历来都将这些偶然的征服视为针对英格兰的新攻势的起点。他征服了德意志,这是为何?因为奥地利与俄罗斯攻击了他,而这样的攻击是在英格兰援助和策动之下展开的,当时他正在布洛涅思量着如何征服英格兰。完成对德意志的征服之后,他首先想到的是什么?现在他有了对付英格兰的又一个武器,因为他能将大陆体系强加于整个欧洲。攻取西班牙和葡萄牙,这又是怎么回事呢?西班牙和葡萄牙拥有可以用来对抗英格兰的战舰和殖民地。最后,探查诸如远征俄罗斯这样的行动,便不难从中发现,这样的征服行动真要说有什么目的的话,那毫无疑问是指向英格兰的。但是多数历史学家不曾形成这样的看法,这是因为他们从一开始就低估了新世界之于旧世界的吸引力此一历史要素的巨大能量。因此,在这些历史学家看来,殖民地并不重要,因为它们地处遥远、人口稀疏,只是无生气的甚至无生命的附属物而已。事实也正是如此,殖民地并未从政治首都那里获得多少直接的关注。在伦敦或在巴黎,无疑很少有人关心弗吉尼亚和路易斯安那的事务;引人眼球的无疑是国内事务,政治似乎集中于上一次的议会分歧或者上一次的宫廷阴谋;目光停留在事情表面,而未深入底部;那些导致内阁沉浮、使欧洲震荡并走向战争和革命的隐藏因素远远超出人们的想象。这就是新世界利益的持久竞争。

若历史实情真是如此，那么此一情状就应当既契合 18 世纪的历史进程，同样也契合 17 世纪的历史进程。16—18 世纪，新、旧世界在这三个世纪进程中的关系史，则是各有鲜明特征。16 世纪大体上可以从这个角度被称为西班牙-葡萄牙时代。在这个时代，新世界垄断在新世界的发现者手中，一个是瓦斯科·达·伽马的祖国，一个是接纳了哥伦布的那个国家，这种局面一直延续到 16 世纪晚期西班牙和葡萄牙在菲利普二世手中合二为一的那个时候。在 17 世纪，另外三个国家，法国、荷兰和英格兰，也介入了殖民领域，荷兰人占据头把交椅。在同西班牙的战争中，荷兰人获取了一度被葡萄牙占据的大部分领地，即西印度群岛东部现今归属西班牙的那部分；他们甚至一度成功地吞并了巴西。法国和英格兰随后很快便建立了北美殖民地。从那时起，或者更准确地说，差不多从那时起，我们将对欧洲政治的变迁历程展开追索。前面讲座中，我已经阐明，此一历史情状乃是五个国家的新地位导向的必然结果。在 17 世纪的历史进程中，这五个国家的殖民地的相对分量发生了一些变化。葡萄牙衰落了，随后荷兰也遭遇了同样的命运。西班牙仍处于停滞状态：庞大的属地并未丧失，但却没有新增的土地，同时，这些属地同世界其他地方隔绝起来，就像中国那样。英格兰和法国都获得了决定性的进展：柯尔伯在这段时期已然将法兰西带入一流商业强国的行列，并对密西西比河展开探索。但是英格兰殖民地在人口上有决定性的优势。18 世纪就是在这样的背景下见证了法国与英格兰为争夺新世界而进行的大决斗。

本场讲座已经阐述过英法之间的这场大决斗，此举的目的是借由此一重大历史事例向诸位表明，英格兰的扩张历程并非平顺无事，而且此一扩张历程也并非纯粹是晚近时段的事情。确切地说，在整个 18 世纪，英格兰的扩张都是历史扰动之源，而且还引发了无论规模还是介入人数都臻于空前程度的一系列战争。前面的讲

英格兰的扩张

座中,我不能将此一历史情状追索得太远,不过,现在,我们已经剖析了新世界之于旧世界的一般吸引力,以及之于英格兰的特定吸引力,因此,也就可以据此对英格兰的扩张历程进一步往回追索,甚至不妨追索到英格兰扩张为"更大的不列颠"的那个初始阶段。

前面讲座已经表明,英格兰是在伊丽莎白时代,首次被赋予了现代特质,在那里,同时也表明,英格兰也正是在伊丽莎白时代,第一次发现自己乃置身于主要的商业潮流当中,并且也是第一次将自身的能量向着海洋和新世界投注。因此,有理由将英格兰扩张历程的开端确定在这个时刻,这是"更大的不列颠"崛起的第一个征兆。那向世界宣示英格兰的新特征和新地位的伟大事件,就是西班牙无敌舰队发起的海上入侵行动。可以肯定地说,英格兰的现代历史就是在此开启的。将这一事件与英格兰历史中的全部昔日事件做个比较,便会立刻发现,此一事件乃展示出全然不同的新颖特质。新颖在何处?答案就是,此一事件全然是海洋事件。的确,我们一直是个岛国,以往的对外战争当然也都是起自海上。但是昔日里,我们但凡提起海洋,所指涉者无非就是那个海峡,顶多也只是拓展到那么几片狭小的海域。在此次事件中,海洋头一次有了不同的含义,整个战事进程都是在真正意义上的海洋之上展开并结束的。可以说,这是昔日历史戏剧的落幕之作。确切地说,此一剧情并非完全在英格兰海域上演,大西洋、太平洋和墨西哥湾也都成为舞台。入侵者是新世界的主人,是哥伦布和达·伽马遗产的继承人;它的主要战争理由是我们侵犯了他在新世界的垄断地位,那么是谁前来应战的呢?不是中世纪骑士团的那种莽夫,也不是为我们赢得了克雷西大捷的那批长弓手,而是一个中世纪英格兰并不知晓的新群体,那就是所谓的英雄海盗(hero-buccaneer),德雷克和霍金斯式的人物,他们的整个生命就翻腾在这对他们的父辈来说未经发掘、无利可图的海洋之上。现在则可以第一次这么来说英格兰了:"前进吧,在海洋的波涛之上!"毫无疑问,歌谣是最能体察实情的。

不过,历史的此一时刻,那"更大的不列颠"尚且没有真正诞生,唯有创建一个"更大的不列颠"的动力存在着。而且,那道路也已经探索好了。这条道路乃通向大西洋彼岸的基座,在这基座之上,总有一天会崛起一个"更大的不列颠"。德雷克和霍金斯确立了强悍的英雄主义以及对四海闯荡精神之爱的典范,这一切将为我们开辟出通达应许之地的道路。与此同时,汉弗莱·吉尔伯特和沃尔特·雷利这样的人物则展示出了创立和开拓殖民地的才能。大不列颠遂在接下来的那个王朝建立起来,虽然吉尔伯特和雷利没有得到允许进入殖民地。1606 年的时候,詹姆斯一世签署了弗吉尼亚特许状,又在 1620 年签署了新英格兰特许状。很快,赋予英格兰的新生命、新目标以及新资源都展现出来了,足以吸引整个欧洲的关注。国王与议会斗争时代以及随后的护国公时期,新的英格兰政策首次大规模展示出来。克伦威尔时期,英格兰的帝国主义显得早熟,而且根基也不牢靠;不过在威廉三世时期,英格兰已经成熟而且根基也明显牢固了,这种状况贯穿了整个 18 世纪。毫无疑问,这是一个新的英格兰,一个正在向着大不列颠稳步扩张的英格兰。

这个阶段的英格兰兼具商业能力和战争能力。在我看来,这也是英格兰在这个阶段的主要特征。商业与和平之间存在天然的关联,这似乎已经成了老生常谈。人们也习惯了据此推论说,现代英格兰之所以还会卷入战争,这完全是封建贵族势力在作祟。据此推理,贵族阶层乃天生热爱战争,其出身就注定了是个军事种姓群体;与之对照,商人则天然地爱好和平,因为和平可以令商人不受干扰地从事自己的贸易活动。政治学的先天推理法,这是多好的样本! 可是,这样的推论,理据何在呢? 我们为何要征服印度? 这难道不是印度贸易的直接结果吗! 更何况,印度问题只不过是贯穿整个 17、18 世纪英格兰历史进程的一条法则的最明显例证,这条法则就是:战争与商业之间乃紧密关联,彼此依赖。正是因此,这一时期,贸易天然地导向战争,而战争孕育了贸易。我已经指出，18世纪的战争较之中世纪战争，无论规模还是成本都已经不可同日而语了。17世纪的战争也都规模巨大，但是程度略低一些。正是在这两个世纪中，英格兰日益转变成为一个商业国家。与此同时，也愈发好战了。很显然，促使战争和商业同时增长的原因，就在于旧的殖民体系。

商业，就其自身而言，当然是倾向和平的。不过，倘若因为某国政府的一纸令状，人为地封闭了本来繁盛的商业体系，令外人无从介入，那么商业也将同样地倾向于战争。我们最近在中国的经历足以昭示这一点。新世界完全可能在爱好贸易的同时厌恶战争，不过前提是，新世界是诸多开放的、喜欢与外国人交流的、思想自由的国家组成的，或者是被追求同样的宽容体系的欧洲殖民者据有的。可惜的是，我们现在都知道旧的殖民体系意味着什么。确切地说，旧殖民体系将新世界分割为众多的领地，并将这些领地视为宗主国的财产并由宗主国享有。如此丰厚的财产和收益，乃是到此一时期为止，商业所能得到的最大的刺激力量，此一刺激力量在此前数个世纪的历史进程中一直都在发挥着自身的效能。正是此一重大历史因素逐渐终结了中世纪的古老社会结构，并带来了工业时代。但是，与商业刺激不可分离的是国际竞争的刺激。每个国家的目标毫无疑问都是促进贸易，为此，各个国家没有坐等人们的需求，而是采取了完全不同的办法——他们在新世界对大片富饶土地实施了排他性占有。也正是因此，无论商业精神与战争精神之间有怎样的天然对立，通过此种途径从事贸易几乎就等同于战争，而且也很难不导致战争。怎么可能只征服而不占有呢？旧殖民体系之下，土地占有是首要的国家目标。西欧五国遂迅速展开了对土地的激烈争夺战。也就是说，在这样的体系中，对财富的追求自然地会导致战争。前面讲座中也曾谈起，在这种关系中，商业和战争是无可分离的，因此商业导致战争，战争孕育商业。新时期的明显特征很早便呈现出来。想想那长时间断断续续的英格兰、西班牙战事的性质，无敌舰队的入侵只不过是这其中最为显著的事件。前面讲座也曾提起,英格兰的船长乃赋有海盗特质,战争对英格兰来说自始至终都是一项产业,是通往财富之路,是那个时代最有赚头的生意、回报最为丰厚的投资。西英战争事实上是英格兰对外贸易的婴儿时期。第一代英格兰投资人实际上都是战争投资人。这就像今天的铁路投资人一样。所以当时敏锐的生意人约翰·欧森汉姆(John Oxenham)或弗朗西斯·德雷克都在普利茅斯装备的新船上投入股份,这些船要么是用作劫掠装载金银的西班牙大帆船,要么就是用来袭击墨西哥湾的西班牙市镇。有那么一段时期,英、西两国连正式的战争都不曾有过。因此,新世界的垄断体系使商业与战争无法彼此分离。荷兰的繁荣是对同一法则的另一个更令人吃惊的说明。还有什么比长时间的战争更具毁灭性呢?尤其是对荷兰这样的小国来说。但是,荷兰却跟西班牙打了一场历时八十年不曾间断的战争,还借此赚足了这个世界上的财富。为何会这样呢?因为战争为荷兰打开了对手在新世界的庞大领地,这些领地若是在和平格局之下,就只能是向荷兰关闭的。征服令荷兰变成一个帝国,帝国则使荷兰富有。

护国公时期,此类新观念开始进驻英格兰的决策轨道。据此视角来考量英格兰历史,则可以说,发生在1688年之前的17世纪历史进程当中的重大事件,既不是内战,也不是查理一世被斩首,而是克伦威尔介入欧洲战争。克伦威尔的此一行动实质上就是未来英格兰世界帝国的奠基礼。此一行动的意义可谓重大且直接,甚至可以说是裁定了西班牙权势没落的命运。就在一个世纪之前,西班牙的权势笼罩了整个世界,不过很快沦落为路易十四之勃勃野心的无助猎物。1640年的葡萄牙革命应该说就是此一历史转折点的标志。此后西班牙便走上了衰落的不归路。尽管如此,在随后的二十年时间里,西班牙仍然在同宿命进行抗争,加上对手法国的内乱,使事态发生了有利于西班牙的逆转。在这场危机中,克伦威尔的介入是决定性的。西班牙衰落后再也没有复兴,毫无疑问,以数个世纪的历史进程衡量,英格兰在护国公时期采取的政策,可

英格兰的扩张

能是一切英格兰决策中最具分量的了。

　　不过,此一决策既标志了一个世界强权的崛起,也标志了另一个世界强权的没落。此时的英格兰已经学会了效仿荷兰的谋利模式,并在商业帝国的发展道路上一路追赶。尽管英格兰的第一批殖民地是在斯图亚特王朝初期创建的,不过,在我看来,并没有迹象表明斯图亚特早期诸王浸染了此一观念。相反,他们抛弃了伊丽莎白体制,将眼光从新世界转向旧世界。不过,随着共和派执掌大权,此一反动潮流也归于结束。由此,一项新政策得以开启。可以肯定,新政策并不是十分周全,但其中蕴含的干练、果决是无可否认的,而且也确实取得了成功。

　　此一政策是海洋性的,而且是望向西方的,类似于伊丽莎白时代后期的那种政策导向。也正是借由此一政策,新世界第一次得以在英格兰依托切实的个人影响力渠道对旧世界发挥出自身的影响力。帕尔弗雷博士以非常有意思的方式追索了此一时期议会党团中我所谓的"新英格兰元素"。新英格兰本身乃是清教的子嗣,此处所谓的清教,指的是克伦威尔本人予以追随的那个独立派。正是因此,可以说新英格兰元素在英格兰革命中扮演了非常直接的角色。当时一些突出的英格兰政治家本身就生活在马萨诸塞,比如亨利·文爵士(Sir Henry Vane)、乔治·唐宁(George Downing)和休·彼得(Hugh Peter),最后这个人是克伦威尔的牧师。也就是此一时期,一直以来负有盛名的英格兰海军开始在罗伯特·布莱克的指挥下开启了海上霸权的进程。此后,海军就是英格兰霸权的伟大工具。陆军虽然获得了空前程度的严密组织,并事实上一度篡夺了我们国家的政府,将其领导人推上王位,但这支陆军随着一场巨大的灾难衰落了,并遭到公众的憎恶,海军则从这时起成为国家的宠儿。自此以后,英格兰就不再是陆军国家了,确切地说,自此往后,英格兰要么没有陆军,要么就是对陆军实施最小化的处理,但英格兰的海军则是世界上的头号海军,而且世人对此也都心知肚明。

　　若从英格兰的视角观之,克伦威尔的殖民地政策的吸引力,倒并不在于其在道德上或者成功上较复辟王朝胜出一筹,而在于克伦威尔的此一政策后来成为查理二世予以效仿的榜样。道德上的刚正难说是此一政策的一项特质,如果说此一政策是宗教性质的,那也可以说,倘若护国公时代持续时间更长,此一宗教特质势必会带来极大的危险。以观念大旗引领的帝国主义,恐怕没有比这更危险的东西了。还好,清教主义之于我们的"奥利弗皇帝",正如大革命观念之于拿破仑和他的侄子。英格兰一度成为一个军事国家,并在这个世界上占据了一个伟大的位置,这样一个位置是解散军队之后的宪政体制根本无法支撑的。护国公体制应该说是很幸运的,因为在世人了解其真正本性之前便走到了终点。它天生倾向于战争。若是认为护国公及其党派的清教类似于现代的自由主义,因此会厌恶战争,这就大错特错了。读读马维尔(Marvell)对他的颂词吧。这位高尚的诗人预言奥利弗不久就会成为"高卢之凯撒以及意大利之汉尼拔"。这一前景触动了他么?一点也没有;他深恐自己的英雄在这一进程中踌躇不前,于是提出告诫"不断进军,不要懈怠",并提请他不要忘记"必须用夺取权力之道来捍卫权利"。当我们检视护国公的国外政策,我们不认为他不曾留意这一原则。他似乎想要一场宗教战争,在这场战争中,英格兰应在欧洲扮演如他自己与铁甲军在英格兰扮演的同样角色。他的一些现代崇拜者察觉了这一点。麦考莱写道:"事实上,克伦威尔并没有多少理由在欧洲发动一场普遍的宗教战争,无论出身方面的考量还是家族方面的考量,都是如此。……对他来说,不幸的是,他没有机会展示他那令人仰慕的军事天才,除了针对不列颠诸岛的居民。"我想,我们只要想到这样的危险就会不寒而栗,好在随着护国公体制的垮台,此等危险也烟消云散了。

　　此一时期,欧洲大陆方面的殖民进程也没闲着,不过,大陆国家的帝国政策发育得并不完善。此一时期,新世界已经开始引领时代潮流,帝国政策在新世界也得到进一步的推进,并且也产生了

英格兰的扩张

更为持久的影响。就此而论,克伦威尔的帝国政策实质上可以说是他之前的长期国会的政策,并在他之后成为查理二世的政策。此一帝国政策的确让人生出决绝且无所顾忌的印象。克伦威尔乃是依托纯粹的个人意志,没有直接或者间接地征询英格兰人民的意愿,而且还是在面对自己那个委员会的强烈反对的情况下,毅然决然地令英格兰投身同西班牙的战争中。至于战争本身,则更是依循伊丽莎白时代的海洋游击战方式展开的,没有任何事先的争吵作为序幕,在不宣而战的情况下对圣多明戈实施了突袭,战争大幕就是以这样的方式拉开。我本人曾从前辈 J. 斯蒂芬爵士那里听到这么一个说法,如果他的听众中有人怀有"破坏圣象"的欲念,那么斯蒂芬爵士就会推荐这样的人把这种欲念用到克伦威尔这个海盗身上,让这个海盗也体会一下其中的威力。一旦我们记起那时所有海战都不受法律的约束,或许斯蒂芬的话听起来太刻薄了。不过,有一点是不可忘记的,那就是克伦威尔政策与伊丽莎白政策的连续性,以及与 18 世纪这个国家所追求的政策之间的同等的连续性。1739 年,英格兰为了打破西班牙的垄断,再起战端。这一切的历史情境都是相似的,从中不难辨识出旧殖民体系在战争和商业之间建立起的紧密关联。

然而,英格兰历史进程中的这段共和时期,确切地说就是整个 17 世纪中叶这段时期,真正的标志性事件并非同西班牙的战争,而是同荷兰的战争。如果说克伦威尔同西班牙开战,乃依托其不宣而战的暴烈行动,极为鲜明地展示出新商业政策的精神,那么,此一展示方式当然也是极容易遭到误解的。不管怎么说,西班牙是天主教强权,世人很容易据此认为,此次英西之战并非新世界引发,而是另一个重大历史情由引发的,此一重大情由乃植根于宗教改革,并且在克伦威尔时代余威尚存。若如此,那么我们同荷兰的战争又该如何解释呢?若宗教改革是 17 世纪的主导性因素,英格兰和荷兰结成持久的兄弟同盟关系,本应当是历史进程的题中之义。英荷之间的这场大规模海战乃贯穿了整个 17 世纪中叶,这是之前从未有过的,这也就足以证明,一个新的历史因素已然取代了宗教改革的位置,这就是围绕新世界展开的贸易竞争。这些战争作为一个整体极少获得充分考虑,人们总是拿一些实际上是次要的原因进行解释。特别是1672年的那场战争,对此查理二世和他的那个宫廷集团是负有责任的。人们常常拿这个说事,认为此事乃证明了查理二世及其宫廷集团之莽撞且缺乏道义,因为这个集团同路易十四的天主教政府建立联盟,目的竟然是给新教兄弟国家以致命一击。而且,人们也很容易认定,此事必定是出于王朝利益的考量,那些人此举显然是为了推翻议会寡头派和卢费斯坦派(louvestein),并让查理二世的侄子,年轻的奥兰治亲王继位。查理二世当然会有这些方面的考量,这个无须否认。不过,在那样的时代,同荷兰开战、同法国结盟,这实际上并没有什么好奇怪的。查理并未突然扭转国家的对外政策,相反,他是遵循了共和时期以及克伦威尔所确立的先例,因为前者已经发动了对荷兰的激烈攻击,而后者已经开始与法国结盟。据此,政府是获得了一些继承共和传统的人的支持的。安东尼·阿什利·库伯,一个秉持克伦威尔式观念的人,通过引用"迦太基必须灭亡"(Delenda est Carthago)的古老谚语来支持查理二世集团的政策。这位伯爵大人的具体申述是:"荷兰是我们的商业大敌,无论在海上还是在新世界,都是如此。摧毁她吧,虽然她是个新教国家。借助天主教的力量摧毁她吧。"这实际上也是共和国和护国公奉行的格训,虽然他们是清教徒,虽然他们是在反对罗马天主教的过程中崛起的,可他们都明白,教会斗争在他们的时代已经退居后台了,海上强国为了贸易和新世界的帝国竞争才是真正的时代议题。

由此,我们也就得以将"更大的不列颠"的历史轮廓大致勾勒出来了。伊丽莎白时代同西班牙的战争中,此一历史运动出现苗头,帝国的躁动和冲动从这场战事中勃发而出。斯图亚特王族最初的两任国王统治时期,我们见证了弗吉尼亚、新英格兰和马里兰殖民地的创建,可以说,"更大的不列颠"此时便已经降临这个世间

英格兰的扩张

了。随后,在 18 世纪,这个"更大的不列颠"趋于成熟,并展开了同大法兰西的长时间争斗。在中间的那段间隔期,又发生了什么呢?英格兰在这段间隔期创建了自己的海军,并同荷兰展开决战。此一进程乃覆盖了整个 17 世纪中叶,最初的几场大海战以及随后的一系列占领行动,都是在这段间隔期实施的,比如说,克伦威尔从西班牙手中夺取了牙买加,查理二世从葡萄牙手中接管了孟买,接着便是从荷兰手中截获了纽约。

　　英荷大决战之后,紧随而来的则是一段英荷紧密同盟的时期,此一时期乃以奥兰治的威廉的统治为表征。从英格兰的视角来看,此一英荷同盟似乎是宗教改革斗争格局的短暂复兴。南特敕令的撤销,令世界重归 16 世纪宗教战争时代。新世界也由此暂时隐没于历史后台;时代议题仿佛发生了轮回,天主教和宗教自由,谁生谁死,仿佛重新进入时代核心。于是,两大新教强国再次并肩战斗,对抗法国。威廉统治着这两大新教强国,贸易上的争斗则暂时平息了。

第七讲　扩张的各个阶段

在这个系列讲座中,我所致力的目标就是要以这样一种方式来阐述英格兰的历史。这种方式不会让你们对英格兰历史的兴趣逐渐消退,相反,它会让你们的兴致趋于高涨,直到讲座结束。在这一讲,想必你们不难感觉到我希望用何种方式做到这一点。除非能够展现出某种发展,否则任何国家的历史都不会引发兴趣。一成不变的政治生活没有历史可言,无论这种生活可能是何等繁荣。在我看来,英格兰历史学家对于英格兰后期历史诸阶段的处理是失败的,因为他们已经将一场伟大的发展追溯至完满,他们没能觉察到,如果他们要继续前进,就必须寻找其他的发展。有意也好,无意也好,他们的思考范围所及就是宪政自由这一理念。这一理念在 1688 年光荣革命之前可以说是够用了,甚至直到布伦瑞克王室(House of Brunswick)即位之时也是够用的。不过此后,这一理念就不再够用了。这并不是说英格兰宪政的发展进程在那一时刻就中止了,甚至也不能说它对于政治研究者们来说不再那么有趣了。不过这一进程本身开始呈现出渐进之态,也开始变得安静起来了;张力得到了释放。因此,若要寻找富有戏剧性的事件,就只能将眼光转向其他地方。我们的历史学家们对此缺乏足够的意识。或许乔治三世通过权谋之道、借助王室影响力所达成的目的,的确与斯图亚特君主们以前通过王室特权或者军事力量所达成的目的是相似的。但当威尔克斯和赫理·图克(Horne Tooke)、查塔姆和福克斯走上前台,扮演起昔日由普莱尼(Prynne)和弥尔顿、皮

英格兰的扩张

姆（Pym）和沙夫茨伯里扮演的角色时，读者就变得无精打采了。摆在读者面前的不过是那惹眼故事的毫无生趣的第二部分罢了。一系列的议会斗争，当它们在 17 世纪发生时，竟然充满如此的张力，当这些斗争在 18 世纪重复时，似乎已经成为司空见惯之事了。

在我看来，之所以会有此种失误，原因就在于我们总是选择将这些议会斗争置于前台。将乔治三世时期英格兰的中心任务描述成是在抵制一个心胸狭隘的国王的一系列冒犯行为，这是错误的。我们夸大了这些琐碎斗争的分量。那时的英格兰实际上正在致力于另一些更为宏大的事业。英格兰并非全然在重复往日的事件，它同时也在从事一些新的伟大的事业。这些新的事业有着重大的影响，它们在当时就改变了世界的面貌，至今亦然。开启一个新的舞台，并将新的演员带上前台，正是历史学家的责任。

现在，我就要将英格兰历史中的这一新发展鲜明地展现出来。我已经讲过，就是在同一个 17 世纪，英格兰一方面在国内成功地将古老的条顿自由与现代政治条件协调起来，并为职业士兵和宗教异议者提供立足之地，与此同时，英格兰也在国外进行拓展。它，连同另外四个西欧国家，致力于在新世界创立帝国。我也讲过，尽管英格兰是这一事业的后来者，而且有很长一段时间都没有在这方面取得有效进展，不过到了最后，英格兰却将所有的竞争对手抛在身后，以至于到了今天，英格兰在新世界独享着一个伟大的帝国。正是在 18 世纪，在围绕自由进行的国内斗争结束之时，英格兰开始在新世界取得领先地位，如今，也就是在 19 世纪，英格兰则感受到某种召唤，需要考虑如何塑造它所拥有的帝国。坦率地说，这就是我们所寻求的新发展。历史学家们发现宪政自由已然是一种已经完结的发展，因此已然成为丧失新意的主题，也就是从这个时刻起，这一新的发展应当成为历史学家的主要课题。这一新的发展自从 17 世纪以来，其分量就一直在稳步增长；也正是这一新发展，将过去和未来联结在一起。

如果我们赋予这一新主题以首要地位，就可以避免那种大多数历史学家都会身陷其中的困惑。他们发现随着英格兰的日益强大，历史本身竟变得越来越缺乏趣味。但与此同时，我们确实有必要进行重大调整。我们本应当采用新的标准来衡量事件的重要性，并就事件的分类采取新的原则。然而，历史学家通常将殖民地事务和印度事务漠然地推在一边。这些事务总是被放置在补充章节中予以处理。他们似乎认为，这些事务远离英格兰，因此配不上在英格兰历史中享有突出地位，仿佛有关英格兰的历史写作只能关乎英格兰小岛本身，而不是以这个小岛命名的那个政治联盟，然而，这个政治联盟却有能力进行扩张，最终覆盖了半个地球。对我们来说，英格兰意味着任何可以发现英格兰人的地方，在凡是能够见证对英格兰人事关重大的事件的地方，我们都应当将其看作英格兰的历史。正如在英格兰的自由遭受威胁的时期，我们主要是在威斯敏斯特的议会辩论中寻找英格兰的历史，因而，在英格兰日益扩张成为大英帝国的时期，英格兰的历史就在乎任何英格兰的扩张得以发生的地方，即便其舞台远及加拿大或者印度这样的地方。我们应当避免那种将英格兰历史混同议会史的错误，这种错误在近来是非常普遍的。这样一种调整必然引发改变，而这一改变本身尤其会影响到 18、19 世纪。不过 17 世纪也逃避不了这样的调整，尽管我们并不指望取消已经被人们接受的那种叙事安排，即 17 世纪所指涉的乃是为着自由而针对斯图亚特诸王进行的斗争，不过我们同时也必须重视另一种叙事安排，这一安排立足于这样一种原则，即按照大英帝国的前进步伐来标识历史的阶段。

传统的叙事安排是依据统治世系和王朝进行的，并且对每一个统治者，首要的事件就是王权和议会的纠葛。依据这一体系，主导性的分界线就是布伦瑞克家族的即位，此外就是斯图亚特王族的即位，以及大空位时期的中段和发生于 1688 年的革命。我们已经进行了太多此类的分界，即便这些分界已经是再自然不过的时候。我们想象着远不名副其实的差别，仿佛这样的差别真的存在于乔治一世时期和安妮女王时期之间，存在于威廉三世时期和查理二

英格兰的扩张

世时期之间,存在于复辟时期和共和国时期之间,存在于詹姆斯一世时期和伊丽莎白时期之间。实际上,所谓革命并非我们通常想象得那么革命,复辟也并非我们通常想象得那么反动。只要我们将英格兰作为一个活的有机体来进行思考——这个有机体在伊丽莎白时代就开始了扩张历程,并且自那时起就未曾中断过,最终扩张成为大英帝国——我们就不难发现上述分段实际上毫无用处,并且也就不难感觉到确实需要一套全新的分段方式,用以标识扩张的各个相续阶段。

我已经提出了其中的一些分段。不过最好还是依据这一原则,如其所是地为英格兰的历史提供一种连续的景观。

英格兰的扩张史毫无疑问发端于哥伦布和达·伽马在亨利七世时期进行的那两次值得人们永远铭记的大航海之行。从那一刻起,英格兰在欧洲诸国中的地位就发生了完全的改变,尽管这一变化还需要一个世纪的时间才能为世人所见证。在我们所进行的历史分段调整中,这一时间段可以说是构成了一个时期,英格兰在这一时期逐渐明确了自身的海洋使命。我们不去理会英格兰在这一纷繁复杂的时期发生的包括政治、宗教、社会在内的国内纷争。我们也不去关注宗教改革及其后果。我们在这一时期看到的只是英格兰缓慢但稳步地捡拾起自身的勇气,向西班牙和葡萄牙主张自己的新世界份额——此时的新世界已然处于开放格局中——先是前往纽芬兰和拉布拉多的几次航行,接着便是一系列的大胆冒险之旅。不幸的是,这些冒险最终证明都没有经过精细规划。我们的探险家们很自然地、当然也很不幸地将精力集中在极地区域,因此除了一片冰洋之外一无所获,而此时,它的竞争对手们则一个岛屿接一个岛屿地推进着各自的胜利进程,这些岛屿都是那个时代的大门。接下来就是针对西班牙定居地展开的一系列抢掠,在这一过程中,英格兰多少还是为自己赢得了海洋品性和勇敢个性。

西班牙无敌舰队的覆灭实际上标志着英格兰准备期和学徒期的结束。此时,国家的内部改造趋于结束。英格兰开始华丽转身,它已经不再盯着旧大陆,而是开始展望海洋和新世界。英格兰已经兼具海洋性格和工业性格。

依据原来那种安排方式,斯图亚特王朝的开始标志着一种衰落。都铎时期的王权备受欢迎且富含决断和洞见,最后却让位于一个神授王权体制,它既陈腐又不明智。不过依据我们的观点,这里并不存在衰落;存在的只是持续的发展。詹姆斯一世、查理一世和伊丽莎白一世的个性截然不同,但这无关紧要。大英帝国的根基此时已然奠定。约翰·史密斯、清教徒和卡尔弗特(Calvert)已经建立起弗吉尼亚、新英格兰和马里兰的殖民地,其中马里兰这一名称本身即一个年代性的称谓,取自玛丽女王。

大英帝国自此便已存在了,因为英格兰人生活在大西洋的两岸了。时代环境当即给大英帝国打上了特殊的印记。大西班牙帝国一直就只是一个人为制品,思虑和精巧手段一直以来就经由母国政府施加于其上。无论是世俗的还是教会的权威,在殖民地较之在母国都更为严厉,因为西班牙殖民地作为贡赋的来源对于母国可谓意义非凡。而英格兰殖民地的分量并不如此,所以也遭到忽略。这一忽略本身却造成了重大结果,因为此时英格兰国内的分歧和斗争正酣。殖民地,假使不能成为财富来源,则至少可以成为异端观念的避难所。在"五月花"号开启航程的半个世纪之前,科里尼[①]就已经开始试着将殖民化朝着这个方向转变。他已经构思出宽容观念,并在竞争教派之间进行区域分离,这一构思后来亦随着"南特敕令"的颁布而在法国实现。让我们随意假设一下,如果一个胡格诺派的法国在大西洋彼岸崛起,今日的世界将是何等不同! 如今,实现了这一构思的则是英格兰。[②] 英格兰殖民地奠定于一个关键性的纷争时刻,这就为移民提供了特殊的动力,若非如

---

① 关于此一计划的卓越分析,参见 Mr. Besant's Coligny。

② 1663 年的罗德岛特许状对此表达得非常清楚了。宗教自由之授予,"乃是因为距离遥远,不会破坏国家的统一和一致,如我们希望的那样"。查理二世在执行宗教政策之时势必也不会忘记他外公的教训。

此,则此种动力是不会存在的,不过这在另一方面也就引入了新世界和旧世界之间一种精深的对立原则。移民们在离家之时是带有一个隐秘决心的,他们决意与旧的英格兰相断绝,并且决不要再创造出一个英格兰。

大英帝国的第二个阶段起自1648年的军事革命。在共和制于国内取得胜利之后,它便寻求在海上同王权体制进行战斗。从我们的观点来看,这第二场斗争要较之于第一场斗争更为重要,因为克伦威尔创立的那支陆军注定了很快就要解体,但是经由亨利·文爵士组建并由布莱克指挥的那支海军力量则成了后世一直存在的英格兰海军。我们的海洋霸权正是源于此。正如兰克所说:"此时,英格兰对于自身的地缘优势较之以往更为明晰了,英格兰也较之以往更为清楚自身的海洋使命,这是自然的召唤。"克伦威尔攻击西班牙帝国并占领了牙买加,这是英格兰现代史记载中最强悍的举措,此举实际上正是上述新意识的自然结果,这一意识苏醒之时,恰逢英格兰发现自身乃是军事国家(military state)之际。

下一阶段是同荷兰的决斗。这一阶段主要发生在查理二世统治的前半期,占据着历史的前台;但是实际上,这场决斗早在1623年的安汶大屠杀之时就已经开始了,并在共和时期日益突出。这场决斗或许被认为是结束于1674年,查理二世于这一年退出了同路易十四联合发起的对荷兰的攻击。对荷兰来说,这是伟大的荣耀时刻。在如此的重大危机中,荷兰在此前曾经拯救过它的家族中找到了一个新的支柱,另一个沉默者威廉,一个新的执政置身缝隙之中,抵挡新的入侵。不过,这仍是荷兰衰落的开端。因为在荷兰共和国进行的这又一场伟大的斗争中,尽管荷兰显现出往日的英雄主义,但它已经不再拥有往日的好运了。它不能够再像以前一样通过战争而繁荣并聚集财富。这次同它开战的不是西班牙——那个无尽殖民地的主人,可供荷兰随意劫掠,这次是同法国;荷兰的舰队如今已无力横扫海洋,它要面对的是强大的英格兰海军;英格兰的《航海法令》也相应地阻断了荷兰的商业航线,此乃荷兰的财富之泉。尽管荷兰进行了自我拯救,随后还历经了一个伟大行动的时期,但是,荷兰的衰落如今已经开始了;在伟大的长官死亡之际,世人都已经觉察到荷兰的衰落了,这位长官是一个古老的家族世系的最后一人,也就是我们的威廉三世。此时的英格兰因自然之赐予而更为富有,并且不受入侵之害,已然赶超荷兰,荷兰的海上统治结束了。

在大英帝国的扩张史上,查理二世统治时期标志着一段引人注目的进展期。[①] 尤其是在这个时期,美洲殖民地形成了将在接下来一个世纪中吸引众多注意力的那种性格特征;一系列不间断的拓殖行动,沿着大西洋海岸从南向北展开。因为正是在查理二世时期,卡罗来纳和宾夕法尼亚建立了起来,荷兰人则被逐出了纽约和特拉华。如果从整体上进行考察,并依据时代的标准来衡量,美洲拓殖行动此时已经最为壮观了。其特征就是此时的殖民地同时拥有了庞大而且纯粹的欧洲人口。纵观西班牙殖民地,欧洲人都融合在印第安人口或者半印第安人口中,甚至迷失其中。荷兰殖民地天然地缺乏人口,因为荷兰母国太小了;荷兰殖民地一般而言比商业据点强不到哪儿去。法国殖民地此时也开始受人关注,不过在人口方面依然孱弱。法国的拓殖行动固然伟大,不过在拓殖之初就已经能够觉察到法国在殖民地人口上的薄弱对于一个真正的殖民强权而言是一个缺陷,从那时起,法国殖民人口繁衍速度之慢就成为其特征了。英格兰殖民地在大西洋沿岸的拓展已经成为最稳固的殖民成就,冠绝欧洲,尽管依据现代标准来衡量可能还显得不那么有分量。在查理二世末期,殖民总人口大约是二十万,不过这样的人口却具备每四分之一世纪便繁衍一倍的能量。

那么大英帝国扩张的下一个阶段又在哪里呢?这个时期就是大英帝国同荷兰一起抵抗由科尔贝尔创建的大法兰西帝国。从我

---

① 森茨伯里写道:"进取心和对殖民的渴望几乎和伊丽莎白一世以及詹姆斯一世那时一样强烈。"

们的观点来看,科尔贝尔的执政实际上就是刻意地让法国介入同西欧国家展开的新世界角逐中。在早期探险中,即便说法国落后了,也不会落后多少。雅克·卡提耶(Jacques Cartier)实际上在弗罗比舍尔(Frobisher)和德雷克之前就已经确立了自己的声名;科里尼在雷利之前便已经构造出自己的殖民计划了。在"五月花"号开启航程之际,法国人便已经在阿卡德和加拿大定居了,而且魁北克也已经在萨缪尔·查普兰(Samuel Champlain)的指导下建立起来了。不过在法国常常发生的情况就是这样,欧洲内部的纠葛阻挡了法国在新世界的进展。三十年战争给了法国奠定欧洲霸权根基的机会。在整个17世纪中叶,法国一直都在不间断地从事欧洲战争。于是法国在清算庞大的西班牙地产时把其殖民地部分留给了荷兰和英格兰,因为法国所图谋的自然是靠近其领土边疆的土地,也就是勃艮第那部分。在克伦威尔时期,法国也就因此而在殖民竞赛中落后了。马扎然对他那个时代的海洋政策并没有表现出多大的理解力。不过马扎然离任后,战争随之结束,并开启了一段平静的年代,科尔贝尔发迹之后便指引法国走上了这条新的道路。科尔贝尔运用了荷兰所有伟大的商业发明,尤其是特许权公司。他励精图治,并在一段时间里取得了成功。他竭力赋予法国这个由封建制度、贵族和骑士构成的国家以工业的和现代的性格。比如,他把新世界在海洋国家产生的那种吸引力也烙印在法国身上。科尔贝尔被亚当·斯密视为重商体制的代表性政治人物,确实,作为路易十四的大臣,他展现出了对商业精神的滥用。这种滥用使欧洲到处充斥着战争,最终则正如亚当·斯密所说的那样,"商业本应天然地成为联合和友谊的纽带,在国家之间如此,在个人之间也如此,如今却成了争端和仇恨的强大源泉"。

我们已经指出,支配17世纪的是两股强大的力量。其中之一是宗教改革,它正在趋于衰弱,但是另一股力量,也就是新世界的吸引力,则日益强大。不能将一种力量产生的结果归之于另一种力量,对这一点,学者们必须时刻谨记。在克伦威尔时期,正如在之前的伊丽莎白一世时期一样，商业力量是在宗教力量的包装之下发挥作用的。在 17 世纪晚期，两个海洋强国之间的决斗也由两个国家之间的联合所取代，它们联合起来对抗法国，因此，我们就必须再次去拆解同样的因果线团。这一联盟经历了两次大战以及两个英格兰王朝，当我们追踪这一联盟从 1674 年到 1688 年革命之间的历程时，其本身似乎显现的是两个新教国家为了对抗一次新的天主教入侵而组织起来的。正是在这些年间，历史记载了一场最奇特也最富有灾难性的逆流。"南特敕令"的撤销似乎复活了 16 世纪的政治形态。在英格兰，这一逆流在时间上又恰逢天主教国王詹姆斯二世的登基，这无疑造就了一场广泛的宗教恐慌。历史似乎由此倒退了整整一个世纪，回到了联盟时代，回到了菲利普二世和"沉默者"威廉的时代。但是此时，三十年前的《威斯特伐利亚条约》已经稳固地确立了各个教派之间的平衡，并且在《威斯特伐利亚条约》之后的这三十年间，时代本身已经向着殖民扩张的方向前进了许多。科尔贝尔的观念似乎突然被人遗忘了，他积攒起来的财富也被浪费，他所创建的海军也在拉霍格角（La Hogue）遭到摧毁。正是为了对抗天主教复兴，英格兰与荷兰首次形成了联盟。

但是，要是因此就说新世界已经退居后台，这种说法并非名副其实，而且为时短暂。如果我们保持对历史的前瞻而非后顾，如果我们从《乌德勒支和约》回望曾在乌德勒支取得胜利的海洋国家之间的联盟，我们将会看到一个性质全然不同的联盟。这个联盟得到了很好的延续：马尔伯罗拥有和威廉同样的地位，联盟本身同样是指向路易十四。但是，宗教热情已经从战争中淡出，乌德勒支所确立的解决方案已经展现出高度的商业性格。这场战争在我们的编年史中拥有辉煌的记载，我们给予这场战争的名称为"西班牙王位继承战争"，无疑富有强烈的王朝味道，因此我们会觉得这是旧时代战争的典范，狂热、野蛮且浪费。不过，这场战争也正是"小皮特金"（little Peterkin）想要了解的，他想弄清楚"这场战争的最终果实"。事实上,这场战争是我们所从事的所有战争中最富有商业气息的,战争本身是依从英格兰和荷兰商人的利益进行的,他们的贸易和生计正遭到威胁。所有的殖民地问题,自新世界开放以来便置欧洲于纷争境地,如今法国和西班牙帝国的联合前景则将这些问题一下子凸显出来,这样一个联盟势必将新世界的大门完全向英格兰、荷兰关闭起来,转而向科尔贝尔的同胞们开放,他们此时正在密西西比河进行探索和拓殖行动。在一个长时期的宫廷浮华之后,商业考虑现在主宰着世界,这在以前是从未有过的。毫无疑问,在正在展开的那个乏味的世纪里,商业利益将继续主宰着大多数的时间。

在这场战争中,诞生了一个值得铭记的事件,这一事件应当在最充分的意义上归属于殖民拓展的潮流中,这就是英格兰和苏格兰基于法律上的合并。不妨读一读伯顿(Burton)对此事的历史叙述,你们会看到,此次合并案标志了苏格兰现代史的开端,正如同无敌舰队的覆灭标志了英格兰现代史的开端一样。苏格兰由此进入了新世界角逐的格局中。就人口比例而论,没有哪个国家能够在这一角逐格局中获得如此大的份额,但是在合并之前,苏格兰是无法享有这种地位的。没有合并法案,苏格兰人便被摈弃在英格兰贸易之外,国家的贫困状况也不能让他凭借自身力量同其他国家进行成功的竞争。在威廉三世时期,苏格兰人依据当时的常规制定了一项规划,在殖民扩张方面进行了一次全国性的努力。他们尝试在新世界为自己获取一块土地。他们建立了达瑞恩公司(Darien Company),这项规划的意图是从西班牙的领土主张中为自己分一杯羹。这次冒险失败了,而失败所引发的愤激和沮丧促成了合并谈判,并取得了成功。英格兰通过合并法案取得了针对国内敌对势力的战争安全保障;苏格兰则赢得了进入新世界的门票。

在英格兰的扩张史上,《乌德勒支和约》是最显著的标志之一。就我们的视野所及,这一条约之重要意义不下于西班牙无敌舰队的覆灭,这两个事件的日期实际上都标志着英格兰权势的开启。

无敌舰队的覆灭时刻意味着英格兰首次进入了新世界角逐；《乌德勒支和约》则标志着英格兰在这场角逐中获胜。此时，英格兰有勇气去挑战一个力量远胜自己的强国，这次胜利本身将英格兰带至历史舞台前列，并在列强环伺之中傲然自立。一直以来，英格兰都处在稳步前进当中，不过在17世纪上半叶，更引人注目和仰慕的则是荷兰，而在17世纪下半叶则是法国。大约在1660年到1700年，法国是世界头号强国，这一点无可争议。不过《乌德勒支和约》使英格兰成为头号强国，并在数年中都无可匹敌地保持了这个地位。英格兰的国际威望以及在文学、哲学、科学研究中所享有的尊重，都可追溯到这一时期。此前由法国享有的那种智识上的优越地位，此后便转归英格兰了。这一辉煌中的许多成分转瞬即逝，不过自此之后，英格兰便已经提升到了一个较之以往更高的水平上了。此后，世人便普遍认为英格兰是最强大的国家。不过，最为重要的是，世人此后便都承认，在财富、商业以及海洋力量方面，英格兰是无可匹敌的。这部分地是因为英格兰的对手们的权势已然衰落，部分地则是因为英格兰自身的进展。

　　此时，人们已经明显感觉到荷兰的衰落。只要威廉还活着，荷兰就能从威廉本人的声望中享受到好处。但是在马尔伯罗的时代，并且从这个时代开始，怠惰和对平静的嗜好在荷兰身上滋生蔓延。荷兰的元气在同法国的战争以及同英格兰的角逐中已经过度消耗了。荷兰再也没能展现出旧日里的能量了。英格兰的这个古老对手已经落伍了。新的对手，法国，则挣扎在战争泥潭中，暂时无力脱身，尽管法国的国事已经在三十年前由那一时代最伟大的财政家理顺了，但此时却背负了财政破产的重担，直至大革命。法国做出大胆图谋，尝试攫取新世界贸易，但没有取得成功。在某种意义上可说法国战胜了西班牙，但其中并无多大价值，法国未能在西班牙的美洲垄断贸易中获得份额。部分的损失确实获得了迅速的修复。法国很快便在殖民拓展方面表现出进取精神和智慧。杜布雷在印度，加里森尼尔（La Galissoniere）在加拿大，以及巴里·萨

英格兰的扩张

福伦(Bailli Suffren)在海上,一并使法国的声望驰名新世界,并在很长一段时间内都同英格兰处于不相上下的地位。但是,《乌德勒支和约》带来了很多未可预见之事。凭借刚刚取得的胜利,英格兰此时显得已经比任何时候都更强大了。

英格兰的实际斩获是阿卡德,也称作新斯科舍,还有纽芬兰(从法国攫取)和《阿西恩托协定》(Asiento Contract),这是从西班牙手中斩获的。换言之,这是摧毁法国殖民扩张的第一步,因为这实际上等于是剥夺了法国的三大北美殖民地之一,这三大殖民地分别是阿卡德、加拿大和路易斯安那。同时,也在无可容忍的西班牙垄断贸易体系中打开了一个缺口——西班牙的这一垄断体系一直将绝大部分的中南美洲隔离在世界贸易体系之外。英格兰获得许可向西班牙美洲提供奴隶,随着奴隶贸易的展开,英格兰很快便开始向西班牙美洲走私其他商品。

此处我必须停一停,做一个一般的考察。你们可能会觉得,我在对大英帝国殖民扩张所做的这次考察中,未能给出哪怕最微弱的尝试,去给予英格兰所进行的征服行动以荣耀,或者去证成我们的同胞所采取的手段;同样地,我指出英格兰在新世界角逐中战胜了它的四个对头,却根本没有想过要对英格兰在德性或者勇气上的优越性提出任何声张。我未曾召唤你们去仰慕或者赞同德雷克或者霍金斯、共和体制或者克伦威尔,以及查理二世的统治。确实,要对那些建造大英帝国的人们的行为给予赞誉,这并不是一件很容易的事情,尽管在他们的成就中,有很多都是值得仰慕的,而且较之于西班牙冒险家们的所作所为,他们所应受到的谴责和厌恶要少得多。不过,我并不是要为这些人书写传记;我并不是作为传记作家、诗人或者道德论者来处理这些人物的行为的。我所关注的只是一个问题,那就是因果性。我的问题总是这样的:此次行动是如何进行的,又是如何取得成功的? 作此询问的目的并不是要模仿我们所读到的这些行动,而是要发现国家在这个世界中得以崛起、扩张、繁荣或者衰落的法则。就此而言,我还有一个进一步的目标，那就是阐明一个问题：如今存在的大英帝国将会繁荣、持存抑或衰落。你们很可能会询问，我们是否能够预期或者希望大英帝国的繁荣，如果它的铸造本身就是一桩罪过。但是呈现在历史中的上帝通常并非依据此种方式进行裁决。历史并没有表明，一代人的非法征服注定了或者很可能会在下一代丧失掉；这就如同绝不能将政府混同为财产，国家甚至没有任何权利，也更不会注定了要补偿那些多少是非法获取的收益。诺曼征服是十足的非法行为，不过这却取得了繁荣，并且是恒久的繁荣；我们自己也是从萨克森海盗手中继承了这片英格兰的土地。一个国家对领土的权利一般而言是要求回溯到原始时代，如果我们能够进行重新发掘，这种权利往往依托于暴力和屠杀；大英帝国领土之获取的确暴露在历史的光照之下，并且部分地是依靠难以证成的手段，不过较之列强，则并非不那么正义，较之那些今日已经确立的古老国家，其正义色彩则更要强烈得多。如果就起源问题同其他帝国进行比较，我们就会发现，大英帝国是以同样的方式起家的：创建者们有着同样的动机，这些动机大体上来看并不高贵：他们展现出强烈的贪欲，并混同着某种英雄主义；道德顾虑在其间并没有带来多大困扰，至少在对付敌人和竞争者时是这样的，尽管他们在与自己同胞的行为中往往展现出充满德性的自我克制。至此，我们不难看到，大英帝国和其他帝国是类似的，和我们对其起源有所了解的其他国家也是类似的；不过，从历史记录看来，大英帝国较之大多数其他帝国或者国家，在总体上都更好，而非更糟糕。大英帝国的历史记录显然优于西班牙帝国，西班牙帝国在历史上充斥着多得难以计数的残忍和贪婪。在大英帝国的历史记录中，有些篇章确实是真正显现了思想的升华，至少也表达了正义行为的意向，这在殖民历史中并非常见。他们中的一些创建者使人们想起了亚伯拉罕和埃涅阿斯。当然，另一方面，也存在一些罪恶，这些都是殖民历程中普遍存在的罪恶。

我之所以作此评论，是因为正有最严重的殖民罪恶摆在面前。

英格兰的扩张

英格兰早在伊丽莎白时代便已经参与奴隶贸易。在那个时代,约翰·霍金斯就已经因为沾染上这种残暴而臭名昭著了。你们也都能够在哈克鲁特的自述中看到,他是如何在 1567 年来到一个非洲城镇,如何放火烧掉那城镇中被棕榈树叶覆盖的房屋,于是,"八千名原住民中,有二百五十人被掳,包括男人、女人和孩子"。不过我们不能因此就认为英格兰自那以后便在奴隶贸易中占有巨大的或者主导性的份额。英格兰在当时以及随后的半个世纪里都没有具备奴隶需求的殖民地,即便当英格兰获得新的殖民地时,这些殖民地也并不是像西班牙的第一批殖民地那样以采矿为主,在那里,奴隶需求是非常迫切的。和我们的殖民帝国历程一样,我们对于奴隶贸易的参与在 17 世纪经历了一个逐渐增长的过程。截止到《乌德勒支和约》,奴隶贸易实际上已经得以确立,并且成为"英格兰政策的一个核心目标"。① 恐怕从此时起,我们就开始在奴隶贸易中拔得头筹,我们也开始比任何国家都更深重地染指到这一邪恶且庞大的残酷行径当中。

这仅意味着我们在对待奴隶贸易的原则上并不比其他国家更好些,在最终占据了各个贸易国家中的龙头地位,并通过军事胜利而从西班牙手中获取《阿西恩托协定》之后,我们实际上是偶然地获得了这一邪恶贸易中的最大份额。公正地讲,当我们读到废奴主义者后来公开的那些令人发指的恐怖故事时,是应当把这一点记在心里的。所有的拓殖国家都分享着这一罪恶;我们并非是这一罪恶的发明者,如果说我们在某段时期确实犯下了较之其他国家更严重的罪过,但我们公布了这一罪恶,并对之表示忏悔,并最终拒斥了这些罪行,这一点多少是一些宽慰。不过总体上来看,以乌德勒支为巅峰标志的整体性的成功发展确实将英格兰民族世俗化和物质化了,此前任何的事物都无法值此之功。肮脏的动机从

---

① 这一说法借自 Mr. Lecky,参见 *History of England in the Eighteenth Century*, ii. p. 13。

未如此至高无上,宗教和高尚的影响力从未如此丧失信誉,然而这就是《乌德勒支和约》之后三十年间发生在英格兰的事情。人们一直倾向于将此种腐化推及更早的时代,并归咎于错误的因由之上。然而,犬儒之风和腐化的盛行与其说是发生在复辟之后,不如说是发生在光荣革命,尤其是安妮女王时期之后。麦考莱在那篇著名的文章"复辟时期的喜剧四作家"中,就将四位作家的犬儒风范归于复辟时代,这四位作家分别是魏彻利(Wycherley)、康格里夫(Congreve)、范布伦(Vanbrugh)和法夸尔(Farquhar),其中有三个作家是在光荣革命多年之后才开始写点东西的。

此时的英格兰扩张历程已经首次达到了世界头号海洋和商业霸权的阶段。很显然,正是同新世界的联系才赋予英格兰这样的特征;不过,至少在普通人看来,英格兰并非绝对的头号殖民强权。就殖民领土的范围而言,英格兰同西班牙相比仍显不够分量,较之葡萄牙则更是逊色许多。英格兰的殖民领土在北美大西洋沿岸只是一小片而已,此外也只是包括西印度的一些岛屿以及印度的一些贸易据点。这种情形怎么能同中南美洲强大的西班牙第二王国比较呢?正如我曾讲过的那样,法国作为一个殖民强权,在某些方面优越于英格兰:法国的殖民政策更为干练,似乎也更有可能取得最后的成功。

大英帝国扩张史的下一个阶段我们已经考察过了。荷兰处于衰落中,英格兰的对手因此也就演变成西班牙和法国,这两大强权自此便经由一个家族纽带联结在一起。不过竞争的压力主要落在法国身上,因为无论在美洲还是印度,同英格兰比邻的都是法国而非西班牙。法国和英格兰的决斗也就由此开启了,我对此已经有所描述。其中的决定性事件就是七年战争以及1762年《巴黎条约》赋予英格兰的新地位。这是18世纪英格兰权势的巅峰;确切地说,英格兰从未获得此等的相对优势。有一段时间,整个北美似乎注定了要成为英格兰的囊中之物,并会永久地成为大英帝国的一部分。设若如此,这样一个帝国单就面积而言也很难超越西班

英格兰的扩张

牙帝国;不过就其内在的伟大和权势而言,则会较西班牙帝国有着无限的优越性! 西班牙殖民帝国的构成并非欧洲血统,这是这个帝国的根本缺陷。西班牙殖民帝国的欧洲人口部分即便在欧洲也属于一个没落的种族,还有一个庞大的人群混合了蛮族血统,另一个更为庞大的人群则是纯粹的蛮族血统。大英帝国则全然属于文明血统,当然其中的奴隶人口除外。不过,古代的例子表明,一个单独的奴隶种群,负担所有的苦活累活,这并不违背一种高度的文明形式。蛮族血统的融合会造成民族品行的败坏,这却是严重得多的问题。

在这个巅峰阶段,英格兰成为整个欧洲嫉恨和恐惧的目标,就如同在 17 世纪西班牙和随后的法国那样。正是在这个阶段,英格兰赢得了同法国决斗的首轮胜利,也正是在这个阶段,欧洲开始叫嚣着反抗这个海上暴君。1745 年,在路易斯堡陷落之后,驻圣彼得堡的法国大使随即递交了一张便条,对英格兰的海上专制提出抱怨,并认为英格兰人的目的是要摧毁所有其他国家的贸易和航海;这位大使的主张是有必要进行联合以便维持海上力量的制衡。英格兰的昔日盟友都加入了抱怨的阵营,也就是在这个时候出现了一本名为《一个阿姆斯特丹公民的声音》(*La voix d'un citoyen a Amsterdam*) 的小册子。在这本小册子中,"迦太基必亡论"(Delenda est Carthago)的呼声,往日是由沙夫茨伯里针对荷兰提出,如今却由一个名叫马伯特(Maubert)的人针对英格兰提出。他宣称,"要把我们提升到与法国和大不列颠相同的地位,通过他们自己的错误和他们大臣野心勃勃的疯狂而增进我们的富裕"(Mettons nous avec la France au niveau de la Grande Bretagne, enrichissons-nous de ses propres fautes et du delire ambitieux de ses Ministres)。作者接下来提出了联盟建议,目的是促成英格兰撤销《航海法令》。从此时开始直到 1815 年,对英格兰的嫉恨便成为欧洲政治中强大的动机性力量。正是这一力量导致了法国介入北美事务,导致了所谓的"武装中立";随后,这一力量又演变成为拿破仑一世的内心激情，并一步步诱导着拿破仑前行，去征服整个欧洲，尽管此举部分地违背拿破仑本人的意志。

至此，我们追溯了这个不间断的连续扩张历程。英格兰在这个历程中步步为营地扩张起来。不过也就是在这个时刻发生了一类事，这类事的性质是全新的，可谓一次突然的震动，证明了在新世界，除了欧洲国家之间的对决之外，也可能存在其他的敌对强权。北美殖民地的脱离行动就是此类事件之一，此事的巨大意义即便在当时也是不容忽视的。当时的人们就已经感觉到此事的意义非凡，事实也确实如此，尽管此事引发的后果并非完全如人们所料。这是自哥伦布发现美洲大陆，西班牙探险者们对所有文明萌芽进行无情摧毁以来，新世界自由意志的初次爆发，尽管还显得幼稚。但这种自由意志毕竟进行了自我主张；它以欧洲风格完成了一场革命，诉求欧洲文明的所有原则。此事就其本身而言也是一桩伟大事件，很可能它本身就足以比法国大革命更为伟大，尽管法国大革命随即到来，并吸引了人们全部的注意力。人们似乎觉得大英帝国此刻已经开始没落了，因为当时实施脱离行动的十三个殖民地差不多就是大不列颠殖民帝国的全部，况且，北美殖民地的脱离在当时似乎表明，任何形态的大英帝国都必定是违反自然的，是不会长命的。但是一个世纪过去了，大英帝国仍然存在，其幅员和分量反而得到了扩张。

这个事件将是下一讲的主题。

第八讲 "更大的不列颠"的分裂

　　随着观察视角的变幻，事物的轮廓也会随之发生变化，这是事实，同样道理，一个国家的历史，也会展现出众多不同的形态。前面讲座就 17、18 世纪英格兰历史勾勒的轮廓，乃同我们习以为常的那个历史脉络是截然不同的，这都是情理之中的事情，毕竟，我采用的这个视角，乃令大家都已经习以为常的重大事件一下子变得渺小了，同时也使得众多大家习以为常的小事件变得极具分量了；一些平素里隐而不显的事情在这样的视角之下，一下子凸显出来，一些平素里占据前台的事情在这样的视角之下，一下子归于隐没了。

　　然而，大家在思索历史之时，都认为历史的轮廓就在那里了，那轮廓是固定不变的。据此，大家会觉得，在各个历史学家的叙事中，细节方面的精确程度以及细节叙事的生动程度也许会有不同，但那个框架必定是所有历史学家都共享的。事实上，恰恰就是这个框架，也就是我们孩童时期就开始烙印在心间的那个框架，以及借由此一框架融构而出的所谓大事记，却不是固定不变的。相反，那个框架既不稳定，更变幻不定，尽管看起来，那个框架应该是用钢铁塑造而成。无论如何，都要问一问，究竟是什么东西令历史事件显得伟大或者渺小呢？王系传承就一定是大事件吗？新君即位当时，或许是大事件，但是待人们的热情消散，待历史进程再度缓缓启程，这样的所谓大事件在国家历史中将会消失得无影无踪。倘若能够一直运用这样的原则来考量历史，那就很可能会在我们的历史观念中铸就一场革命。若如此,则我们就有机会见证到,那切实的国家历史也许跟我们习以为常的那种历史是截然不同的,毕竟,在此一原则之下,人们昔日观念中的许多重大事件将会变得无足轻重,真正具备分量的事件反而是平素里我们忽视甚至是忽略了的事件。

因此,我们必须就具体事件之历史分量建立一个衡量标尺,并将此一标尺奉为历史研究工作的一个重要组成部分。因此,问题就是:这标尺何在?"历史学家应该突出那些有趣的事件"这样的说法成立吗?具体的事件从传记、道德或诗歌的角度来看,可能是相当有趣的,从历史的角度看却没什么意思,这一点是毫无疑问的。"历史学家应当将事件于当时人群的那种意义赋予事件,由此唤醒当时人群的情感和感受"这样的说法正确吗?我历来都认为,历史学家的使职并非我们经常听到的那样,是力争让读者回到过去,或者是让读者以事件发生当时人们看待这些事件的方式来看待它们。此说理据何在呢?通常情况下,当时之人对大事件的判断都是极端错误的。事实上,历史学家的重大职责之一,就是纠正当时之人给出的评判。说白了,历史学家的任务并不是要让后世的读者分享过去时代的种种情感,而是要表明,当时吸引了公众目光的事件实际上根本没有分量可言,真正能够制造深远后果的乃是那些在当时被忽略了的事件。

从英格兰历史进程中演绎而出的所有事件中,美洲革命很可能是因为错误的评判标尺而受害最深的一个。纯粹从故事或者传奇的角度来看,美洲革命当然难说有趣。没有光华缭绕的军事领袖,没有在历史星空中璀璨闪耀的胜利场景,这场革命也许造就了不少的人杰,但华盛顿肯定是这批人中缺乏戏剧特质的。然而,我们也许忘记了,一段缺失传奇色彩的故事完全有可能是一段具有深刻意义的历史。我们习惯了把法国大革命高高置于美国革命之上,因为法国大革命催生了众多极具个人色彩的人物,这恰恰表明我们对历史与传奇的区别视而不见。但另有一个错误更为致命。

英格兰的扩张

历史学家切不可生出小说家的欲念,这是当然之事,但历史学家若变幻成为媒体政客,这同样是糟糕的事情,甚至更糟糕。同时代人对大事件的评估一般而言都是肤浅且错误的。然而,很多历史学家是存有欲念的,他们试图首先把自己想象成诺斯内阁时期的议员,然后站在这些人的立场上评估美洲革命。因此,他们无意阐述美国革命的哲学,也没有赋予这一事件在世界历史中应有的地位,相反,他们一直关注的是,在事件进程的这个或那个阶段,议员们在废止《印花税法》(the Stamp Act)、《波士顿港口法》(the Boston Port Bill)或《妥协法案》(the Compromise Act)时应该如何投票。这也就是我所谓的媒体史学家。此类史学家一直追逐着议会的辩论,追逐着内阁的命运以及下次分歧的结果,什么问题来了就抓起什么问题,对每个问题都满足于一知半解。在他们看来,此种方式足以应付事件当时的历史情境了。倘若只是新闻报道,这倒也无可非议,不过若将此种方式运用于史撰,就会导致令人极为沮丧的后果。然而在撰写现代英格兰史的时候,这类史学家则完全满足于将事件发生当时众人的肤浅观点确定下来。这样的叙史套路,从头至尾都充斥着党派政治的陈词滥调,到了探讨真正重大的问题的时候,却总是将新闻媒体的社论当作典范。

那么,事件之历史分量的真正标尺何在呢?我认为,就在于"趋势",更确切地说,就是事件很可能会引发的后果的分量。我在前面讲座中,正是据此原则指出,在 18 世纪,英格兰的扩张较之当时的一切国内问题和国内事务,都具备重得多的历史分量。不妨看一看 18 世纪中期那段时期主宰英格兰政坛的那个伟大人物老皮特。老皮特的伟大在那段时期都同英格兰的扩张融为一体;说白了,老皮特就是"更大的不列颠"的政治家。正是在向西班牙发起海盗战争的时期,老皮特为自己的政治生涯播下了强劲的种子。他是在同法国展开的殖民大决斗当中,收获了自己的荣耀;生涯暮年,他则全心致力于避免"更大的不列颠"沦落分裂境地。

不妨再看看美洲革命。就"趋势"而论,此一事件可以说是拥有无与伦比的历史分量。所以它总是能让那些保持一定距离的公正观察者印象深刻。但事发之时的媒体政客无暇接纳或者采纳这种大视野。在他们眼里，美洲革命乃幻化为无尽的细节，这是因为议会往往都是在这些细节问题上产生分歧。诸如此类的问题实际上通常都归属细枝末节之流，在当时却同政党政治领域的实践问题具备了同等的分量，并难解难分地纠结在一起，就这么一下子呈现在他们面前。大家也都知道，《印花税法案》刚刚通过的时候几乎无人关注。议会某个晚上讨论《陈情书》（the Address），会在另一个晚上听取关于暗藏沟壑的布特的雄辩演说；再有一个晚上，又因为威尔克斯和无特定对象逮捕令而亢奋不已。当议事日程之上提起殖民地征税的动议案之时，议会完全是在不经意间就表决通过了，关注程度之低犹如我们今天之对待印度预算提案（Indian Budget）。这真是糟糕透顶，然而要加以补救却十分困难。倘若在历史叙事中如此荒谬地将大事小事混为一谈，又有什么理由可以为之辩解呢？不妨想一想，那单纯的编年叙史之法，加上令史学家们毕恭毕敬予以尊奉的议会议事次序，我们是否就能真正避免犯下与那些不经意间一致通过《印花税法》的人们所犯下的相同错误呢？美洲问题是以完全不合理的方式进入我们的历史叙事的，这就跟议会在当时通过同殖民地相关的议案，是一样的道理。美洲事件进驻史撰领域，没有任何准备，仅仅是按照时间顺序被混杂在一堆完全不同的问题之中。现代国家毫无疑问是规模庞大且事务重重的，意外之事不可避免地会发生。此种境遇之下，倘若历史不能使我们在回顾过去时免受意外之事的影响，那么历史还有什么用呢？然而，在历史叙事之中，美洲事件令读者措手不及，丝毫不逊色于事发之时我们先辈的那种意外之感。今天，我们捧读史书时，满脑子也都是布特的影响、国王的婚姻、国王的病情、威尔克斯和无特定对象逮捕令，美洲殖民地的税赋问题正是在这样的局面中突然冒了出来，就在我们刚刚听到殖民地方面的抱怨和陈情后不久。于是，与我们的先辈当年所做的如出一辙，我们不禁会想：

英格兰的扩张

"等会儿,这些殖民地是什么呀? 它们是从哪儿来的? 它们是如何治理的?"历史学家就如同一张日报可能会做的那样,承诺要让我们熟悉这个题目。他停下来,并在这个地方插入一章展开回顾,试图以这样的方式告诉读者,这些殖民地是真的存在的,英格兰很久以前就拥有殖民地了! 并且历史学家提供的信息,在数量上刚好能让我们弄明白《印花税法》之废除问题引发的那些议会辩论,然后,他会为自己偏离编年顺序而道歉,接着便迅速回归原来的叙事脉络。这样的叙事,总是从下议院记者楼座的角度来考量历史进程。这不免令人感觉,革命是不是在议会中发生的呢! 美洲是罗金汉内阁以及诺斯内阁面临的大问题。美洲的失落当然是非常重要的,因为诺斯内阁就是因为这个倒台的!

在述及 1783 年条约的时候,这样的历史学家毫无疑问会暂停片刻,就此事给出一段颇为郑重的插叙,这是因为他认为这件事情是相当重要的。据此,他会给出解释说,那些殖民地只要感到独立的时机成熟了,就会选择脱离母国;还会解释说,美洲殖民地脱离母国,对英格兰来说不是坏事情,反而是好事。这个话题到此就算结束了,从此之后,在他的叙事当中,便再难听到美洲的消息了,这就像此前也很少听到一样。新的话题乃围绕议会场景展开,诸如《印度法案》引发的激烈辩论、小彼得与诺斯-福克斯联盟之间的争斗、议会选举(Westminster Election)以及不久之后的摄政辩论(Regency Debates)等。英格兰历史学家毫无疑问是痴迷议会的,他们满怀恭敬地考量议会的举动,就如同法国历史学家迷恋路易十四的私生活一样。当最终述及法国大革命的历次战争、英格兰与拿破仑之间的伟大斗争时,就会一下子把伯戈因(Burgoyne)和康华利(Cornwallis)指挥的那些不光彩的战事都抛到九霄云外,因为在他看来,自己终于能够再次记录真正的大事件和伟人功业了。对此,他们真的是兴奋不已。

因此,也就有充分理由认定,同一切的此类历史叙事相比较,美洲革命可不是一桩沉闷的不幸事件,仿佛蜻蜓点水之下就可以将其打发掉了，相反，此一事件乃拥有极大的历史分量，而且这样的分量可以说在现代英格兰历史进程中是无出其右的，较之我们同革命法国展开的那场大决战，要更值得世人铭记。实际上，法国大革命时代的英法大决战，仅仅是因为规模巨大且时间漫长，才引发了诸多间接的重大影响，也仅仅是在这个意义上，才能够同美洲革命相提并论。毫无疑问，阅读有关尼罗河、特拉法加、伊比利亚半岛和滑铁卢的历史叙事，要远比阅读有关邦克山（Bunker's Hill）、布兰迪维因（Brandywine）、萨拉托加（Saratoga）和约克镇（Yorktown）的历史叙事更加令人兴奋，这不仅仅是因为我们更喜欢纪念胜利而不是失败，也因为从军事角度来看，与法国的战争要比与美国的战争规模更大，更有趣，拿破仑、纳尔逊和威灵顿与那些出现在美国革命中的将领们比起来当然是更伟大的军事统帅。但事件之历史分量并非取决于是否令人振奋或激动人心，更非取决于我们的情感或者情绪，而是取决于事件中是否蕴含了重大后果。

美洲革命创造了一个新生国家，这个国家继承了英国的语言和传统，但在某些方面却奉行自我开拓之道，在此过程中，它不仅同英格兰而且也同欧洲的先例分道扬镳。这个国家当时人口不算多，尽管其领土广袤。多少次它都可能再度解体，且永远无法成长为强国。但它并未解体，而是稳步前进。如今，正如前面讲座中谈到的那样，它不仅在领土上而且在人口上都超过了除俄国以外的所有欧洲国家。我也正是依据这个标尺来估量美国革命的历史分量的，因为史撰之主体正是列国的兴起和发展。

前面讲座中，我曾提请诸位关注一系列事件，诸如西班牙无敌舰队、弗吉尼亚和新英格兰拓殖地之创建、英格兰海军和贸易的增长、克伦威尔策动的英西战争、同荷兰的海战、法国的殖民扩张以及荷兰的衰落、《乌德勒支和约》促成的英格兰海上霸权以及围绕新世界展开的英法斗争。前面讲座中已经谈到，这些事件乃熔铸为一条历史脉络，成就了英格兰的扩张历程。在 17 世纪，此一扩张进程在某种程度上隐藏在这个民族与斯图亚特诸王之内斗的背

英格兰的扩张

后;不过,到了 18 世纪,它则正式进驻历史前台。此一进程接下来的阶段便是分裂,亦即美洲革命。美洲革命之历史分量远远超越了英格兰此前历史进程当中的绝大多数事件,正如大不列颠也要远远超越英格兰一样。要衡量它的分量,根本不是看豪(Howe)和康华利是不是伟大将军,也不是看华盛顿是不是天才人物。在世界史中,美洲革命的地位同它在英格兰史中的地位,可以说是不相上下的。在新的领土上建立了一个五千万人口的国家,这本身就远远超越了所有此前发生的历史,而且很快,这个新生国家的人口规模则提升到一亿的水准。无论在新世界还是旧世界,都不曾出现过如此令人侧目的情境。这样的人口规模是英格兰 1688 年光荣革命时的十倍,是法国 1789 年大革命时人口的两倍。这个事实即使孤立来看也足以说明我们已经进入了一个新时代,英格兰所面对的这个国家无论是幅员还是人口,都不是昔日历史所能想象的。不过,这个事实并不是孤立的。毫无疑问,大(bigness)并不必然意味着伟大,在亚洲的历史上——尽管不是在欧洲历史上——我们可能遇到大得多的数字,因为印度和中国的人口单独来说,都至少是美国的五倍。这个国家的独特性既在于质也在于量。当然,我们并不了解中国的情况,倘若将中国排除在外,则可以立论说,迄今,所有规模庞大的国家,其组织水准都是很低劣的。

英格兰一直夸示说,自己乃向世人表明了,自由,诸如古希腊城邦和意大利城市共和国的那种自由,是如何在现代民族国家这样的大规模组织中得以维系的。此刻,在美洲建立的这个新国家在理论和实践层面同时继承了这一发现,并且还创造了一切必要的调整举措,将这一发现应用于规模更大的领土之上。结果,这样一个新生大国虽然在规模上与印度或俄国属于同一档次,然而在自由问题上,却同印度和俄国的情境截然相反。黑格尔把世界历史描述为人类自由意志的逐步展开。依据此一理论,有些国家只有一个人是自由的,另一些国家则是少数人的自由,还有的国家是多数人进入自由境地。倘若依据自由精神的拓展程度来为各国排定顺次,那么毫无疑问,大多数幅员辽阔的国家就会挤在这个等级序列的底端。但人们会毫不犹豫地把美国这个庞大的国家置于这个序列的顶端,毫无疑问,自由意志在这个庞大国家的每个个体成员身上都是极具生机与活力的。

这样的结果毫无疑问是伟大的,而并非仅仅是"大"! 不过,此一美国现象之于英格兰人的分量要远远超越对于人类其他族群的分量,这是因为英格兰同美国的关系是如此特殊。在人类历史上,还不曾有哪两个强国之间会有英格兰和美国这样的关系。南美诸共和国当然也都是以西班牙为源起的,巴西则是以葡萄牙为源起的,但是这些国家尚不能算作伟大国家;除此以外,我们也都知道,南美人口在很大程度上是印第安血统(Indian blood)。但美国这个伟大国家乃源自英国,且主要是英格兰血统,美国脱离母国的原因,跟西班牙和葡萄牙殖民地脱离母国的原因是不一样的。后者显然是因为母国和殖民地的距离太过遥远所致;英格兰和美国则因为连绵不绝的扩张进程以及各自都极为广阔的活动范围。距离在两国之间根本不是问题,实际上,两国历来都可以说是相邻的,两国之间的联系从来都不曾中断过。此外,美国那独特的经历和崭新的经验对英格兰是有着强大影响力的。我们在很多方面,也对美国有着强有力的影响,当然,这主要是通过我们的文学。

英格兰族群两个分支之间的这种相互影响,是极具分量的论题。这个星球的未来就取决于英格兰族群两个分支之间的这种相互影响。不过,话说回来,此种情境之下,又该如何看待我们的历史学家的美洲革命叙事呢? 有人可能会觉得,该事件之于英格兰史和世界史的分量不是他们关心的问题。于是,他们非常简略地就将其打发掉了。他们的历史叙事描述了围绕征税权展开的宪政讨论,还极为热忱地描述了查塔姆伯爵的雄辩之术。他们依循编年序列描述了这场战争,为我们的失利表示遗憾,竭尽所能地夸耀我们取得的一些成功,讲了一些富兰克林的趣闻轶事,评价了华盛顿的功绩，而后就将这个话题整个打发掉了。在他们看来，这个话题太冗长乏味，他们实在是提不起兴致。在斯图亚特王朝的长期论争中，一个很小的问题都能让他们花更长的时间去关注。查理·爱德华王子（Prince Charles Edward）的冒险之举会激发他们更多的想象力，探究谁才是"朱尼厄斯"（Junius）也能激起更多的好奇心。难道这种现象很正常吗？真的，我们尚未了解什么是历史，我们迄今所讲的历史根本不能称之为历史，也许称之为传记或者政党政治辑录更为合适一些，难道不是这样吗？历史不是宪法，不是议会的唇枪舌剑，不是伟人传记，更不是道德哲学。历史讲述的是国家，是探究国家的兴起和发展以及国家间的相互影响，勘察国家之兴衰。

不过，在以"英格兰的扩张"为主题的这个系列讲座中，我们只是从一个角度来探讨美洲革命。确切地说，在这个讲座系列中，我们将美洲革命视为英格兰扩张历程第一阶段的终结。这个阶段就如同气泡一样，随着"更大的不列颠"迅速扩张起来，它便破裂了。接着，英格兰再度踏上扩张进程。我们能避开如此明确的推论吗？

人们一直都在重复这样一种看法，美洲殖民地之脱离母国，是自然法则注定了的必然结局。正是这样的自然法则，推动着每一个殖民地在成熟之际宣示独立，仿佛这已经是无可置疑的法则了。据此，人们认为，乔治三世时期为此承担责任的那些政治家，诸如乔治·格兰维尔、查尔斯·唐申德以及诺斯勋爵这些人，他们的罪过顶多也只能说是稍稍地加速了一场无可避免的灾难而已。在这个问题上，有必要在前面讲座的基础上再补充一小点。只要殖民地仅仅被当作母国可以从中谋取利益的地产，那么殖民地的忠诚就必然是极为不稳定的。此种境遇之下，殖民地当然能脱离就脱离。事实上，以孩子长大成人来比附此一情形，根本就不恰当。在将殖民地视为财产的体系中，殖民地的地位类似于奴隶而非子女，奴隶将自己从殖民枷锁中解放出来的时候，当然不是带着成年子女的感恩之心,实际上,他们是满怀义愤的,的确,甚至在子女病弱之时,母国也是那般残忍地对待他们,又有谁人不义愤不已呢? 因此,美洲殖民地的分离或许是不可避免的,但这完全是旧殖民体系所致。

前面讲座中已经阐明了,在当时那个时代,要用更好的体系取代旧殖民体系,是极为困难之事,不过,更好的体系当然是存在的,而且,到了现在涉及的这个历史时期,也已经是切实可行了。殖民地并没有天然的理由在一段时间之后就会生出独立欲念;甚至在那个时代,我们的殖民地管理体制的实践也已经远远好过那个时代的殖民理论了。并没有理由认为,殖民地的反叛行动是针对英格兰统治本身而来的。说白了,殖民者们反叛的是乔治三世的政府,更确切地说,是乔治三世王朝前二十年的统治体制;在英格兰自己的编年史册当中,这段统治期也是以狭隘和刚愎自用出了名的。无论是在英格兰国内还是在殖民地,此一统治体制都激起了不满和抱怨。就在那个时候,曼斯菲尔德(Mansfield)从国内政治视角出发,格伦维尔从殖民地政治视角出发,解释了我们的各种自由,这类解释剥夺了自由的所有现实性。正是这一新的体系,而非英国政府的日常体系,激发了普遍的不满,在英格兰是威尔克斯骚乱,在大西洋对岸则是殖民地骚乱。但英格兰国内的不满者不像马萨诸塞和弗吉尼亚的不满者那样,掌握着如此简单的补救办法。说白了,英格兰国内的不满者无论多么义愤,也都只能接受当前的政府。

我们的殖民地之所以选择反叛,并非完全因为他们是殖民地。确切地说,个中情由在于,他们是旧殖民体系之下的殖民地,而且,在那么一个时期,此一体系的惯例制度更以一种极其狭隘且迂腐的方式运行着。不过,我接下来要指出的是,要是我们想从美洲殖民地的行为中得出任何普遍推论,都是不足取的,这是因为我们的美洲殖民地并非通常意义上的殖民地,说白了,他们都非常特殊。

现代的殖民地观念乃认为,所谓殖民地,就是由另一个共同体的过剩人口形成的新共同体。一片土地若是沦落至过度拥挤且贫困的境地，自然就会引发移民潮，令过剩人口前往更为空旷、更为富有的地方寻求拓殖，这是合情合理的事情。前面讲座已经阐明，我们的美洲殖民地并非此种情形。一方面，英格兰[①]当时并没有发生过度拥挤的现象；另一方面，当时的北美洲东部海岸就其财富而言并不是特别具有吸引力。它不是理想中的黄金之国（Eldorado），不是波多西（Potosi），它的北部甚至也是相当贫穷的。那么，为什么殖民者当时选择在那里展开拓殖呢？这其中有一个动机是最主要的，确切地说，那动机正如同摩西向法老宣称要带以色列人出埃及之时秉持的那种动机。"我们往旷野去，走七天的路程，祭祀我们的神。"说白了，是宗教动机驱动着那批拓殖者。他们希望以信仰为生，并且践行那些在英格兰得不到宽容的仪式。确实，并非到处都是这样的情形。弗吉尼亚当然是奉英国国教会的。但新英格兰殖民地是信奉新教的，宾夕法尼亚属贵格会（Quaker），马里兰信奉天主教。而关于南卡罗来纳，我们读到，"基督教徒还不到居民的三分之一"，"各个教派都有大量牧师和阐释者在教授纷繁多样的观点"。[②] 因此，老的移民是真正的出走，换言之，那是一种宗教移民。如今，世道变了。那些完全是为着财富而出走的移民有可能随着时间的流逝而忘记了祖国，但他不太可能这样做——外出使得他珍视祖国，距离又把祖国理想化了；当挣到了钱，他就渴望回到祖国，他很乐意落叶归根。可以打破这种魔咒般影响力的东西实际上也就是宗教了。宗教的确可以让移民出走。那些带着他们的神离开特洛伊的人们，毫无疑问可以抵御把他们拉回去的怀念之情的诱惑；他们可以充满信心地在此前未被奉为神圣的新领土上创建他们的拉维涅姆、他们的阿尔巴乃至他们的罗马。不管怎么说，我历来相信宗教是伟大的建国原则。这些殖民者可以创建

---

① 参见亚当·斯密的相关论述 Of the motives for establishing new colonies。
② Hildreth, ii. p. 232.

一个新国家，是因为他们已经是一个教会，而教会是国家的灵魂——至少我是这么看的，哪里有一个教会，国家迟早会从哪里生长起来。但是如果你发现某个国家完全不具备教会特质的话，那么你所见证的这个国家就不会有太长的命数。

在这方面，美洲殖民地的情形是非常特殊的。怎么可能从美洲殖民地的历史中得出可以推及所有殖民地的结论呢？特别是，美洲殖民地的情形怎么可能适用此后成长起来的那些殖民地呢？后来的这些殖民地，从一开始就有着一种精神在驱动他们走上脱离英格兰的道路，也有着一种原则在吸引着他们，令们抱团形成一个新的联盟。前面讲座中曾经提起，此种精神早在新英格兰殖民地就已经显现出来了。毫无疑问，并非所有殖民地都赋有此种精神。弗吉尼亚就没有，但是当殖民地居民的不满因为格伦维尔和诺斯勋爵的迂腐之举而迸发出来的时候，弗吉尼亚将会向新英格兰靠拢，而朝圣者们（Pilgram Fathers）的精神也将由此获得力量，将被冒犯的殖民地人民转化为了一个新的民族。

我们今天的殖民地则完全不一样了。今天的殖民地并非以任何宗教性质的出走行动为缘起，今日殖民地的创建者们离开母国之时，并没有与自己的神同行。相反，他们是带着纯粹物质主义的诉求出走并进入旷野之中，进驻没有任何神圣意味的土地之上的，没有任何的观念诉求。除了家里，他们的神还可能在哪里？在这样的情况下，倘若仍然能够在他们身上发现当年建国者的勇气，倘若他们仍然能够表现出同英格兰历史传承割裂的意志和心愿，与他们父辈生活了上千年的那座岛屿的一切传统和记忆割裂开来，那么也就只能说，英格兰在他们心目中已经没有任何吸引力了，已经沦落至可悲境地了。

因此，在我看来，倘若依托美洲革命提供的结论而认定，所有的殖民地，不仅仅是生存在恶劣殖民地体制之下的带有宗教意涵的那种殖民地，一旦成熟，都会脱离母体，这将是错误的看法。美国在走出殖民地时代之后，便迎来了繁荣。不过，倘若我们据此认

英格兰的扩张

为殖民地在成熟之时就应当脱离母体,也是错误的,至少说,我们并没有据此得出恰当的结论。我认为,任何共同体都不曾像美国这样享受此等的幸福境遇,或者说,很少有什么幸福会像在美国这样,不让人的意志消沉的。但这种幸福的原因却不在于政治方面。说白了,此等幸福之根基远比政治制度方面的因素要深沉得多。倘若向哲学家讨要共同体幸福最大化的秘方,那么哲学家大体上会给出这样的解答:带上这样一些人,他们的品质乃借由数代理性自由、严肃宗教和勤恳劳动形塑而成。将这些人置于广袤的领土之上,那里无人感到痛苦的压力,繁荣向每个人敞开大门。逆境带来智慧和力量,但与痛苦相伴;繁荣带来愉悦,但易松弛品性。逆境过后,繁荣相随,这便是有益幸福的秘方,因为它带来愉悦而又不会让人迅即精力松弛。如果最后给予的幸福不会来得太轻而易举,这无疑会是更具效能的秘方。毫无疑问,美国人的幸福就是植根于此类境遇中。他们的品性是在这么一个温带地区,借由条顿式的自由和新教培育而成;繁荣向他们敞开大门,但也持之有度,并以辛勤劳作和聪明才智为条件。

这样的秘方当然会造就幸福局面,不过这样的局面也只能维持一段时间,毕竟,人口与幅员的比例不可能永远维持在这么低的水准。有相当长的一段时间,世人一直认为,美洲肯定是有什么魔力秘方,令美国得以避开降临在欧洲头顶的一切罪恶。实际上,那秘方非常简单,说白了就是丰厚的生存条件以及强有力的品性。近些年,美国人自己也从迷梦中醒来,开始意识到他们的国家并非从未沾染欧洲的罪行和蠢行。他们没有外敌,但他们还是打了一场全国性的内战,韦尔斯(Wells)先生估计这场战争在四年的时间里埋葬了一百万条生命,耗资将近二十亿英镑。他们没有国王,但我们知道他们也做过类似弑君的事情。无论如何,美国的威望和伟大现在或许都达到了空前的高度,但无形之中他们的抱负已经改变了他们的品性。如今,大家都说没有哪个国家曾经如此强大,美国是或将是世界上居于统治地位的国家。换言之,美国虽然也是国家丛林中的一员,但却是它们的领头羊。美国的抱负和过去完全不同。它过去宣称自己是独特的一类,它的存在仿佛昭然明示:那些自夸有力、政府傲慢、战事不断、债台高筑的欧洲国家完全走错了路;幸福与德性沿着更为节制的道路前行;对一个国家而言最好的运气不是历史上的伟大,而是根本没有历史。

由此便不难看出,美国的幸福同脱离母国并没有多大关系。不过,脱离母国是否成就了美国的伟大呢?

回望一下美国的演进历程,便不难发现,这片土地在诸多方面都接纳了命运的特殊恩宠。比如说,倘若最初的那些殖民地不是沿着海岸线形成一个紧凑的群体,而是散落在大陆上,并且被其他设置的拓殖地隔离开来,则美利坚合众国及其联邦体制就不会获得任何的成长空间。不妨再看看原属法国的路易斯安那殖民地,如果不是沦落到悲惨的困顿境地,而是在美洲革命之前的那个百年间,经历不断地成长——别忘了这个殖民地乃囊括了密西西比河谷——倘若这块殖民地真的像设想的那样取得成功,那么在北美大陆上就会诞生一个归属法兰西的大国,而且密西西比河还会将这片广袤的土地贯通为一体。而且,这块殖民地当初也完全有可能落入英格兰之手!若是那样的话,北美大陆的历史毫无疑问将会被改写。巧的是,拿破仑乃将路易斯安那卖给美国,才最终令最初的十三块殖民地组成的联邦体制或者邦联体制,获得了成为庞大国家的机会。

而且,合众国显然也已经找到了办法,去应对此等大规模扩张可能会引发的巨大难题。想当年,西欧五国都在这个巨大难题面前栽了跟头。在欧洲扩张进程开启之际,这些国家都秉持着国家可以无限扩张的观念。没多久,这些国家就纷纷丢弃了此一观念,并一下子转向另一个极端。旧的殖民体系正是从后面这种观念中生发出来的。据此,这些国家将殖民地当作公共地产,从中赚取的利润,目的是确保他们归属母国。同时也不难看出,这个体系顶多也只能说是一套权宜之计,正是因此,在旧体系的背后,涌动着的

英格兰的扩张

乃是殖民地方面历久弥新的绝望感受。正是这一切的情由,令新世界中的旧日帝国一个接一个归于解体了。英格兰正是依托此一历史机缘,开启了新帝国的进程。在治理这个新帝国之时,我们小心翼翼,避免犯旧的错误。旧的殖民体系一去不复返了,但尚未有清晰合理的体系取而代之。旧的理论殒殁了,但新理论在哪里呢?实际上,选择只有一个。如果殖民地不是旧观念中的英格兰财产,那就必须令其融入英格兰;我们必须从内心里接纳此一观念。不要再申述说,英格兰只是欧洲西北海岸之外的一个面积为 12 万平方英里(约合 31.08 万平方千米)、人口为三千多万的岛国。我们不能再这么思考并看待问题:一旦移民出走,就等于是脱离了英格兰,英格兰也就无须关心他们。我们切不可依然如故地认为,英格兰的历史就是威斯敏斯特的议会史,议会没有讨论的事务就不是英格兰的历史元素。倘若我们习惯了将帝国作为一个孤立的个体加以考量,并将这样一个个体视为英格兰,那么,下一个合众国便也会从中浮现。这里也有一个伟大的同种同类的民族,有着共同的血缘、语言、宗教和法律,但却散居在广袤无垠的空间里。不难见出,在这样一个合众国中,强大的道德纽带当然是存在的,但是不存在可以被称为宪政(constitution)的东西,确切地说,没有这样的帝国机制,也就难以抵抗或者化解任何的严重冲击。也许我们会怀疑,是否可以设计相应的机制将远隔千山万水的众多共同体联结起来,不过在这个问题上,美利坚合众国的历史给出了极具分量的提示。他们就有这样一套体系。他们已经解决了这个问题。他们已经证明,在当今时代,政治联合可以在比以往时代大得多的规模上存在。毫无疑问,我们也有自己的特殊问题,而且解决这些问题也都有着极大的难度。不过,这其中最具难度的问题是我们自找的。这个问题就是:我们的偏见和成见令我们认定大规模的政治联合是一个史无前例的问题、一个不可能解决的问题。说实在的,我们真的误解了美洲革命。

我们习惯于从美洲革命事件中得出结论:所有地处遥远的殖民

地终究是要脱离母国的。但是,从这场革命当中,我们所能推知的唯一结论便是:在旧殖民体系之下,地处遥远的殖民地总是要脱离母国的。

我们也习惯于从美洲革命事件中得出结论:迁移到大洋对面的过剩人口,是必须斩断同母国那最初的纽带的,否则他们便无法获得新的利益,也无从为新国家之创立奠定轴心。但实际上,我们从中只能得出结论:当年前往美洲殖民地的拓殖者,是因为英格兰宗教的排外格局而被迫离家出走的。与他们随行的还有特殊且强劲的宗教观念,这样的拓殖者群体是足以为自己创设新国家所需要的轴心的。这一论断以一种出人意料的方式在南美洲以及中美洲的西班牙和葡萄牙殖民地的分离史中得到了印证。就南美洲和中美洲的殖民情境而言,固然大洋两岸都有天主教,但格尔维纳斯(Gervinus)却也曾指出,事实上这些地区的宗教是耶稣会(Jesuitism)。相应地,西班牙和葡萄牙对耶稣会的镇压在道德上震惊了后来分离运动的主导群体。

合众国自脱离母国之后便臻于伟大境地,人们习惯从中得出的最后一个结论就是,一旦殖民地成长到足够的程度,同母国分离也许更好一些。然而,美国的伟大恰恰极为充分地证明,一个幅员辽阔的国家,同样可以是繁荣昌盛的。合众国联邦或者邦联实质是揭示出,的确存在这样一种体系,可以令数量众多的省区强有力地团结在一起,同时又不会招致任何在我们的帝国中常常让人感受到的种种困顿。因此,此类困顿情境显然并不是帝国之规模造成的,说白了,这些都是旧的殖民体系造成的。

不过,英格兰的扩张进程是在双重轨道上展开的。讲座进行到现在,我们仅仅考量了英格兰民族和国家借由殖民地渠道展开的扩张进程。那么印度呢?毕竟,印度拥有极具规模的人口,他们在英格兰人的统治之下,又经历了怎样的历史情状呢?英格兰的此一扩张进程必定是不同的,而且于我们而言,肯定是要陌生很多。

第二讲座系列

第一讲　历史与政治

　　历史学家常常会去设想,假如某个历史事件换一种方式出现在历史进程中,并且历史学家们也常常沉浸于此种"反事实"的历史猜度中,他们当然也时常因为这样的爱好而遭到攻击。"这也太不现实了!"我们会高声呵斥这些历史学家。不过,我们也应当明白一点,此类历史猜度,所考量者并非历史实践,而是历史理论,因此,我觉得历史学家这么做自有他们的道理,而且还应当更多地展开这样的历史猜度。设若我们认为,但凡耀眼的公共事件因为其规模更大,就肯定要比我们眼中那些普通且平凡的事件更具分量,更具必然性,那我们可就想错了。倘若诸位仍然拒绝就不同的政策选择展开想象,那就永远不可能就任何一项重大的国家政策形成恰当看法或者恰当评估。英格兰之扩张毫无疑问是极为重大也极为复杂的历史事件,因此,上述说法就特别适合"英格兰之扩张"这样的历史论题。不妨想一想,倘若英格兰素来同新世界没有任何关联,那会是怎样的情形呢! 很显然,英格兰自从伊丽莎白女王以降的历史进程将会是何等的不同! 西班牙的无敌舰队不会与我们为敌,而我们也不会有德雷克和霍金斯抵抗他们;我们强大的英国海军也就不会发展起来;布莱克不会与范特鲁普和德·鲁伊特(De Ruyter)作战;长期议会与查理二世同荷兰的战争以及克伦威尔同西班牙的战争也都不会发生;英格兰将没有机会积累足够的资本同路易十四缠斗并最终挫败其图谋;大商业公司将无从崛起以抗衡土地贵族并促成国家政策的转变;英格兰将无法在安妮女王时期领先于所有其他的国家。我们则最终会见证一个完全不同的 18 世纪。总之，任何事情都会与现在完全不同。当然，你们也许会说，这样的历史猜度太不靠谱，除了嘲笑之外，便不会觉得这其中会有什么价值。

不过，此一反事实的历史考量是极具实用效能的，而且，这恰恰就是因为你们觉得它不怎么靠谱。英格兰在 16—18 世纪进程中，展开了巨大的扩张并积累了令人称奇的财富。但不管怎么说，所有这一切都并非同英格兰本身完全融为一体，令我们真的无从想象这一切如何同英格兰拆解开来。说白了，在历史想象中，英格兰并非没有可能回归伊丽莎白女王时代的那个平凡且朴素的英格兰。在我们的通常观念中，帝国属地乃与我们的殖民地有万里之隔，并且，如果让我们选择的话，我们通常也都会觉得分离是大势所趋。况且，很多权威人士事实上正是这么建议的。此种情形之下，也就不得不去审视那种将英格兰之扩张视为一个整体的判断。它只是像西班牙的扩张那样昙花一现吗？它甚至从一开始就是一个错误，是能量的错误释放吗？国家会犯错，事实上也常常犯错。虚妄的激情或直觉常常会成为国家的向导，并且，也完全有可能持续很多年并让国家在错误的方向上走得很远很远。因此，当然会有人认为，英格兰从一开始就应该拒斥新世界的吸引，并且固步自封地停留在莎士比亚时代封闭的岛国境遇，如莎士比亚所说的"池塘中的一个天鹅巢"。或者，人们也常常会想像着英格兰至少能够幸运地像法兰西那样失去自己的帝国，或者当它在失去它的第一个殖民地后不再谋求开创新的殖民帝国。

情形若真是这样，即便只是有这样的历史可能性，那么，摆在我们面前的将会是何等巨大、复杂且沉重的问题啊！倘若我们由此偏离正确道路，或者说，倘若我们由此迈入一条完全不同的道路，此一历史情状将会是何等的分量啊！与那些吸引我们注意力的国内政治问题相比，殖民地问题重要得多！我们中的很多人都以一种很含混的论证来回避这一问题。他们会说："扫好自家门前

英格兰的扩张

雪，莫管他人瓦上霜，不要挂心那些遥远国家的事务，因为我们很难理解它们，并且和它们稍有瓜葛便会带给我们灾祸。"但是，倘若这真的是灾祸，倘若在我们眼中，我们的帝国已经过于庞大了，那么这毫无疑问就更是一个紧急而迫切的问题。倘若不设法立刻解决这一问题，令我们从这样一个迟早会给我们带来灾难的困境中解脱出来；那么，我们就会深陷巨大且复杂的问题陷阱中，这问题迟早会毁灭帝国，而我们则直到帝国被毁灭为止都无法从中脱身。正是如此，这一问题可以说是一切政治问题中最具分量的一个。不管怎么说，倘若我们的帝国还能够继续发展，就必须探索发展的方向；倘若这只是一个悲惨的陷阱，那我们的麻烦岂不是更大了，那样的话，唯一的考虑就是如何摆脱这个帝国。无论是何种情形，问题本身都涵盖了极为辽阔的土地，那里的人口增长都非常迅速，说到底，殖民地的命运问题是极为重要的。

这当然是个政治问题，不过，这同样也是一个历史问题。没错，我之所以选择这个讲座主题，主要是因为，这个主题较之任何主题都能够更为充分地揭示历史和政治之间的关系。讲座的最终意向就是确立政治和历史之间的此种根本性质的关联，并借此阐明，政治和历史不过是同一枚硬币的两面而已。有一种俗常政治观念，将政治视为纯粹的利益和党派斗争，也有一种浮夸的历史叙事，全然致力于文学展示，此种历史叙事只能催生令人愉悦的作品，在诗歌和散文之间摇摆。这些错误，在我看来，实质上是将本来一体的东西实施了二元划分。倘若历史不将政治从这样的观念格局中解放出来，就会变得庸俗；倘若政治实践不为历史提供视野，那么它将仅仅成为文学。不妨说得更明白一些，选择一个兼具历史和政治的论题，对我来说是一个很好的方案。不列颠帝国显然就是这样的论题。我们应该如何处置印度？该如何处置我们的殖民地？这些是极为纯粹的政治问题。但是，要回答这样的问题，非得依托历史不可。在这个问题上，我们切不可自我欺骗，如同选举权和税收等国内问题那样，幻想着常识或者常规就足以引导我们接纳或者采纳正确的看法。在这样的问题上,若没有专门的研究,那在诸如印度事务这样的问题上,也就不要指望能做出正确的判断,毕竟,印度人在生理上、智力上以及道德上远远不同于我们,这是众所周知的事情。正是在这样的问题上,政治乃融入历史当中。不过,借此,我更希望向诸位阐明的是,历史是如何融入政治的。我们这个帝国的基础相对来说是现代的。如果我们把我们失去的殖民地略去不论而是只思考我们现在拥有的帝国,那就大体上可以说,这个帝国差不多就是在乔治二世和乔治三世时期创建的。研究者们通常会觉得这个帝国太现代了,懒得去重视;古典历史学家当然也没有重视可言,在大众的心中,那段时期则仅仅是一段繁荣而文明的平静时期。历史学家们对待这段时期都显得无精打采,他们的描述乏善可陈。在他们的历史叙事中,有关英格兰历史取向的问题显得微不足道,就像一个没有感情的故事,或者像《米德洛西恩监狱》(*The Heart of Midlothian*)的最后一卷那样,既乏味又冗长,如同老太太的裹脚布。你们之后会明白我认为的这种不足要如何弥补。我要告诉你们未来发生的重大事件,将要引领并塑造未来的这些事件,我们现在还无法体味,但它们终将来临,并且极具分量。这些事件就是英格兰同殖民地的关系、与印度的关系的未来进展。之所以称之为未来,是因为这种关系在这个历史阶段显然还处在晨昏的幽光当中;未来会是怎样的,我们尚且不能论定。会出现大的崩溃吗?加拿大和澳大利亚会成为独立国家吗?我们会放弃印度,并令一些迄今尚且无法想象的本地政府来取代总督和议事会吗?或者,一切都将依循相反的方向发展吗?大不列颠帝国会在组织上为更为紧密吗?被海洋分割开来的英格兰人会在现代科学发明的帮助下,发展出来一个类似于美国的组织架构,并依托此一组织架构,令充分的自由和紧密的联合能够与广袤的土地扩张相契合吗?我们能够找到一种令人满意的方式来统治印度,一些能够适应两种不同极端的可行办法(*modus Vivendi*),令英格兰人能够在印度这样一个无法殖民化并且有着巨

英格兰的扩张

大的亚洲人口和久远的亚洲传统的国家中继续作为统治的民族吗？这个问题显然更为困难，我们能找到解决之道吗？我认为，我们也许不知道这些问题该怎么解决，但有一点是可以肯定的，这些问题终究一定是要解决的，并且，既然问题本身极具分量，那么解决方案也必定是极具分量的。这实际上也构成了英格兰历史进程的一个目标。这样，我们就不会像大多历史学家那样，认为所有的发展进程已经在英格兰的历史中完结，以为我们真的已经到达了一个永远稳定且繁荣的阶段。根本不是这样的。相反，英格兰的历史运动很可能会因为有着更大的规模而更不易察觉。但是，由此而来的变化和争斗也会以更大的规模出现，而且，这样的变化和争斗终将到来。危机到来之时，也就是照亮历史之时。到了那个时候，目前多多少少令人感到有些怪异的乔治二世以来的所有惊人扩张，才会在我们内心激发起截然不同的观感。但是现在，看一看无边无际的加拿大和澳大利亚就这样落入我们手中，这很可能会令我们感到惊讶，但我们不会形成明确的观点。读一读英格兰在印度的征服史，两亿亚洲人竟然被一个英国贸易公司征服，我们定会生出惊讶且五体投地之感，但我们也不会形成明确的观点。所有这些在世人看来，都太奇怪、太反常了，以至于无法产生吸引力。我们并不知道该如何评判它、思考它。它可能会变成其他样子。在所有这些成功中，什么才是真正稳固的，唯有时间能够告诉我们。当历史事件已经展现的时候，我们应该知道怎样去思考 18 世纪为了占有新世界而引发的那些斗争，那样的斗争是催生了一个稳固的帝国，还是催生了一个像西班牙那样昙花一现之后便衰落下去的贸易帝国；英印帝国究竟是东西方之间的一个稳固的联合体，还是像克莱武与哈斯廷斯（Hastings）开创的庞大公司，在一个世纪的华丽成就之后，以失败告终。

　　时间终会给所有人上这一课的。不过，历史倘若确有其价值的话，那就必定会对来自时间的教程有所提点。人们都会拥有事后之明，这是毫无疑问的；研读历史却会令我们拥有事前之见。为什么现在就不能在殖民地和英印帝国之命数的问题上形成见解呢？可以肯定，此一命数不会被人随意裁断。说白了，此一命数将会是政治科学致力于发掘的那些法则的产物。事件发生之后，这一点将会十分明显，所有人都会或多或少地明白那些已经发生的事情是必然要发生的。如果是这样，政治科学研究者就应该有能力就未来之事展开预测，至少是大体上的预测。

可以说，此类历史考量令英格兰历史进程展现出不同的面相。前面讲座中，我已经向诸位阐明，英格兰历史进程在 16 世纪的后半叶就已经踏上一条全新的道路。我也已经追索了 17 世纪的整个进程中，英格兰在这条道路上经历的各个阶段以及这条道路在 18 世纪时带来的重大结果。我已经指出，英格兰历史进程仍然处在变迁中，我们仍然需要做出重大调整。所有这些也都表明，现代英格兰史依然是一个大问题，是政治科学王国最为重大的问题之一。因此，历史应当融入政治之中。据此观之，很显然，乔治二世和乔治三世的统治并非单纯的往昔，想象力当然可以去恢复那个时代奇怪的习俗和风尚，而且这也的确可以带来愉悦，不过，那个时代更是一个有着丰沛素材的储藏室，这些素材可以帮助我们解决当前最为重大、最为紧迫的政治问题。要理解我们这个帝国的未来境遇，就必须要研究这个帝国的本质、它的动因、它的生命源泉；研究它的本质，就是去研究它的历史，特别是在它开端时期的历史。

长久以来，流行著作家们一直都在教导人们说，历史撰述被搞得过于严肃、过于宏大了，历史叙事应当展现那些精微、日常且生动的细节，说白了，这些著作家认为应当以小说风格来书写历史。在这个问题上，我必须再次中断讲座，再次向诸位表明我对此种观点的态度，毕竟，这样的观点最近十分盛行。我并不否认以此一观点为基础而提起的批评。我承认历史学不应该是庄重且宏大的，我也承认历史叙事在很长一段时间里确实都去往庄重且宏大一途。不过，请注意，庄重是一回事，严肃则是另一回事。这些著作家的观点实质上是认为,因为历史学不应该是庄重的,所以它也不应该是严肃的。他们否认历史学可以确定一些牢固的或者重要的真相;他们并不相信我们可以从历史中得到重大发现。他们只能看到,历史可以作为精妙的消遣并且让过去的生活重现,观察我们祖先在他们的习俗中的生活,并对当时的人事风俗保持惊奇感。我在萨克雷(Thackeray)的斯蒂尔(Steele)讲座的开场白中发现了此种观念最为浅白的表述,想必诸位都读过这篇论章,大家也都认为此等表述是非常精妙且正确的。

萨克雷申述说:"研究历史的目的何在呢? 是了解政治交易和领导人的性格吗? 是熟悉那个时代的生活和状况吗? 如果我们抱持前一种严肃意图,那么什么是真相,谁又会相信人们能达成完全的真相?"萨克雷接着宣示说,在他看来,那些我们在历史书中看到的有关公共事务的庄重论述都是没有意义的,更是经不住怀疑主义的推敲的。他通过引用斯威夫特(Swift)的《联盟的行为》(*Conduct of the Allies*)和考克斯(Coxe)的《马尔巴罗传》(*Life of Marlborough*)这样一些旧式作品来塑造他的历史观念。然而,如果政治史没有意义可言,那取而代之的又是什么呢?

萨克雷解释说,要"熟悉那个时代的生活和状况"。这话的含义是什么? 他给出了进一步解释:"不妨阅读那一本本让人赏心悦目的《闲谈》(*Tatler*)和《旁观者》(*Spectator*),我们会在无形中发现,过去的时代回来了,我们祖先的英格兰复活了。五朔节花柱在伦敦的浅滩上伫立,教堂里充满着虔敬者;花花公子们在咖啡店里聚集,士绅们前往会客厅,女士们拥挤在玩具店,权贵们在大街上赶路,而仆从们则拉着四轮车奔跑或者在剧院门前忙碌。我认为小说比那些旨在把握全部真理的大部头著作承载着更多的真理。正是在小说式的著作中,我对那个时代的生活有了印象;那个社会的习俗、潮流、衣着、情趣、笑声、讥讽,一切的一切,总之,古老的时代重生了,而我们就游走其中。即便是最重量级的历史学家恐怕至多也只能做这些了吧?"

　　若是一名伟大小说家,这么看问题,自然是合情合理的事情。据说,有人询问伟大的机械师布林德利(Brindley),河流因何创生。他毫不迟疑地回复说,是为了开凿运河。倘若以同样的方式询问萨克雷,为什么安妮女王会活着并且英国会在马尔伯罗公爵的领导下与法国作战,他也势必会坦率地回答说,那是因为我打算写《亨利·艾斯蒙德》(Esmond)这部小说。他当然会这么想,这话的幽默感当然是十足的,但理据何在呢?不难见出,他完全是在诉求世人的怀疑情感。他并没有否认历史学如果是真实的那么它就是重要的,但他认为历史学不是真实的。他的态度很明确,他一个字都不相信。

　　此种情境之下,我们该怎么做?要接受他宣示的那些东西吗?是不是必须放弃严肃史学,转而将其视为一种娱乐活动;不再关注欧洲战争,转而关注女士逛玩具店之类的事情;不再研究昔日的政府形式,转而探查人们都吃些什么吗?我要说的是,实际上还有一条更好的路径,可以把我们引导到一个完全相反的方向上去。如果历史学在很长的一段时间里是不真实的,也不能让人满意,那就实施纠正和改进,让历史变得真实并值得信任。说到底,没有任何理由去认定这些工作就不该去做。更确切地说,绝大部分的历史进程都是这么展现在世人眼前的,只是还有一些史学家们平素里不怎么关注的那么一小段历史还没有。似乎很少有人真正意识到历史学在近些年发生了何等的变化。那些认为历史学不可靠、浮华、不切实际,并据此粗暴地反对历史学的人们,一度也的确是有依据的,现在却并非如此。历史学的很大一部分已经得到了修正;相当部分的历史叙事已经变得真实可靠了,历史素材已然经过了科学标尺的检测,从中也可以给出政治理论方面的推论了。显然,历史叙事已经不再是那种庄重且恢宏的范式,已经变得十分严肃了,比过去以往任何一个时期都更为严肃。因而现在有一个可能的选择是摆在诸位面前的。不是像萨克雷建议的那样,把历史学看作不严肃的;而是要把它看得更为严肃。不是去想着,既然不能

英格兰的扩张

达成真相，索性就不再追求真相；相反，真相需要艰难的探索方可达成，因而，我辈应当更加勤勉。

一旦认可了历史真相是可以达成的，而且也确实达成了，那就不会对历史真相之至尊分量有更多的疑问了。历史学所应对者乃最为重大的事实——帝国的兴衰、战争与和平、数以百万计的人的幸与不幸。正是因此，历史应当融入政治。诸位在研习英格兰历史之时，可不只是在研习英格兰的过去，也是在研习英格兰的未来。祖国的幸福以及公民的福祉，正是研习历史之时需要面对的问题。英格兰的扩张这个问题明确地揭示了这一点。这个问题已经到了需要我们做出决断的时候了，这个决断关系到国家的未来。说得重一些，这一问题远远超过了你们在政治生活中讨论的其他问题。不过这也是一个历史问题。要探究这个问题，所需要的不仅仅是单纯的知识，更需要对英格兰现代历史的全面认知。毕竟，正如前面讲座中已经申述的那样，英格兰在过去三个世纪里都卷入了这样一个向着大不列颠帝国扩张的历史进程中。因此，若要认知大不列颠的未来轮廓，那就必须掌握英格兰在过去三个世纪的历史。唯有展开这样的探索，唯有将殖民地和印度问题纳入历史探索范围，你们才会发现问题之间和事务之间的起承转合，并最终发现这两个方面的诸多问题是令英格兰现代史成为环环相扣的链条。这并不单纯是英格兰历史研究的一个方法，也是最有效的方法。毕竟，在历史学中，任何事都要从单纯叙事转变为质疑探究。因此，只要仍然把历史看作编年纪事，只要仍然自陷旧日的叙事陈规中无法达成真相，这种浮华的浪漫只会让人感到厌倦。放弃这种无聊叙事吧，要善于自问，要善于提起问题。若如此，则历史思考就会立刻跃升到更高的层面；若如此，历史学家就会成为探索者；若如此，历史叙事将不再庄重但却严肃；若如此，英格兰的历史将分化出两类问题，即殖民地问题和印度的问题。

所有的民主国家都存在具体的情境因素，令普遍的历史研究变得必不可少，此种情境因素在英格兰发挥出的迫切效能要超过任何国家。毕竟,英格兰民族的巨大扩张使得英格兰的政治变得尤其复杂。在我看来,其他国家,诸如法国、德国和美国,也许俄国不能包括在内,他们要面对和解决的政治问题不会像英格兰那般复杂。这些国家一般而言都是那种紧密且稳固的类型,虽然比古代的城邦国家更大,但是其紧凑程度并不逊色。若要攻击他们,便只能攻击他们的本土,因此这些国家的军队也都是建立在全民兵役制的基础之上。但大不列颠的发展路径却令这种紧凑性归于消散,此种境况之下,对国家利益进行辨识和保护,是有着相当难度的。毕竟,我们的殖民地广为分散,很容易遭到攻击。倘若和美国交战,那么战场很可能是在加拿大;如果和俄国开战,那么战场很可能是在阿富汗。不过,这样一个分散的帝国,此类外部的困难尚且不及内部难题那般严重,怎么为分散在两个半球的众多国家建立道德上的统一性,尽管殖民群体都归属同一个族群!这实在是极大的难题。不过这还不是最困难的。除了殖民地以外,我们还有印度。起码来说,那里的人群跟我们没有宗教或者族群上的同质性可言。在那里,仍然缺乏借由移民和殖民机制而形成的坚实基础。在那里,历史研究面对的问题,完全不会比殖民地问题更小、更简单,反而是更为艰深。单独的一个问题是任何国家都有可能遭遇的。但是两个问题同时落在英格兰身上,这实在是太沉重了。

两大问题各取一极,不妨想象一下,此种境况将会对英格兰的公众心灵造成何等的混乱。殖民地和印度乃处在正向对峙的两个极端之上。前者适用的政治格律必然无法见容于后者,反之亦然。在殖民地,一切都是崭新的。人们在殖民地见证到的,是最进取的民族在一个极具进取特质环境中生活。那里没有历史,只有无尽的未来,政府和政治制度都是全然的英格兰式的。那里到处都是自由、工业、发明、创新和平静。如果这就是大不列颠帝国,那么它的各个部分则可以说都是同质的;尽管领土辽阔,但理解其中的事务并不是难事。可惜的是,还有另一个不列颠帝国,虽然在幅员上

英格兰的扩张

稍显逊色,但在人口上却遥遥领先,并且,这个帝国的一切都不同于我们的殖民帝国。在印度,到处都是过去,并且在我看来,从中极少能见出未来。即便是最富智慧的人,也难以设想印度的未来,但是,它却展示了过去的奇妙景象。到处都是最古老的宗教、最古老的习俗,几近僵化。没有任何一种形式的民主政府有可能在印度存续。欧洲,特别是新世界的已经过时的一切,在这里却依然十分流行:迷信、宿命论、一夫多妻、最原始的宗教、最原始的专制;它的北部边界环伺着辽阔的亚洲大草原以及那里的奥斯伯格人(Osbegs)和土库曼人,威胁从地平线上升腾而起。因此,我们这个国家把一只手伸向世界的未来并充当着欧洲和新世界的居间人,另一只手却伸向最为遥远的古代,成为一个亚洲的征服者、莫卧儿王朝的篡夺者。

一个国家何以同时展开两种如此不同的政策路线而又不陷入迷茫呢?一方面是亚洲的专制体制,另一方面是澳大利亚的民主体制。确切地说,在东方,既担当着世界最强大的穆斯林权能,又要护卫成千上万的寺庙财产;在西方,则是自由思想和精神宗教的最有力支持者,挺身而出,作为一支强大的军事帝国主义力量,抵制俄国在中亚的扩张,同时又要推动自由拓殖者在昆士兰和曼尼托巴的殖民进程。自世界历史开启以来,尚且没有哪个国家担当过如此沉重的责任,也从来没有这么多的关系到世界各地的问题。这些问题都需要专门的知识和训练方能应对,但如今,却要依赖于同样的一群人去决断。可惜的是,我们不得不承认,英格兰公众在担当此一沉重职责之时,真可谓"举重若轻"啊!这些人对殖民地问题和印度问题甚至都没什么研究。除了少数的关乎政治前景的事情而外,他们也都从来不觉得这样的问题有太大意思。英格兰的公众目光一直盯着内阁的起起落落,但是只要涉及印度的人口,涉及覆盖了地球上庞大领土的帝国的命运,以及英格兰自己的未来的时候,他们就立刻变得无动于衷了。在印度问题上,麦考莱曾写道:"倘若所有的英格兰人都对历史产生兴趣,那么倒也有理由期待,英格兰会急切地想知道,那一小股与他们的祖国相隔大洋的英格兰人,是怎样在短时间里征服了世界上最大的帝国之一的。很遗憾,这个主题对于大多数读者来说不但无聊,而且也让他们反感,除非我发生了重大误判。"

英格兰之据有印度,是英格兰扩张进程的一个组成部分。在过去的两个世纪进程当中,印度问题极为深刻地改造了英格兰。这是下一讲的主题。

第二讲　英印帝国

和前面讲座中着力阐述的殖民帝国一样，此次讲座中的这个英印帝国，也是在作为英格兰现代史之主导参考框架的一般性扩张法则之下加以考量的。此次讲座无意考量印度本身，而仅仅是将印度置于同英格兰的关系框架中，加以考量的。此次考量是从历史角度出发的，确切地说，就是探查究竟是怎样的历史情由铸造了这个帝国；同时也是从政治角度出发的，确切地说，就是对英印帝国的价值和稳定性展开考量。

很显然，若是依托单纯的编年顺序展开探查，对于我所选择的视角来说，是非常不适合的。若是依托单纯的编年记录，则可以说，英格兰获取印度的进程是在茫然中展开，在茫然中结束的。说白了，英格兰人有着诸多的历史功业可供申述，但英印帝国功业之成就，竟然是如此地无意识，如此地偶然，这在英格兰历史进程中实在是无出其右。确切地说，英格兰殖民过程中似乎不曾展示出可以称之为思虑或者谋略的东西。第一批拓殖者前往弗吉尼亚和新英格兰时，根本不曾想过要为一个未来的强大共和国打下基础。但实际发生的情况同计划中的蓝图也只有程度上的区别而已。想要建立起一个新的共同体，这的确是蓝图中的事情，而且我们还知道，那里将会展现出共和叙事的蓝图，我们只是不知道未来图景将会何等宏大。但是在印度，理想和现实则完全是两回事情。在印度，我们的目标是贸易，在这一点上，我们没有取得太大的成功。直到第一个拓殖点建立百年之后，我们才想到要和土邦诸侯打仗，这些战事的主因也是为了支持我们的贸易;从这往后又过了半个世纪,我们才开始真正掂量是不是要占有土地;待到霸权政策出笼之时,已经是 19 世纪了。我们今天的霸权地位并不能说是在达尔豪西(Dalhousie)勋爵督治之前的事情,确切地说,在四分之一个世纪之前,尚且不存在这样的霸权格局和霸权观念。一直以来,我们都是瞄准一条道路,但真正行走起来,我们却发现自己走在另一条道路上。此种历史境遇,编年研究方式毫无疑问是最糟糕的选择。倘若顺着编年顺序年复一年地追索东印度公司的历史,并想方设法地令自己的视角跟公司理事会的视角趋同,这就无异于让我们的历史视野隐没在一片黑暗当中。毕竟,并非公司理事会的意志,而是另外的力量才使得这个英印帝国成为现实,这些另外的力量是超越了公司理事会的意志的;公司理事是根本无力抗拒这些力量的。因此,就必须从另一端开始我们的历史探查,看一看这个英印帝国现在到底是什么样的,而后再考察它是如何臻于当前的这个伟大状态的;即便是出于其他方面的考量,此一探查路径也可以说是相当便利的。

不妨将这个帝国等同于一场征服行动,借此来揭示这么一个历史情状:英印帝国绝不是借由拓殖或者殖民进程成就的,而是借由本土王侯和东印度公司之间的一系列以领土割让为终局的战争得以成就的。不过,这并非通常意义上的征服行动,尽管我们都想当然地认为是这样的,在这个问题上一定要小心翼翼。

前面讲座中,我批评了"英格兰的财产"这一表述,人们常常用这样的表述来刻画我们的殖民地。前面讲座中我曾提出如下疑问:倘若"英格兰"一词乃意指居住在名叫英格兰的这片土地上的人民,"殖民地"一词乃意指居住在海外的英格兰人,那么在何种意义上可以说一个人群附属于另一个人群呢? 或者说,倘若"英格兰"乃意指英格兰政府,同时也指涉殖民地政府,那么说政府的臣民是它的财产或者资产,这其中的理据又何在呢? 说白了,除非是征服行动,否则便不能用"财产"这样的表述。显然,此一看法不能

英格兰的扩张

直接运用于印度的情况。原因很简单,印度确实是因为被征服而置身女王政府的统治之下的。从这个角度来看,是可以将印度视为英格兰的财产的,印度与其他殖民地显然是不同的。但不管怎么说,"被征服的领土"此一表述本身就像其他的战争词汇一样,都是从远古的野蛮时代传承而来的,很容易被误读。仍然需要提起的问题是:在何种意义上可以说英国拥有(possess)印度呢? 我们拥有的东西是那种我们为之付出劳动,以供我们自己享受的东西。比如会说,我拥有一片土地,我就可以从这片土地上收获利益,或者我也可以将这片土地出租给农民,借以收取地租。在远古时代,征服一个国家实际上也就意味着拥有了这个国家。有些时候征服者就成为被征服土地的领主,或者至少是其中部分土地的主人,就像我们在《约书亚记》中读到的对于巴勒斯坦的征服那样,或者像罗马人那样,将自己征服的土地没收并分配给罗马公民。可以肯定的是,印度并非此种意义上的"被征服的土地"。英格兰并没有在印度攫取土地,并没有在驱逐土邦诸侯势力之后,将土地分配给英格兰公民。

还存在另一个意义上的征服。我这里指的是贡赋体系。只不过需要对这个意义上的征服实施精确界定。如果此种意义上的征服仅仅是指让被征服群体缴纳贡赋,就像他们往日里给自己的征服和军队缴纳税赋一样,那么面对此种境况的群体就不仅仅限于被征服的群体。几乎所有的群体都要以税赋形式满足政府的开销。倘若"贡赋国"这个词等价于"被征服"或者"附属",那么所谓贡赋,就必定超过了被征服之前的税赋。现代埃及就是这其中的一个例子。在赫迪夫(Khedive)统治时期,埃及人民缴纳了大笔的贡赋,但埃及是土耳其苏丹的附庸国,这就意味着,埃及提供的贡赋并不会运用于埃及自身,这其中所揭示的全然是埃及对苏丹的附属关系。

此种意义上的贡赋,乃意味着交纳贡赋的国家是收取贡赋的国家的财产,这就像是佃户给地主缴纳的租金一样。印度向英格兰缴纳的贡赋是这个意义上的贡赋吗？显然不是，至少在名义上不能这么说。确实，我们在印度收税，就像在英格兰征税一样，但此种境况之下，若说印度是贡赋国，那么英格兰也是贡赋国。在印度收上来的钱是花在印度政府身上的，所谓贡赋，其额度也就到此为止了。

当然人们可能并且实际上经常会提起论辩说，印度在很多方面都供养了英格兰。人们特别会提起，这些钱都是以看似合理的借口从印度那里敲诈来的。此处无意在这个问题上多做纠缠，我关注的是英格兰和印度之间的法律关系，而并不是这种法律关系被滥用到何等程度。就法律关系而言，与我们其他的殖民地相比，印度并没有因为在法律上依附于英格兰而成为英国的财产，这同其他殖民地的情形是一样的。

英格兰和印度的当前关系格局毫无疑问是借由战争而历史地形成的，但英格兰方面并没有，至少在法律上并没有宣称自己据此就享有对印度的所有权——此乃事实。在 1858 年 11 月 1 日的女王诏书中，就基本的统治原则，做了如下宣示："我们对我们印度土地上的原住民负有责任，如同我们的其他臣民一样。"也就是说，征服并没有产生特定权利，或者说印度并不是由于某些实际的目的而成为被征服国家。

文明的进展也许尚不足以废除战争或者甚至还无力减少战争，但也足以改变战争的特性。征服在名义上仍然是可能的，但这个语汇本身也已经变换了意义。如今，征服并不意味着掠夺或者压迫性的领主权能，因此征服的冲动现在已经大为削弱了。由此观之，我们对印度的占有，实际上等于是强加给我们自己巨大且可以说是无法逃避的责任，这一点是很明显的；但是我们曾经从中获取了多少利益，这一点却不是那么明了。

因此我们必须摒除那种认为印度在任何切实意义上是英格兰的财产的观念。说白了，占有和统治这两个概念是不同的，但是人们将二者混淆了，此一混淆制造出难以尽数的误解。说印度是"我们华丽的附庸"或者"帝国王冠上最亮的宝石",这实际上是在承续一项由来已久的比喻,催生此一比喻的那个社会状况早已远去了。印度确实依附于英格兰,这不假。毕竟,是英格兰决定着印度的境遇和政策,是英格兰在治理印度;但印度并不是作为英国人的奴仆或者直接性的英格兰的财富元素或者权势元素,而附属于英格兰的。因此有关印度和其他殖民地的首要问题也就浮出水面:它们的效用究竟何在? 为什么我们不辞劳苦地将自己置身于管理远在亚洲的两亿人的麻烦和责任之中呢?

既然说到殖民地,我要说的是,不管殖民进程看起来是多么自然,殖民地问题本身都是一个悖谬的问题,除非历史进程能够证明,殖民地确实是因为距离上的遥远而阻断了殖民地和宗主国之间的利益互惠机制。不管怎么说,殖民地是我们自身血脉的延续,完全是将英格兰的民族性延展到新的土地之上。倘若这些土地毗邻英格兰,那么情形仿佛就是人口的自然繁殖使得英格兰人占据了这些土地,所以很明显,在这个意义上不应该有政治上的分裂。问题是,殖民地和英格兰并不毗邻,而是远离了英格兰,这确实带来了麻烦,但这种麻烦在一个蒸汽动力和电力普及的时代并不难克服。你们也都明白,我的论证整体上是建基于英格兰和殖民地的血缘共同体。在印度问题上,此种做法并不适用。几乎没有哪两个民族会比英格兰人和印度人之间的关系更为疏远的了。比较语言学当然会提起之前从未被怀疑过的联系:印度的日常语言乃与我们的语言共属一个语系。但在其他方面,二者乃是极度疏离的。他们的传统与我们的传统没有任何关系。他们的宗教和我们的宗教之间的差别,比伊斯兰教和我们的宗教之间的差别还大。

前面讲座已经阐明,我们的殖民地主要是在无人居住的空旷之地建立起来的,这些殖民地的人民要么全都是英格兰人,要么就是以英格兰人为主体人群。我也已经指明,这跟西班牙在中南美洲的殖民地是不一样的。西班牙拓殖者乃置身众多的印第安人群当中,将印第安人当作农奴。这里存在着两种类型的依赖,其中一种与母国之间的渊源比另一种要紧密得多,但两种殖民地都与母国血脉相连。印度跟这两者都不一样,印度人群同英格兰人并不存在血缘上的牵连。即便英格兰人离开祖国前往印度居住,跟当地庞大的原住民相比,他们也是很渺小的;更不用说那里并不存在这样的侨民了。是最为强大的自然障碍将英格兰和印度隔离开来的。这也就同样自然地令英格兰人无法殖民印度,毕竟印度的气候完全不适合英格兰儿童成长。

　　英格兰和殖民地之间有着极为自然的关联,但英格兰与印度是不存在这样的牵连的。两个国家之间并没有任何自然性质的关联。不存在血缘共同体,不存在宗教共同体,我们是作为基督徒来到了一个被婆罗门教和伊斯兰教分化的人群当中的。也不存在利益共同体,唯一存在的利益关联是那种所有国家之间同样会有的利益关联,说白了就是纯粹的互通商贸。除此之外,英格兰和印度还有什么共同利益呢?英格兰的利益在于欧洲和新世界。印度是如此孤绝,没什么国家能在那里建立自己的利益;它毗邻的是阿富汗、波斯和中亚,若非印度,我们跟这些国家是不会有任何关联的。

　　英格兰对印度的征服较之西班牙对美洲的征服,其结果更为怪异,尽管具体的征服过程远不像后者那般令人震惊、那么富有传奇色彩。也许我们对这一点不甚满意,但征服印度却是英格兰现代史上最重要、最显著的事件。毫无疑问,此事在现代英格兰史上据有突出位置,但是我们的历史学家只有在跑题或者应景之时才会提到印度。倘若只是考量历史事件的奇特之处或者戏剧色彩,也就无法体会其中的分量。切不可忘记,此一历史事件是何等宏大。很多著作都已经展示出印度功业之宏大,令人惊讶的是这些著作却不曾产生多大影响。巨额的数据一旦超过一定标尺,人们就无法建立想象了。在国内政治领域,问题越大,我们便愈加感兴趣,但在帝国问题上,我们却不关注它的宏大以及它给我们带来的巨大问题。英印帝国跟罗马帝国的相似之处就在于其宏大规模,而且还是我们把它扩张到如此地步的。指出这一点并不是难事,问题在于,指出这一点之后,人们便不再关注这个主题了。我们今天还能不能严肃地论证这个问题的分量呢?在我看来,我们在某种程度上是被一种印象误导了,这种印象就是,世界边缘地区的大片土地并非紧要之事,对我们来说并没有太大意义。印度的确很大,虽然加拿大和澳大利亚更大,但我们并不会因此就认为加拿大和澳大利亚的事务要求我们更多地关注。但不管怎么说,我们的确忽略了一个重要的区别:加拿大和澳大利亚领土广阔,但人口稀少;它们不仅像印度一样远离我们,而且远离一切我们可能会与之发生战争的大国。印度的情形则并非如此。它的人口密度跟欧洲人口最稠密的国家差不多,有些区域甚至更加稠密。而且,为了印度,我们还不得不同其他国家展开大战。在 1818 年第二次马拉塔战争中,哈斯廷斯勋爵也正是因此带去了十万多人。距离是远了些,但根本不曾远离欧洲政治的范围。因此在整个 18 世纪它都是英格兰和法国互相较量的棋盘上一个分量十足的棋子。从 1830 年开始,因为印度,甚至可以说只是因为印度,我们同俄国展开斗争,此事令英格兰在"东方问题"上生出了极为切身的利益。

由此观之,印度乃更贴近欧洲国家,而非外缘且人口稀少的新世界国家。不妨略微考量一下英印帝国的规模,并且也不妨略微费一点心思,将英印帝国的规模同我们熟悉的那些帝国的规模作个比较,以帮助我们体认英印帝国的规模到了何种程度。而后,不妨再考量一下除了俄国而外的欧洲,正是这个欧洲,在几个世纪之前,几乎占据了文明史的全部舞台,确切地说,就是原属罗马帝国领地的那些欧洲国家加上整个德意志地区以及除了俄罗斯之外的斯拉夫国家,还有就是斯堪的纳维亚国家。印度无论在幅员上还是在人口上,大体上都同这些国家的总规模持平。这个现在被唐宁街所统治的,其预算每年使下院绞尽脑汁、倍感绝望的帝国,比拿破仑帝国全盛时期领土还要大,人口还要多。而且,就像前面讲座中谈到的那样,这可不是西班牙统治下的那个地广人稀的南美,而是一个人口稠密的古代文明,拥有自己的语言、宗教、哲学和文学。

或许将这个庞大的实体拆解成多个组成部分,会帮助我们对这个帝国有个大致概念。一直以来,作为一个整体的欧洲概念对我们有着深深的影响,毫无疑问,这是因为我们通常想到欧洲的时候,便不免会想象出几个大国,这六七个大国加起来乃构成欧洲。我们的欧洲概念就是英国、法国、德国、奥地利、意大利、西班牙和希腊的概念的总和。倘若印度这个称谓在我们脑海中的汇总也是这么一个庞大的综合体,那么这个称谓所带来的冲击也许会是同样宏大的。那就不妨沿着这个思路拓展下去。首先,印度拥有这么一个行政区,其人口远超除了俄国以外的一切欧洲国家,也超过了美利坚合众国。这个地区是被孟加拉副总督统领的。在这片比法国略小的土地上,却拥有超过六千六百万人口。接下来是另外两个行政区,每个行政区无论人口还是面积,都相当于一个欧洲大国。第一个是西北诸省,大致相当于不包括爱尔兰的联合王国,当然,面积也许会稍小一些,但人口则要多一些。第二个是马德拉斯辖区,面积比包括爱尔兰在内的联合王国要大一点,但人口则要少一些,大概跟意大利王国的人口持平。这三个地区的人口合计远远超过两千万。而下面两个省的人口规模则接近两千万:其一是旁遮普省,人口略超西班牙;其二是孟买辖区,人口略逊于西班牙人,但面积同大不列颠和爱尔兰持平。下一个序列则包括奥德(Oude)和中部诸省,前者较比利时和荷兰加起来略大,而后者则与之大致相当。这些省份跟其他一些不太重要的省份加起来就组成了印度领地中受英格兰直辖的部分。实质上处于英格兰治理之下的地区则要更大。我们在谈起拿破仑帝国时,并不会仅仅考虑帝国官员们直接管辖的领土,还包括那些名义上独立但实际上在拿破仑控制下的国家。比如实际上承认拿破仑为其保护者的德意志各邦曾组成了莱茵同盟。现在英国在印度也拥有一个类似的依附性的联盟体系,作为印度直辖区域的附属,这个体系的人口规模超过了美国。

英格兰国内已经人满为患,令政治局面激荡不已,此外还要担

英格兰的扩张

当一个庞大的殖民帝国,在这样的情况下,我们是否有可能担当得起对这么一个人口密集且幅员同除了俄国之外的整个欧洲持平的帝国的治理职责呢?况且,对于这么一个帝国,我们既不具备基本的了解,也不愿意去了解。进言之,即便我们在一番劳作之后获取了这方面的信息,是否有能力就如此遥远且如此复杂的事务形成一个理性看法呢?

过去也曾有过庞大的帝国,但昔日那些帝国的统治权能一般而言都操控在少数职业的帝国精英阶层。在这个问题上,不妨看看罗马。罗马人被迫将帝国交托给一个不负责任的政治家,最终也就令罗马人自己那古老的公民自由归于陨殁。在美国,我们确实见证了一种可以说是无限的统治权能以民主体制为向导并成功地运作了起来。但就美国的情形而论,虽然也是领土广阔,但那些领土乃是连贯一体的;人口规模无论臻于何等程度,则都将会维持同质格局。倘若合众国也在远海据有殖民地,殖民地上的居民乃属异族,那么美国在世界上的地位就会发生本质上的变化。就英印帝国的情形而论,统治不再仅仅是专业人士的事务,而是靠着建基于公众观念上的体系运作开来;而作为被统治者的印度人民离拥有主权的公众不仅遥远,而且完全与他们疏离,思考方式也完全不同。此等情形乃是历史上从未有过的。公众观念必须以宏大、朴素且简单的观念作为指引,而且此类观念还必须是很少很少的。倘若国家的重大利益清晰明确,则重要的统治准则当然就是清楚无误的,即使是很宏大的问题,也会形成非常充分的判断。不过,一旦进入比较微妙的事务领域,需要做出明确的区分,并且还需要不同情况不同对待的时候,公众观念就很容易陷入混乱和迷惑境地。英印帝国引发的就是这样的谜团。这个帝国同英格兰本身、同殖民帝国,完全是两码事情,需要全然不同的政策原则。此种情境之下,公众就会变得束手无策,不知道该怎么去理解形势。最终,除了没有效果的愤怒和绝望之外,公众观念便不会有更多的东西了。英印政府从根本上讲就不是英格兰式的。确切地说,印度

146

的统治权能乃掌握在统治集团构成的种姓阶层手中,军事力量是此种统治的主要依托力量,他们不是以欧洲的方式去收税——那无以计数的税收方式,跟英格兰传统更是判若云泥,比如对盐和鸦片实施的垄断体制,以及通过统治中的集权充当总地主的角色。

诸位当然会问,担当这么一个帝国,目的何在呢?前面讲座中已经阐明,此一帝国纽带,于英格兰并无直接利益可言。因此也就只能看看间接利益方面的情况。当然,我们会发现两国之间的贸易量已经有了大幅度提升:很简单的数据是,倘若印度再次陷入无政府状态或者印度港口向英格兰商人关闭,那么英格兰每年将会由此损失六千万英镑。但是印度的治理也是要产生极为沉重的财政负担的,需要将这两方面进行比较才是。在当今世界,一个借由军事力量获得保护的附属国很容易变成一个保护者的枷锁,因为此一负担很可能会把保护国急需的军事力量活活拖住,即便是出于保护国的国防目的,也概莫能外。不难想见,倘若俾斯麦此时看见法国开始对非洲和亚洲展开征服计划,他会是多么欣慰。倘若英格兰这样一个非军事化的国家也必须以其军队控制两亿人口,那么这样的负担毫无疑问是会将英格兰压垮的。不过,我们的英印帝国具备一个与众不同的根本特性,后面会就此一特性展开详尽探讨,这个特性就在于:英格兰主要是靠着以印度的财富支撑起来的印度当地军队来征服并治理印度的,因此我们还不至于沦落到那样的境遇。我们在印度只保留了六万五千人的英格兰军队。不过,这可不是英印帝国产生的全部负担。印度在拖住一支军队的同时,更给我们的外交政策带来了双倍的难题。一个国家倘若能够自我维持,那将幸甚,此种情况之下,也就不必知道其他国家在干什么。华盛顿曾告诫同胞要尽可能维护此等幸福,他实在是太明智了。英格兰显然没法享有这等幸福,倘若不曾占有印度,英格兰也许会好过一些。到现在为止,英格兰的殖民地,多数是以爱好和平、不具备分量或者未开化的群体为邻,与此同时,英格兰过去在欧洲斗争中的切身利益也已消退。但我们一直都对东方保持着浓厚的兴趣。对于土耳其方面的每个动作,埃及方面的一切苗头,波斯、河间地(Transoxiana)、缅甸或者阿富汗的每个骚乱,我们都要保持高度警觉。原因就是我们拥有印度,这使得我们在亚洲大国体系中占据了头等地位,而且,对于印度航线上所有国家的事务,英格兰都是有着主导性的利益牵涉其中的。这一点,而且仅仅是这一点,乃令英格兰陷入了同俄国的长期对峙中,俄国之于 19 世纪的英格兰,就如同 18 世纪新世界大决斗进程中的法兰西。

本次讲座的目的是要将印度问题的总体轮廓勾勒出来,令诸位予以见证。讲座开篇,我曾提起一些看法,这些看法倾向于令人们对印度问题秉持焦虑或者悲观看法。倘若我们怀疑我们能否从英印帝国身上得到益处,倘若我们认定英格兰已经自陷重大的责任陷阱和令人绝望的困顿境地,那就完全有理由将那个无畏的"天才人物"克莱武将一个贸易公司变成一个政治强权并开启百年征服进程的那一刻,视为英格兰的灾难性时刻。而且,最起码还应当得出结论,帝国将如过眼云烟,我们必须将之抛弃的时刻已经不远了。实际上,许多为英印问题奉献一生的杰出政治家都是这么看的。

另一方面,即便智慧之人在考察这一主题时,也很容易犯错。也许英印帝国之终结会出人意料,就如同这个帝国之开启那样。历史上尚不曾有过类似的开端和终结。一个遥远岛国对印度的统治,看起来是无法持久的,可我们知道,这种事一度被世人认为是完全不可能发生的,但最终它的确发生了。无论如何,倘若这个帝国终将坍塌,我们至少也应该记取那些足以证明帝国坍塌可能性的证据。当然有证据足以表明这个英印帝国面临巨大困难,不过,尚且没有什么迹象能证明这个帝国终将坍塌。此外,倘若我们不得不承认英格兰并未因为英印帝国招致的麻烦而获得相应的补偿,至少不否认这一点,那么,即便是承认这一点,也就没什么切实意义了。但是,承认这一点并不意味着就可以找到任何实际的解决方案,这中间是存在巨大鸿沟的,毕竟,诸如抛弃帝国这样的解决方案也是存在的。

　　人们常常说起,倘若英格兰没建立英印帝国,而只是纯粹作为商人在印度做买卖,就像在中国所做的那样,英格兰的日子就会好过一些。但抛弃印度这种想法,即使是那些认为此一命数终究无可避免的人,也未必会觉得这是一个可行的方案。当然,有很多事情做要比不做好,可一旦做了,也就无法回头了。也许终有一天,我们将不再插手印度事务,而且那也是恰当的政策;但是就目前而言,我们必须担当起此一统治职责,就仿佛我们要永久统治下去一样。为什么? 主要不是为了我们自己。有些人会说,是荣誉感,它要求我们必须守护好父辈以鲜血换来的这件伟大战利品。在我看来,此类荣誉感并非没有蕴含令人极为憎恶的元素,此类元素源自那些原始的、早已过时的观念,前面讲座中也曾提起,之所以会有这样的观念元素,是因为我们混淆了统治和财产这两个概念。就当前而言,我们所考量者唯有印度和英格兰的福祉,而在这两者中,印度这个有着更密切利益的、更大的、更贫困的国家,是应当被优先考虑的。若以此一原则为依托,尤其是考虑到印度的利益,英格兰目前是不能放弃已经开启的事业的。倘若只是考量我们自己的利益,我们也许就会这么做。既然双方贸易已经发展到这样的程度,尤其是最近几年,英格兰在印度的投资已经臻于巨大规模,要这么做也是很不容易了,倒也并不是说没有可能。倘若我们将印度的利益也纳入考量范围,那么抛弃印度也就是完全不可能的。很多有关印度治理体制的论断看上去都很有道理,比如说,人们当然可以怀疑这样的治理体制是不是适合那里的人民,或者说,代价是不是完全没必要这么高,等等。这项史无前例的实验将如何收场,我们完全有理由对此感到忧虑。但我想,倘若否认我们的政府比自被穆斯林征服以来在印度存在的所有政府都好,那也未免太极端了。倘若英印帝国实验最终以出乎所有人预料的方式归于失败,我们也不能让这个国家的状态比我们初建英印帝国之时更为悲惨。有政府肯定要比没有政府好一些。即便是一个压迫性的政府,突然使之取消,也将是一项危险的实验。毫无疑问,有些国家能够通过这个考验,尚且不至于沦落到无政府状态。那些人口稀疏或者其居民长久以来习惯了自由行动的国家,我们有理由相信它们能够很快设计出所需要的政府体制。不过,若认为印度也具备这样的能力,那就太可笑了!当我们开始征服这个国家时,这个国家已经陷入野蛮的无政府状态,这种状态是欧洲人闻所未闻的。它的政府总是一成不变的专制,而且往往都掌握在军事冒险家的手中,这些统治集团的士兵实际上就是强盗,奉掠夺为唯一使命。马拉塔政权曾经覆盖了印度的大部分区域,都城设在浦那,曾经威胁到德里和加尔各答,但这个政权不过是一个强盗组织而已。与此同时在北方,纳迪尔沙(Nadir Shah)正在施展毁灭性的征服,那样的征服行动毫不逊色于当年阿提拉或者帖木儿的征服行动。可以说这实际上是因莫卧儿帝国瓦解而遗留下来的过渡性的无政府状态。即便如此,也足以证明印度这个国家无法承受因征服瓦解而引发的后果。在莫卧儿帝国问题上,我们的某些观点不是过分夸大了吗?它的伟大十分短暂,而且它也从未在德干地区确立起有效的统治。克莱武和哈斯廷斯在印度发现的那种无政府状态,实际上可不是什么特例。也许它比以前任何时候都严重,但无政府状态在印度自马哈茂德(Mahmoud)时代开始就由来已久了,只不过在北部被阿克巴和沙贾汗中止过一段时间而已。

由此观之,印度是最欠缺依托自我能力发育出稳定政府的可能性的。况且,即便仅存那么一点点的自我发育能力,恐怕也因为我们的统治而已经归于消散了。这其中的原因很简单,我们的统治必然要对那些本来拥有这种才能或者习惯的阶级实施压制。古老的王室、贵族阶层,尤其是穆斯林,他们曾经是莫卧儿帝国官僚集团的中坚力量,恰恰是这个群体在我们的统治下受压迫最多,得利益最少。在那些对英印帝国持悲观态度的人看来,这样的衰退是帝国挽歌的永恒主题,然而,这恰恰也是让英印帝国维系下去的一个补充情由。接下来不妨想一想这个国家的宏大规模吧,想想我们已经把西方科学引入婆罗门传统中,并据此摧毁了那已然僵化的道德和宗教观念。一旦意识到这一切,也就不难意识到,倘若把帝国政府从这个依附国撤走,从这个我们已经使其无法再依赖其他任何东西的国家撤走,这难道不是最无可原谅的罪行吗?难道不会导致人类可以想象的最为深重的灾难吗?

　　印度问题的概览到此结束。现在要问的是:印度问题是如何产生的呢?我们又是如何据有了这个庞大属国的呢?

第三讲　征服印度

　　我们是如何征服印度的,这个问题跟前次讲座中提起的问题完全是两回事情。我们的殖民者当然也在新世界占据了广阔的土地,这是毫无疑问的,不过,殖民地的土地相对而言都是空旷之地。殖民者在那里遭遇的难题主体上并非来自当地原住民,而是来自另外的欧洲竞争者。我们是借由怎样的过程以及借由怎样的原因,最终在这场殖民竞争中胜出的呢,这个问题在前面讲座有过部分的探讨。对于这个问题,答案并不是十分显见,不过,要追索答案也不是特别困难。但是,何以能够征服印度,这个问题乍一看就是特别令人困惑的。毕竟,印度这个地方实在是人口稠密。印度的文明尽管已经沿着与我们不同的脉络走上没落轨道了,但那样的文明和我们的文明则同样是实实在在的,而且也同样古老。欧洲历史显然已经揭示出,要征服一个在语言和宗教方面完全异质的文明族群,基本上是不可能的事情。西班牙以举国之力,经历了八十年的战争,也未能征服荷兰诸省,尽管荷兰的人口规模是那么渺小。在往昔时代,瑞士也是无法征服的,古时的希腊同样如此。正当我们开启征服印度的进程的时候,却发现我们完全没有办法令美洲的三百万同族人保持服从,他们已然抛弃了自己对英王的忠诚。这样的对照是何等鲜明啊!英格兰人从来没有像在美国独立战争中表现得那般消极无能,不免令世人认定英格兰人的伟大时代结束了,英格兰已经开始衰落了。然而,英格兰人也就是在此一时期,以无往而不利的印度征服者身份出现在世人面前,一种优越性勃然而出,令英格兰得以英雄民族自居。此种奇特情状该如何解释呢?

我们对待历史研究的态度通常都难说有严肃可言,也没有太多欲望或者期望去达成任何稳靠的真相,正是这一点令这样的奇特情状在历史进程中悄然滑脱,几乎没有人多加注意,顶多也只是展现出一种洋洋自得的思绪:我们不是还活着吗!此一奇特情状,若要解释起来,当然是十分困难的,不过,此一情状也是无可否认的事实。在普拉西(Plassey)、阿萨依(Assaye)以及上百次别的印度战场之上,我们的军队屡次在敌众我寡的绝对不利局面中获得最终胜利,其结果就是令我们几乎是没有任何限制地沉浸在民族自豪感当中,至少在印度是这样。毕竟,与印度诸族相比,我们才是最厉害的,这就是我们的认识。

然而,此一认知真的解决问题了吗?即便一个英格兰士兵真的能够抵得上十个乃至二十个印度人,英格兰人也是难以征服印度的。开启征服印度进程的时候,英格兰人不过一千两百万,而且当时英格兰还有另外的战事需要应对。克莱武的印度生涯乃部分地同七年战争发生了重叠,韦尔斯利勋爵的大吞并行动则发生在我们与拿破仑的战争之时。我们并非一个军国主义国家,而且在那一时期,也是根本没有能力出动一支强大的远征军的。因此,在欧战方面,我们通常限于舰队作战。对于陆上的敌人,我们通常都是资助我们的军事盟友:奥地利接受过资助,普鲁士也接受过资助。然而,陆上力量的软弱并没有阻止我们成功地征服印度大部,这是将近一百万平方英里(约合 259 万平方千米)的土地,拥有两亿多人口,我们是怎样做到的? 这对我们的军力、财力是何等的消耗啊! 然而,此一消耗似乎不曾有谁意识到。欧洲的战争使我们背负了根本无从清偿的巨大债务,但是印度战事并未提升我们的国债额度。可以说,我们在印度的征服行动没有留下任何烙印便完成了,就仿佛流星悄悄划过静谧的夜空。

流行的看法一直认为,有那么一批英格兰士兵越海前往印度,

英格兰的扩张

在那里,纯粹借由在勇气和智慧上的优势征服了这片辽阔之地。不难见出,肯定是此一观念本身出了什么差错。在 1818 年的马拉塔(mahratta)战场上,英军规模超过了十万人。什么! 这可是正值大规模拿破仑战争后致命的兵力空虚期啊! 滑铁卢战役之后仅仅三年,我们竟然再次实施了一场大规模作战,而且此时的驻印英军规模还超越了威灵顿勋爵当年在西班牙引领的英军规模! 此时,驻印英军规模达到二十万。没错! 是二十万英军。可是,英格兰可不是什么军事国家呀!

这其中的情状倒也不难解释,相信诸位也都明白。众所周知,驻印英军并非全部由英格兰士兵组成,实际上,此一军力之主体是本土士兵。二十万军力中,英格兰士兵仅有六万五千人,不到三分之一。而且即便这一比例也只是在印度兵变(mutiny)之后才确立起来的。兵变之后,英军中英格兰士兵的比例提升了,本地士兵比例则缩减了。在兵变期间的英军中,是四万五千欧洲士兵对二十三万五千本土士兵,此一比例不足一比五。1808 年,则是两万五千英格兰士兵对十三万本土士兵,这一比例同样不足一比五。此一比例是在 1773 年的《规制法案》(the Regulating Act)中确立起来的,英属印度正是在那时候开始成型的。当时,东印度公司的军力由九千欧洲士兵和四万五千本土士兵组成。在此之前,欧洲士兵在总军力中的比例更低,大约是一比七;从一开始就不难见出,英印军力是以本土军力而非欧洲军力为主体力量。也正因此才有了切斯尼(Chesney)的相关评述:"东印度公司印度军队的创建也许应当溯源于 1748 年,当时,为守卫马德拉斯据点,他们在那里仿照法国建立了一个小规模的印度兵团……同时也创建了一支小规模的欧洲军队,其成员是舰船之上的多余水手,还有就是兵贩子从英格兰偷运到东印度公司船只上的人。"

公司权力是依托一系列早期战役确立起来的,诸如阿尔果德(Arcot)战役、普拉西战役、伯格萨尔(Buxar)战役等,在这些早期战役中,为公司作战的印度士兵人数一直都超过欧洲士兵。在这些战役中,不曾听闻印度兵作战能力匮乏的说法,也不曾听说英格兰人在战争中总是冲锋在前的说法。历史学家一旦自陷民族虚荣当中,便不免会沦落幼稚境地,而受此情绪感染的人,当然都不会对英格兰著作家们在描述这些战争之时并未体察印度士兵的作用感到惊讶。不妨读一读麦考莱的克莱武论章。"帝国民族""大海的英勇儿女""无人可挡的克莱武和英格兰士兵",就是此类词汇充斥着论章。然而,若承认英印军力当中印度士兵一直多于英格兰士兵,而且论作战能力也并不逊色于英格兰士兵,那么将英格兰的成功归因于勇气和智虑上的自然优越性的理论,也就完全破产了。在不少战役中,敌对双方军力的确展示出一比十的比例,此种境况之下,若是宣称一个英格兰士兵可以抗衡十个本土士兵,则同样可以宣称,英印军力中的一个印度士兵可以抗衡十个本土士兵。区别当然存在,但这区别主要在于训练、军事科学、领导等方面的差异,而非人种上的差异。

詹姆斯·穆勒曾就征服印度一事给出总括性的解释,在此一解释中,根本不曾提及所谓的英格兰种族优越性。穆勒评述说:"征服印度一事,为我们提供了两项重大发现:其一,本土军力之训练不及欧洲军力;其二,欧洲军力之训练优势很容易扩及本土军力。"穆勒还补充说:"是法国人发现了这两大情状。"

即便承认英格兰士兵较之印度士兵拥有更好的作战能力,并在双方协力取得的这些成就中有着更大的功劳,也没有理由据此宣称是英格兰民族征服了印度诸族(the nations of India)。说白了,印度诸族群是由一支英格兰士兵只占五分之一的军队征服的。然而,我们不仅夸大了英格兰人的功劳,同时也完全误解、误述了此一成就本身。剩余五分之四的军力来自哪个族群? 很明显,就是本土印度人! 印度并不能说完全是被外来者征服的;应当更确切地说,是印度自己征服了自己。倘若可以将印度视为法国或者英格兰那样的国家,那么此一征服行动当然也就不可能是由外来者完成的,更何况我们没有理由做这样的假设;此种境遇之下,我们也只能得出结论,印度在这场征服行动中乃选择了一个单一统治体制来结束那似乎是没有穷尽的无政府状态,即便统治权能旁落外来者手中,也在所不惜。

不过,这样的叙事同那种将印度视为自我发育之政治整体的观念一样,都是错误的,而且也都是误导性的。事实上,印度并不具备政治上的存在,实质上也不具备其他意义上的存在。说白了,所谓印度,不过是个地理概念而已。从这个意义上说,英格兰之征服印度,跟拿破仑征服意大利和德意志有颇多相似之处,拿破仑时代的意大利和德意志并非政治上的存在,那里甚至没有足够强劲的民族情感。因为并不存在政治上的或者民族上的德意志,拿破仑就可以借由创建德意志邦国的手段来对抗另一个德意志邦国,在同奥地利或普鲁士作战时,他可以与巴伐利亚和符腾堡结盟。拿破仑当然认识到这种征服策略完全可以为他拿下中欧铺就道路,同样道理,法国人杜布雷也是很早就意识到,印度的帝国之路是向着任何在印度拥有商贸和制造业需求的欧洲国家开放的。他也认识到印度各个邦国之间处于旷日持久的争斗状态,外来者完全可以介入其中,凭借合纵连横之策,分而治之。杜布雷就是以此为指针行事的。也正是因此,欧洲帝国在印度的整个征服进程是以法国干预海德拉巴的王位继承战为开端的,这一战争是从 1748 年尼札姆·穆尔克(Nizam ul Mulk)驾崩之际开启的。

当时的印度对外来之人并无嫉恨排斥之心,这是那一时期最根本的情状,毕竟当时的印度并无民族共同体意识,印度之政治存在或者民族存在仍是付之阙如的。说白了,那时候的印度尚且没有建立本地人和外来者的区分。欧洲当然也有类似的例子。英格兰乃以印度军队征服印度,这是事实,但若要真正理解此一事实,就必须认识到,此一时期印度的政治麻木和政治冷漠比八十年前的德意志更为严重。那时候的德意志并不存在德意志情感,不过,在当时的中欧地区,毕竟还是存在一定程度的普鲁士情感、奥地利情感、巴伐利亚情感以及士瓦本情感的,尽管略显薄弱。拿破仑可以策动巴伐利亚对抗奥地利,或者策动巴伐利亚和奥地利对抗普鲁士,但他不能在这些邦国制造内部分裂。具体地说,拿破仑可以通过条约令巴伐利亚选侯派遣一支军力派加入他的反奥地利大军,但他没有简单地出钱组建一支德意志军队来征服德意志。这同印度的情形完全不一样。在印度,一支五分之四的当地人和五分之一的英格兰人组成的军队征服了印度,要想在欧洲找出这样的事例,就只能设想英格兰入侵法国,并借由丰厚酬劳组建一支法国军队去征服法国。真要发生这样的事情,岂不是太可怕了吗?若是此番情境,诸位当然会惊呼:什么?一支法国人组成的军队征服了法国!然而,稍加反思,便不难发现,这种事情在理论上是完全有可能的,倘若法国历史借由不同的道路演绎而来,这并非不可能之事。比如说,不妨设想一下,民族意识从未在法国出现;做这样的设想其实并不难,毕竟,12世纪时,就贯穿了统治巴黎的国王与掌控鲁昂(Rouen)的国王之间的连绵战事。于此,不妨进一步设想,在法国不同地区建立起来的各个统治体制,主要操控在外人之手,实际上,法国很多地区此前是被外人征服过的并且仍然受制于外国统治者。由此便不难理解,在一个受制于外国且动荡不安的国家中,雇佣军当然会成为获利丰厚的职业,于是整个国家会充斥着职业军人,他们随时可以为政府效力,同时也可以为反政府集团效力,至于这政府是本土政府还是外来者建立的政府,则无所谓。

　　那个时候的印度正是这样的情形。英格兰人并未以异族身份介入印度事务,原因很简单,异族统治体制在印度已经是由来已久的事情了。事实上,在这个问题上,我们一直自陷于一项同样由来已久的误解当中。同质的欧洲共同体,一个族群据有一片特定领土,也就是所谓的民族国家,这其实并非我们通常意识中的平常之事,也许我们都习惯了将之视为理所当然的事情。我们所有的爱国情怀和公共美德观念都是以此一同质共同体假设为基础的。民族性观念在印度乃处于一片混沌当中。民族与外族的区分并不存在。自11世纪始,伊斯兰教徒的入侵潮便席卷了印度,即使追溯

英格兰的扩张

至最早的时代，印度便已经存在种族混杂、多族混治的现象。作为婆罗门教的创始人，讲梵语的雅利安人无论给印度带来了何种意义上的统一，他们自己都是作为侵略者出现的，并未完全消化吸收往日的入侵族群。旧有的非印欧（Indo-Germanic）族群在欧洲则几乎完全消失了，并未在欧洲语言中留下任何痕迹，而旧日的层级（种姓）在印度却随处可见。那里说的语言并不仅仅是已然衰落的梵语，而是呈现出和梵语截然不同的旧有语种的混杂格局，而且印度南方完全不讲梵语。婆罗门教也一样，看起来带有普遍主义特质，细察之下则不过是含糊的折中体系，是截然殊异且各不相干的迷信行为的聚合体。西方整个的政治伦理体系赖以自持的那些根本设定，在印度是没有立足之地的。同质共同体在印度并不存在，因此也就不可能存在我们通常所谓的国家。事实上，不必追溯很远就足以看出这一点。自马哈茂德·伽色尼时代始，一股持续的伊斯兰入侵风潮席卷印度，仅此一点就足以说明问题了。在莫卧儿人于 16 世纪到达这里之前很久，印度的大多数政权都信奉伊斯兰教。因此，从这一时段起，民族性在印度的大多数邦国便归于消散了，政府不再奠基于正当性，各个邦国则丧失了建基于爱国主义的正当性。

在这种情况下，根本用不着假设英格兰人的种族优越性，就足以解释英格兰人征服印度这件事情。一个人当然有义务为祖国效力，抗击外来入侵者。但何谓祖国？所谓祖国，此一概念本身乃预设了一个人在共同体中获得哺育成长的前提场景，而且这是一个大家庭式的共同体，因此，人们自然会将生我养我的那片土地视为母亲。倘若一个共同体根本不具备家庭特质，而是由两到三个相互憎恨的族群构成，而且人们不是把国家而把村落视为家庭式的哺育者，那么本地人只爱村落不爱国家，也就是很自然的事情了。首次套上外族枷锁是一回事，用外族枷锁置换旧有的枷锁则是另一回事。

不过，前面讲座中曾经谈起，英格兰征服印度的真正惊人之处,并不在于征服本身,而在于此一征服进程并未给英格兰制造多大的负担。显然,征服的对象拥有与除了俄国而外的整个欧洲相当的人口,但英格兰人并未为此交纳赋税,英国政府没有为此展开贷款,更没有招募军队,英格兰没有在这场征服行动中遭遇人员的损耗,也从来没有像其他的战争那样,令英格兰陷入困顿。乍看起来,这实在是不可思议的事情,不过前面讲座已经对此有所解释了。所有这些战争的财政支持是在一切征服行动所依托的共同原则轨道上展开的。确切地说,就是让征服行动自己给自己买单。拿破仑从未遭遇过财政困难,因为他的财政依托在于被征服者自己的财力。同样道理,对印度的征服也是由印度买单。如此一来,唯一的难题便是创建军队。然而,这支军队总是能够维持五分之四的本土兵源,此一难题也就迎刃而解了。

此一情状可谓关系重大。坦率地说,我们将会明白,将东印度公司在印度展开的创建统治权能的行动视为"征服"行动,不仅是不准确的,而且还全然是误导性的,因为所谓征服,所指涉者乃完全不同的行动。前面讲座中我曾多次指出,"征服"一词较之我们的通常用法,是需要更为精细地界定的,更何况,此一表述包含了好几种意涵。不过,说到底,"征服"一词只适用于国家之间的行为。两国交战;一国军队侵入另一国并推翻其政府,或至少迫使政府签订事实上剥夺其独立的屈辱条款,这才是征服的恰当含义。因此,要说英格兰征服了印度,就应当指出两国之间的确发生了上述的那种事情。亚历山大大帝征服波斯帝国,马其顿与波斯交战且令波斯投降。凯撒征服高卢,乃是以罗马共和国的名义行事,在元老院的授权下任职,并指挥罗马军队。但英格兰之于印度并非这样的情形。英王并未对莫卧儿帝国或印度的地方官(Nawab)或诸侯(Rajah)宣战。法国在印度的殖民力量变得不可小视之时,英格兰同法国先后展开了五次战争,而且部分战事是在印度进行的,还在相当程度上同东印度公司和印度本土政权之间的斗争纠缠在一起。说白了,也正因这样的情境,否则英格兰是绝对不会想着要征服印度的。若要理解此一现象的本质，最好是将此一偶然的境遇因素放在一边。由此便不难看出，英格兰在印度不曾施展真正意义上的征服行动，只是印度部分港口城市的商人在莫卧儿帝国解体之后的无政府状态中，被迫自行招募军队，展开自我防护，后来，也就是这支军力，帮助英格兰攻城拔寨，最后差不多将整个印度尽收囊中。这些自我筹谋的商人恰巧都是英格兰人，而且也是相当偶然地招募了部分英格兰士兵进入自己的军力体系当中，尽管英格兰士兵并非主要兵力。

由此可见，印度在此一时期发生的情况，并非外来征服，而是一场内部革命。在任何国家都是如此，一旦政府解体，无政府状态降临，残存的组织化力量就会自行展开斗争，此乃普遍法则，由最终胜出的力量建立政权。比如法国经历过这样的情形。1792年波旁王朝覆没之后，巴黎市政当局主导了新政权的创建。几年之后，此一政权信誉扫地，遂被拿破仑操控的执政府接管。1750年前后的莫卧儿帝国就是这样的情形，帝国衰落引发了无政府状态，而1707年奥朗则布驾崩是此一进程的开端。领土如此庞大，但帝国权威几乎丧尽，上述那项原则便获得了施展威力的足够空间。到处都是占山为王的情形，众多权力集团纷纷涌现。此类权力集团多为雇佣兵集团，这是印度的老套路了，它们或由没落帝国的行省长官掌控，或由虎视眈眈的冒险家主导，要不就是由一些在莫卧儿帝国建立以前便已存在但并未完全臣服莫卧儿帝国的地方势力操控。不妨说得更具体一些：海德拉巴（Hyderabad）是由先前莫卧儿帝国的一个名叫尼萨姆（Nizam）的总督创建的；迈索尔（Mysore）是由伊斯兰冒险家海德·阿里（Hyder Ali）创建的，此人是完全依托自己的军事才能走到这个位置的；大马拉塔（Mahratta）联邦的首领是佩什瓦（Peishwa），此人信奉婆罗门教而非伊斯兰教，实际上，他所表征的乃是莫卧儿帝国之前的旧印度。不过，这些权力集团实质上全部都是以雇佣军为支撑，由此引发的便是长期的战乱和劫掠。我觉得，除了加洛林帝国解体之后的欧洲情境之外，这样的境遇可以说是欧洲不曾经历过的。

　　这实际上也是新的权力集团崛起的最佳实际。若是换一种情形，则征服就必须拥有所谓的权力本金（a capital fund of power）。并不具备相应权威和军队的国家自然是没有资格介入时局。但此一时期印度的情况并非如此。海德·阿里仅靠其头脑和右臂，便成了迈索尔的苏丹。雇佣军无所不在，他们可为任何出得起价钱的人效力。拥有一支雇佣军的人便可以与印度最强大的统治者平起平坐，毕竟，在既有权威解体的情况下，唯一的力量便是军事力量。

　　此一时期，印度可谓地方割据者的天下，有机会在这样一个乱世建立起帝国的势力，乃是在海港城市坐拥工厂和商贸的商人。他们恰好都是外来者。不过前面讲座也已经指出，这一点实际上是无所谓的，那里的政府大多都是外来者创建的政府，即便莫卧儿帝国也在此列。关于东印度公司奇迹般的机运，追捧之词已经太多太多了。确实，此等好运可以说是见所未见的，因此也就不曾有人生出这方面的预期。不过，英格兰人的好运倒也不至于神秘到无从解释或没有显见情由的地步。不管怎么说，东印度公司确实是拥有自身的资本的。说白了，这个权力集团拥有资金，拥有两到三个要塞，掌控着海洋。此外，这个集团还是一个公司，这是一个相当重要的优势，公司是很难因为战争或者暂时的动荡而归于陨殁的。一个人起于草莽之间，最终统领一个帝国，这种事情并非罕见，不必大惊小怪。当然，一个科西嘉岛没落贵族的儿子，竟然跃居历史舞台中心，建立起全欧洲的霸权，这个故事自然要比东印度公司之征服印度来得更为精彩，毕竟波拿巴起家之时，没有利益，没有朋友，甚至身无分文，但他只需要二十年的时间便赢得了这样一个帝国并失去了这样一个帝国。同样道理，海德·阿里、辛迪亚（Scindiah）或霍尔卡（Holkar）的崛起比起东印度公司之崛起，更为精彩，更需要命运的青睐。诸位想必也都明白，我之所以有此申述，是希望诸位将东印度公司的情状同我们通常归于征服一类的

英格兰的扩张

情状区别开来。说白了，这并非一国征服另一国。这至少并非直接涉及两国之事。这并不属于外交部门的事务。它是印度社会的内部革命，它应当同这样的事件类比：迅疾而至的篡夺或政变使一个共同体覆灭而形成的无序状态得以结束。我们不妨暂时设想，升到权力顶峰的商人根本不是外国人——这件事情的性质不会因此而改变。我们不妨设想，许多人由于厌倦了影响其生意的无政府状态，同意合力建造要塞、征集军队并招募干才为将。在这种情形下，他们会占领普拉西和伯格萨尔，会敲诈莫卧儿帝国的政府官员（dewannee）或行省的财政机关，从而奠定帝国的基础，而这一帝国最终也完全有可能将整个印度囊括进来。在这种情况下，我们见证的乃是同样性质的事件，只不过具体的呈现更为明晰一些。确切地说，应当将之界定为内部革命，毕竟，每个共同体都力求结束无政府状态，力求结束内部分裂。

这样的事情实质上并没有多么特别，东印度公司的崛起则更难说有什么伟大之处。毕竟，东印度公司乃与欧洲紧密相连，它可以引进较印度更为优越的欧洲的军事科学和训练。又是法国人杜布雷将这个问题摆得很透彻了。他当然明白，印度本土军队根本无法抵御欧洲军队，不过，他同样也明白，印度本土士兵是完全能够接纳欧洲的科学和训练的，由此也便完全有能力以欧洲的方式作战。实际上，这一点恰恰就是东印度公司的制胜法宝，此一法宝不仅帮助东印度公司在那样的乱世中站稳脚跟，而且还最终胜出。由此不难见出，这跟我们一直热衷于想象的那种身体和道德上的优越性毫无关系可言，真正发挥决定效能的乃是优越的训练和军事体系，后者可以拓展到印度本土人群，身体和道德上的优势则是无法拓展到他人身上的。

东印度公司还拥有一个巨大优势。具体来说，东印度公司并不代表英格兰，但公司同英格兰的联系确实带来了无尽的好处的。确实，东印度公司主要是靠自己来获得征服印度所需的金钱和人力的。但是，这个公司拥有特许状，据此垄断英格兰对印、对华贸易，由此也就成为英格兰政府和议会的获利对象。公司屡次将攫取印度领土的战争刻画成英法之战，以此展示在英格兰公众面前，从而赢得了极大的公众支持。此一情状极为关键，尽管很长时间都没有得到应有的重视。英格兰之征服印度，并非以东印度公司同印度本土政权之间的争斗为开端。说白了，英格兰之印度征服事业的开端在于对法国的忧惧。在那么一个乱世，法国在海德拉巴王位继承问题上实施介入，意图借此控制德干地区，并进而摧毁英格兰在马德拉斯和孟买的贸易站点。因此可以说，英格兰最初的东方军事行动，目的在于自我防护，避免遭到法国的攻击。随后的七十年历史进程中，确切地说，就是自此一直到拿破仑战争结束，英格兰在印度的战争多多少少都是以针对法国的防御性战争样态展现出来的。正是因此，这样的战争并非以国家的名义展开，国家也无须为此付出代价，不过，在某种意义上也可以说这些都是国家之间的战争，毕竟，英格兰是深深卷入了这些战争的。公司军队得到了皇家军队的极大帮助。从 1785 年，也就是康华利勋爵担任印度总督的那一年开始，英格兰的主要政治人物都拥有派驻印度执掌政务和军务的履历。议会对公司的攻击、克莱武的谴责案、哈斯廷斯的弹劾案以及一系列的规制法案，所有这些都揭示出印度战事乃是国家性的战事，并且人们也都据此将公司等同于英格兰国家。需要补充的是，哈斯廷斯弹劾案甚至震动并激荡了 1783 年的整个英格兰政坛。这自然也就令东印度公司拥有了欧洲头号国家的信用和声望作为支撑，即便英格兰国家在公司引领的领土扩张进程中，并没有投入什么。

"非凡""奇异"等词汇通常应用于重大的历史事件，但是用这样的语汇来刻画我们对印度的征服进程，这毫无疑问是太过随意了。无论如何，你尽可以说一件事情是精彩且奇特的，不过这并不意味着事情就无法解释。对印度的征服进程的确很精彩，毕竟，这是以往历史中不曾出现过的事情，甚至那些在一个半世纪时光里掌控着东印度公司事务的人，也都不曾预见到此等情形。这也就

英格兰的扩张

难怪即便约伯·查诺克（Job Charnock）、约西亚·齐儿德（Josiah Child）、马德拉斯的总督皮特（查塔姆勋爵的祖父），可能还有劳伦斯少校这样的人物，也从未想到我们有一天会将马拉塔的佩什瓦（Peishwa）和莫卧儿皇帝本人的权威同样踩在脚下。倘若我们未能就此一情状形成合理解释，那么此一情状就不能被认为是非凡的。更何况，我们一开始就应当注意到，自莫卧儿帝国衰败以后，印度的统治权威亦随之坍塌，蜷缩在地，等待着被人拾起。此一时期，各路冒险家纷纷显山露水，试图建造自己的帝国，此种情境之下，一个拥有十足财力，足以招募大批雇佣军的商业公司，会同各路冒险家逐鹿中原，这实在不是什么非凡的事情。来自英格兰的军事科学和指挥体制，特别是整个英格兰的威望和信誉以及英格兰一流政治家的指导，有了这一切作为支撑，公司成为最终的胜出者，这也丝毫没有什么非凡和奇特之处。

前面讲座已经得出结论，对印度的征服行动绝对不是我们通常说起的那种征服行动。说白了，这样的征服行动并非国家行为，也并不是借由国家的军力或财力完成的。对这一点提起申述，目的是消除此事引发的诸多混乱：印度人口堪比欧洲，领土纵横数千英里；英格兰则并非一个军事国家，虽然英格兰获取了巨大成果，但并未耗费太大的精力和财力。对此一奇特情状的解释是：英格兰并未在严格意义上征服印度。真实的情况是，某些在莫卧儿帝国崩溃之后进驻印度的英格兰人，诸如海德·阿里、兰吉特·辛格（Runjeet Singh）这样的人物，上升到权力的顶峰，实在是一桩幸运之事。

然而，事实证明，英格兰在实际上是俘获了印度的。这一进程结束之时，东印度公司也已经退出历史舞台，于是我们便见证了维多利亚女王加冕印度女皇，并由作为内阁成员之一的大臣出席议会，执掌印度事务。英格兰无意兼并印度，但印度最终还是落到英格兰手中。这不过是给一项通则做了注脚。前面讲座中已经提起，自哥伦布时代起，此一通则便已经开始主宰欧洲的殖民进程了。确切地说，无论拓殖者行走到何处，也无论其成就何等不可思议，他们都脱不去欧洲公民身份。科尔特斯和皮萨罗将美洲的原住民政府踩在脚下。无论走到哪里，他们都很容易地便据有了当地的至高权能。然而，他们大可以蔑视墨西哥蒙特祖玛的权威，但他们是绝对无力抵抗大西洋另一边查理五世的权威的，想都别想。结果便是，他们孤身深入虎穴，凭借一己之辛劳取得的成果，都立即并理所当然地落入欧洲之手。身在印度的那些英格兰人也是一样的情形。1765 年之后，东印度公司名义上是统治莫卧儿帝国的高级机构，但英国议会不久便宣布，东印度公司兼并的所有领土都须在英国议会的控制之下。莫卧儿帝国皇帝的名字很少在讨论中被提及，他是否同意将孟加拉、比哈尔（Behar）以及奥里萨（Orissa）的治理机构置于一个外国机构的控制之下，也从未有人提起这个问题。东印度公司同时在两个国家扮演角色：一方面是生存在英王特许状之下的一个公司；另一方面则是莫卧儿帝国皇帝座下的一个大臣。一方面，东印度公司推翻了莫卧儿帝国皇帝，就像科尔特斯剿灭蒙特祖玛一样。另一方面，又将此一辽阔土地极为顺服地纳入英格兰的统治轨道。最终，在普拉西之战后的一个世纪后，东印度公司自身也遭到废止，英格兰政府据此接掌了印度。

第四讲　统治印度

前面讲座中，我们探讨了英印关系的性质问题，并考量了此一关系是何以在无须奇迹的情况下成形的。本次讲座则要推进一步，看一看这样的关系格局既然是在无须奇迹的情况下成形的，那么它是否也能够在无须奇迹的情况下维系下去，或者说，我们是否有理由将英印之治视为英格兰人的一项政治绝技，将英印之治的延续视为令人震惊之事，即便此一统治体制注定无法长久。英印事务的最大难题就是事件繁多、怪异而且事件的发生之地极为遥远，这一切都令研究者们备感迷茫，令他们无法将普通的因果链条贯穿到英印事务当中。也正是因此，人们常常觉得那里到处都是奇迹。为此，著作家们通常会在相关叙事中借助修辞手段来强化此一虚幻感受；说白了，历史学家们都热衷于渲染英印帝国那一切怪异且非同寻常的特点，甚至不免让人觉得，他们的使职不是解释事情，而是要让事情无法解释。

借由这样的方式，我们的英印权能便成了历史中的特例，仿佛摆脱了一切的普通规则，仿佛那是政治王国的一项恒久奇迹，仿佛唯有英格兰族群的英雄品性以及统治天赋才能对之形成解释。只要我们仍然秉持这样的看法，也就永远不可能对英印权能之持续形成任何解释。说白了，要坚持这样的态度，那么开始是奇迹的东西，结束之时就依然是奇迹。一旦普通法则中断了，谁能说清楚将会中断多长时间呢？前面讲座已经对英印帝国之开端进行了冷静探查，考量了英格兰对印度的征服。我们发现，此一征服进程的确同我们熟悉的经验不一样，的确像是一桩奇迹。很显然，亚洲的社会革命肯定不会和欧洲的社会革命有趋同之处。不过，倘若因此就将其视为奇迹，那也要明确一点，它之所以成为奇迹，完全不是因为它无可解释，或者难以解释。现在，我们不妨就考量一下英印统治在这个意义上，是否就是不可思议的事物。

倘若我们认定英印关系乃是纯粹的征服者与被征服者之间的关系，那么英印统治就肯定会是一桩奇迹。对满怀怨念的被征服人群实施压制，此乃极度困难之事，这一点人尽皆知。历史已经给出了太多的例证，表明这样的事情实在是不可能的，即便征服者在数量和效能上具有决定性的优势。西班牙人当年在低地国家品尝失败苦果的时候，西班牙是拥有基督教世界的最强士兵的，那一时期的西班牙更是基督教世界最为强大的国家。民族的本性和宗教特质为西班牙更多地提供了勇气和纪律，这样的勇气和纪律并不仅限于西班牙的军事人员，而是熔铸于整个族群当中。在这个问题上，不妨比较一下与印度相仿的例子——意大利。意大利在欧洲中的位置可比拟于印度在亚洲中的位置。意大利同样处于大陆南部的一个半岛之上，同样有高山横亘在半岛的北部，那高山之下也有一条大河自西向东，横贯而过。在历史境遇方面，意大利则同印度更为相仿：数个世纪的进程中，意大利也是外国掠夺者的掠夺对象。事实上就在不久前，意大利刚刚在奥地利的权势面前选择了屈服，奥地利更是在意大利建立起一定程度上的实际统治。同奥地利相比，意大利人不那么好战，军队战力也没那么高，而且意大利还同奥地利毗邻。然而，尽管面临此等不利境遇，意大利还是展开奋战并最终获得了自由。在战场上，意大利肯定是战败了，不过，在国内，民族情感却因此激荡而起，外界更是对意大利抱持深重的同情，这一切最终令意大利收获自由，而且外来者见此情景，倒也乐得让意大利得到自由。同意大利—奥地利关系格局相比，英印关系格局中的印度，可以说在一切环节上都比意大利更为有利。印度拥有八倍于英格兰的人口规模，而且印度自居地球的另

英格兰的扩张

一端,同英格兰距离遥远,此外,英格兰也绝对不是什么军事国家。然而,印度同样可以说在一切环节上都是顺服于英格兰的统治的,至少我们不曾听闻有反抗之音。英印之治当然令英格兰遭遇诸多困难,但这些困难主要是财政和经济方面的。奥地利在意大利遭遇的众多特殊难题,并没有出现在英格兰人面前——我们并没有感觉到是在压制一个充满怨念的被征服者,也没有遭遇相应的困难。此一情状,能否说就是不可思议的呢?看起来,难道不是一切的普通法则都失效了吗?难道不能说印度的服从是无限的,就如同英格兰的政治天赋也是无限的吗?

前面讲座曾着重提起一项申述,此一申述可以说是为回答此类问题做了准备的。据此申述,这样的问题是需要两项先在前提才能成立的:其一,印度拥有统一的民族性;其二,英格兰征服了印度的民族性。然而,这两项前提设定是完全不成立的。

首先,说印度是一个民族,这显然是肤浅的谬见,政治科学的主要目的就是要清除此类谬见。在欧洲,我们习惯于观看将欧洲划分成许多国家的地图,每个国家都被指派给一个特定的民族,每个国家都有独特的语言作为标志,然而,我们因此陷入一个严重的错误观念中。确切地说,欧洲情状乃令我们有了这样的先入之见:但凡拥有一个称谓的国家,必定就有一个民族与之对应,无论欧洲世界还是非欧洲世界,都是如此。而且欧洲情状也令我们不会想着就民族一词展开精确的认知和定义。实际上,我们所谓的民族性不过是说:法国人别想着染指英格兰,德国人也别想着染指法国,而且我们就是借由这样的事例得出结论:英印之治必定会令印度人深感耻辱。然而,此类观念实在是因为怠惰和疏忽而成。这一点无须证明,只要明白一点就足够了:并非一切人群都可以成就一个民族。确切地说,英格兰人和法兰西人并不单纯是一个人群,相反,这两个群体是以非常特殊的方式和非常特殊的纽带,各自熔铸起来,最终成就各自的民族性的。不妨考量一下这其中的纽带力量,并据此探询一下,此类纽带是否也在印度发挥作用。

　　第一个纽带是种族共同体，或者说是种族共同体信念。一旦种族共同体或者种族共同体信念大范围拓展开来，就会和语言共同体发生重合。英格兰人讲英语，法兰西人讲法语。印度居民讲同一种语言吗？答案是：并非如此，至少跟欧洲的那种情状是不一样的！哲学家对梵语和它与其他语言的姻亲关系已经有太多的申述了，这些申述都明显地指向了一个充当了纽带职能的语言共同体，而且，其验证标尺也是相当明晰的，并不仅仅是隐含的姻亲关系。意大利人正是因为奥地利人不懂德语而将奥地利人视为外人，他们当然没必要费劲去思量一下德语和意大利语是否归属同一语系。印度有好几种语言，而且它们之间都存在姻亲关系，就如同欧洲的多种语言之间也存在姻亲关系一样。印地语可以比之于欧洲的罗曼语，它们是古老语言的后裔，但是孟加拉语、马拉塔语、古泽阿特语（Guzerati）并不会有助于将讲这些语言的人变成一个民族。印度斯坦语来源于穆斯林的征服，它是入侵者的波斯语与本地人的印地语相混合的产物。但是，在南方，我们发现印度的语言分歧要比欧洲的语言分歧大得多，因为印度南方的几大语言——泰米尔语、特拉古语、堪阿瑞斯语（Canarese）——根本不属于印欧语系，并且讲它们的人数比欧洲芬兰人和匈牙利人多得多，后者操持的语言也不属于印欧语系。

　　仅仅此一情状，就足以说明印度这个称谓不应该与英格兰或者法国这类称谓划归一类，毕竟，英格兰、法国这样的称谓都有一个民族与之对应，因此将印度和欧洲划归一类更为合适、更为准确一些，此类称谓乃标示了一个民族集群，其中的各个族群完全是借由自然界线而碰巧获得一个共享的名称。跟欧洲这个称谓一样，印度这个称谓仅仅是一种地理表述，不过即便是这样，印度这个称谓所蕴含的一致性也是比不上欧洲这个称谓的。自希罗多德之后，欧洲此一称谓是有着一致意涵的，但是印度这一称谓则没有那般古老。整个印度因为喜马拉雅山和苏莱曼山（Suleiman）这一巨大的屏障而同亚洲大陆隔离开来，因此它应该有一个单独的名字。

在我们看来，这是自然而然的事情。但是，情形倒也并非历来如此。希腊人的国家观念是极为模糊的。在很长一段时间内，希腊人乃以实用眼光看待这个问题，他们心目中的印度一词就是指印度河流域，他们是从词源学的角度寻求理据的。希腊人所说的亚历山大之入侵印度，实际上是入侵旁遮普。后来，他们得到了恒河流域的信息，但是几乎没有人知道德干高原。将整个这一区域称为印度，同欧洲这个称谓相比，也并非来得那么自然。毕竟，印度南北两部分存在一个非常显著的差异。讲梵语并创建婆罗门教的雅利安（Aryan）群体主要从旁遮普开始沿着恒河大谷地进行扩散，但是，最初并没有向南拓展很远。因此，印度斯坦此一称谓是非常契合北方地区的。在南方或者半岛地区，虽然婆罗门教也在那里传播，但此一地区存在另外的种族和非雅利安语言。即使莫卧儿帝国在它最鼎盛的时期也没有对此一地区多有渗透。

因此，可以说印度此一称谓并非指涉一个民族、一种语言，而只是一个如同欧洲或者非洲那样的地理概念。确切地说，印度这个称谓并不指向一个民族和一种语言，而是许多民族和许多语言。这就是印度与像意大利这样的国家之间的根本区别。像意大利这样的国家，民族原则已然确立起来。当然，印度和意大利都分化为众多邦国，正是因此在抵抗外敌之时都非常软弱。但是，意大利之分化乃是借由一个人为进程形成的，也就是说，意大利仍然一个民族，操持同一种语言，并借由自己的语言铸就了伟大的意大利文学，此等遗产是整个亚平宁半岛共享的。就印度的情形而论，前面讲座中也已经提起，印度在语言上的统一性还比不上欧洲。

不过，所谓民族性乃是并由许多因素熔铸构成的，族群之同质性只是其中之一。共同利益感以及单一政治体的习惯则是另一项要素。总体而言，印度并不缺乏此一要素，不过，此一要素在印度是非常脆弱的。乍看起来，印度的庞大地界似乎很难成就此一要素，但印度的内部差异是远远不及印度同其他地域的差异的。所以，在印度，也许会存在伦理和地域性质的众多差异，但印度作为一个整体的观念很早就已经开始生发出来了。在伽色尼的马哈茂德之前时代那模糊的传统历史中，印度就和这个或者那个君王模糊地联系在一起了，仿佛这君王是整个印度的主人；从穆罕默德时代初期到最后的莫卧儿帝国，也不乏切近普遍君主制的时期。不过也切不可夸大莫卧儿帝国的伟大，更不能将之想象成印度的罗马帝国。这个帝国那极为短暂的命数就足以说明一切了。这个帝国开始的时间不会早于 1524 年，那时候巴布尔占领了拉合尔（Lahore），当时也正值亨利八世统治英格兰的时期。当瓦斯科·达·伽马抵达印度的时候，莫卧儿帝国尚且没有诞生，而这个帝国在 1707 年的时候便已经踏上显著且迅疾的衰落轨道了，当时的英格兰则正值安妮女王统治时期。这两个日期之间的间隔不超过两个世纪。而且，还不能说从巴布尔进入印度开始，莫卧儿帝国就诞生了，毕竟，帝国诞生的标志应当是莫卧儿王朝完成对印度的大范围征服之后。阿克巴于 1559 年登基，比伊丽莎白女王登基晚了一年。当时的莫卧儿帝国仅仅由旁遮普以及德里和阿格拉（Agra）附近的乡村组成。直到 1576 年阿克巴才占领孟加拉，随后在 1591 年到 1594 年之间，攻取了信德和古泽阿特。由此，帝国便囊括了辽阔的地界。但是，倘若将 1594 年而不是 1524 年看作莫卧儿帝国的开端，那么这个帝国的存续时间也就是一个世纪刚过一点点。

　　然而，即便是在此一时期，莫卧儿帝国也根本不曾统领整个印度，除非我们将印度与印度斯坦混同一物。1595 年阿克巴的统治止于奈布达（Nerbudda），也就是说，阿克巴不曾踏足德干高原半步。更确切地说，他是印度斯坦的皇帝而绝对不能说是印度的皇帝。在他之后，莫卧儿帝国侵入德干高原，并且从这一时期开始，莫卧儿帝国的野心开始向印度南方拓展。但是也不能说 1683 年奥朗则布大远征之前，德干高原就已经归属莫卧儿帝国了。也许这么说更准确一些：在这个时期，莫卧儿帝国包含了德干高原。因此，印度统一于一个政府之下，虽然德干高原的服从只是名义上的，因为马拉塔人的力量此时也正在迅速蹿升。所以，帝国的存续

英格兰的扩张

时间就更为短暂了,甚至可以说,莫卧儿帝国的扩张恰恰就是以帝国的毁灭为代价的。在二十四年的短暂光阴中,帝国的衰落就已经变得非常明显了,而此一情状乃直接导源于这次雄心勃勃的大远征。莫卧儿帝国一直缺乏有效的核心,而此次并非明智的大远征行动则耗尽了帝国的力量。

总体上可以说,除了英印帝国时期之外,印度从来没有统一在单一的国家体制之下。即便是英印帝国,也仅仅是在三十年前总督达尔豪西勋爵时期,才完成了统一工作,将旁遮普、奥德(Oude)和那格普尔(Nagpore)纳入帝国轨道。

共同的宗教是民族性的另一个重大元素。印度倒也不能说完全缺乏此一元素。婆罗门教乃扩展到整个印度。不过,印度还有其他的宗教。印度的穆斯林教徒不下五千万人,比土耳其的穆斯林教徒人数要多很多;还有少量的锡克教徒,锡克教徒的信仰乃融合了婆罗门教和伊斯兰教的元素;此外就是基督教徒;锡兰和尼泊尔还有佛教徒。不过,在印度,多数人都信奉婆罗门教,婆罗门教拥有极强的生命力,历史上成功抵挡了数次的强劲攻击。佛教,乃拥有极为强悍的归化潜能,这是印度的本土宗教。佛教的传播范围相当广泛。有证据表明,在基督诞生前的两个世纪里,佛教在印度经历了茁壮成长的时期,在公元 7 世纪的时候,仍然相当兴盛,然而,最终还是被婆罗门教征服了。如今,佛教在亚洲其他地方更为兴盛,在作为其发源地的印度却没那么兴盛。取得这一胜利以后,婆罗门教接着就要面对又一个强有力的且富有进取精神的宗教的进攻,此即伊斯兰教。在这之前,琐罗亚斯德教已经衰落,即使在东部的基督教也都已经大幅衰落了。但是,婆罗门教又一次挺过了这场征服浪潮。穆斯林政权虽然涵盖了整个印度,但没能改变人们的信仰。

在我看来,宗教应当是民族性的所有元素中最具力量也最具分量的;宗教因素在印度毫无疑问是存在的。在将印度同欧洲而不是法国或者英格兰进行比附之时,我们切不可忘记如下一点:作为基督教王国的欧洲,无论是过去还是现在,都是赋有宗教上的一致性的。此种情境之下,一旦欧洲面临威胁,比如中世纪时期蛮族军队和异教徒军队的历次攻击,欧洲的宗教一致性将会非常明显、非常迅速地凸显出来,发挥出自身的力量。看起来,婆罗门教似乎是孕育了印度的民族胚芽,印度的民族性早晚会从中发育而出。而且,这似乎也是实情。然而,也应当看到,在这样的历史境遇之下,印度民族性之生长发育应当是由来已久的事情了。毕竟,多个世纪以来,穆斯林势力几次成功的入侵恰好提供了民族性之生长发育所需的压力,这压力推动着印度的民族性胚芽步入成长轨道。然而,为什么婆罗门教在同伊斯兰教的对抗过程中,仅仅满足于维持现状,并未刺激且联合印度反抗入侵者? 确切地说,在这方面,婆罗门教乃是一无所成。婆罗门教的势力在印度是拥有一个崛起过程的。17世纪中叶,一个名叫西瓦吉(Sivaji)的首领开始崛起,此人在孟买背后的高原上拥有一到两个山地要塞,并据此创建了马拉塔政权。这是一个真正的印度宗教组织,并且,随着自身势力日益拓展,这个政权逐渐落入婆罗门教手中。莫卧儿帝国的衰落毫无疑问支持了它的发展,到18世纪中期,马拉塔联邦的分支差不多就覆盖了整个印度。在这个联邦体系中,很可能孕育了印度民族生长发育所依托的核心,此时的婆罗门教看来是到了为印度民族性道路做出自己贡献的时候了,就如同其他民族的宗教所做的那样。然而,这样的事情并没有发生。婆罗门教不曾幻化出爱国主义。很可能是婆罗门教的那种折中主义的综合特质,令它在事实上并不能成其为一种宗教,而仅仅是诸多宗教体系的随意组合,这就大大削弱了婆罗门教的纽带力量。不管怎么说,马拉塔运动没有涵涉任何高尚或者爱国的元素,从头到尾,那都是一个劫掠组织。

胚芽确实是存在的,一个印度民族也完全有可能从此一胚芽中发育而出,但是,印度民族根本就不曾存在。英格兰人正是借助此一历史情状而非英格兰之于印度的宗教优越性,而促进了英印帝

英格兰的扩张

国的诞生。倘若印度也能出现类似意大利那样的民族运动，那么英格兰人就根本不可能在印度闯过此一民族运动的关口，就如同奥地利在意大利所做的那样，并且，那样的民族运动势必会迅速地将英格兰压垮。毕竟，作为一个非军事国家的英格兰，是根本没有能力去抵御两亿五千万印度人的反叛浪潮的。若真的发生了这样的事情，谁还会说，好吧，我们以前征服过印度，现在不妨再来一次？况且，前面讲座中也已经阐明，我们实际上并没有征服印度。英印军力当中有五分之四的本土士兵。我们之所以能够以这样的比例雇佣本土军力，是因为印度并不存在民族性，也不存在民族情感。倘若共同的民族情感在印度生发出来，即便只是维持消极的存在状态，不曾激发任何驱逐外侮的欲念，那么，这样的民族情感也完全是有能力催生如下观念的：助纣为虐乃是令人不齿之事。只要诞生了这样的观念，实质上也就等于是宣告了英印帝国的终结，毕竟，在英印帝国的护卫力量当中，有三分之二的军力是源自印度本土的。于此，倒也不妨设想一下，倘若奥地利政府并不依靠本国军队而是依靠意大利军队来对付意大利爱国者，那么奥地利也就不会有多大压力了。不妨再设想一下，即便本土军队不反叛，只要我们不能再招募本土军力为我们作战了，那么很显然，英印帝国立刻就会失去存在的可能性；不管怎么说，无须多大付出便据有印度，此乃英印帝国的先决条件之一。英格兰没花什么工夫，就占领了印度。若要维持英印帝国，也就必须是不需要花什么力气的。英格兰是不会投入成千上万的人去保卫英印帝国的。此种情况之下，一旦印度真的开始展现自我，那就意味着我们再也维系不住这个英印帝国了。

由此可见，只需详加探查，包裹着英印帝国的那种神秘且奇异的光环便会消散殆尽。一旦我们真正意识到，在印度，我们虽然掌控着统治权能，但我们终究不是那种建基于力量优势的征服者；一旦我们意识到，虽然人们常常设定说，我们的统治要么是依循印度人的意愿展开的，要么就只能是在违抗印度人意愿的前提下展开的,但此一设定不过是欧洲人的偏见而已,那么,此一偏见本身也就彻底瓦解了。人们热爱独立,此一情状的前提是政治意识。倘若缺乏政治意识,外来者就能够在消极服从的基础上建立统治,并且还会维系相当长的时间,还会相当繁荣。倘若一片土地经常遭到征服,此种消极服从的情感就会演变得根深蒂固。此种境况之下,倘若发生反叛,也许缺乏抵御手段的外来权能会感到日子难过,但拥有高压力量的政府则依然能够维持好几个世纪,而这仅仅是因为当地人尚且没有形成反叛的习惯,后者则仅仅是因为他们已经习惯了服从。在这个问题上,读一读沙皇俄国的 16 世纪史就足够了。那么多的人竟然会服从狂暴且无常的伊凡雷帝,这其中的原因难道不是很清楚吗?俄国人在鞑靼人的高压之下生存了两个世纪之久,他们早已养成了消极服从的习惯。

印度人不也是置身类似的情感状态中吗?印度的整个历史和传统之中,绝少有自由与民主的迹象显现出来。意大利人背后深藏了罗马的共和历史。黎恩济正是借由朗诵利维的篇章,来激发意大利人的反抗斗志的。印度的煽动家们又能到哪里去找寻类似的篇章呢?更何况,在英格兰进抵印度之前的七百年光阴中,印度人所承受着的,不仅有自己人的专制体制,还有外来的专制体制。在这样一片土地上,是绝无可能指望政府为着人民并靠着人民而存在,也绝无可能指望会生发出批评政府并传播反政府观念的习惯,更别指望会养育出组织政府反对派的习惯,除非出现奇迹。但凡一个民族,某些关节总会是相当僵硬顽强的,很难去学习新的观念,即便在人民自身的感受中,自己是极具创造性的,但其实他们也不过是做着父辈做过的事情而已。即便是法国大革命,也是同法国历史上的一些早期篇章有近似之处。这一点尽管怪异,但也已经是尽人皆知的事情了。19 世纪的意大利民族运动同但丁时代的民族运动当然是存在相似之处的。若是依据此一原则进行考量,则不难发现,印度人乃是默默服从任何统治者的,即便是像我们这样的外来统治者,即便那是跟我们不一样的、残暴且专制的统治。

英格兰的扩张

不过,从某种意义上也可以说英印政府是一个奇迹,前提是要满足两项要件。其一,印度人已经习惯了同胞之统治,并且也熟悉了反抗权威的观念。印度人显然不是这样。前面讲座中已经谈到,印度历史表明,众多当地人口习惯于服从统治权威,即便那些权威实际上很容易就可以被推翻,这就像中国人臣服于一个鞑靼统治者那样,就像在英格兰人到来之前,印度人匍匐在莫卧儿统治者面前那样。说白了,印度人就是这么顺服。莫卧儿帝国的例子则足以表明:英印之治绝不足以成为英格兰人之非同寻常的政治本领的证据。实际上,莫卧儿帝国也没有用到什么有力手段便征服了印度,这一点毫无疑问是令人震惊的,无论是放在莫卧儿帝国统治史上看,还是放在英印统治史上看,莫不如此。莫卧儿帝国的创立者巴布尔进入印度的时候没有一个强有力的民族在背后支持他,也并没有依靠某个强大国家的组织。他继承了中亚的一个小鞑靼王国,但是,由于奥斯柏格人(Osbegs)的入侵,他失去了这个王国。所以,他作为一个无家可归的冒险者四处浪荡,后来,他在阿富汗获得了另外一个小王国。莫卧儿帝国的这个胚芽可以说是小得不能再小了。然而,就是这个在喀布尔统治阿富汗的鞑靼冒险家,在印度建立了一个帝国。这个帝国在大约七十年之内便统治了半个印度,并且,在一百多年一点的时间内,至少在名义上,统治了整个印度。就帝国体制之伟大和稳固而言,莫卧儿帝国当然无法与英印帝国相提并论,不过,二者都没有花费太大力气便各自在印度创建了帝国。在这一点上,莫卧儿帝国同英印帝国是有相像之处的,甚至可以说,莫卧儿帝国在这个方面比我们自己更像我们自己。东印度公司至少有英格兰的资金、英格兰的军事知识、一个稳固的组织作为后盾,而巴布尔和他的继承者们没有这些资源。很难发现是什么在支撑他们的帝国及其扩张。在这个问题上,我们能够给出的论断也只能是:中亚地区到处都是游荡的人群,雇佣兵是非常契合此类群体的职业,他们也乐得为了报酬和掠夺而为喀布尔的统治者效力。

其二,倘若两亿印度人像一个民族一样形成了一致思想的习惯,那么,英印之治毫无疑问将是令人震惊的事情。若非如此,则英印帝国也就没什么好令人惊奇的了。印度人群中并不存在情感纽带和利益纽带,仅仅是个人的聚合体,是很容易选择顺服的,毕竟,在这样的群体中,是很容易施展各个击破之策的。不难看出,印度人群中的各种纽带是多么的脆弱和欠缺了。只需要读一下兵变的历史就足以明了,内部纽带的脆弱和欠缺在何等程度上便利了我们的英印之治。前面讲座中也曾提起,倘若英印军力中的印度本土军队策动一场兵变或者类似于兵变的行动,则英印帝国立刻就会遭遇致命威胁,1857年的兵变就是这样的情形,不过我也提起过,那场兵变之后,英印帝国仍然兴盛。无论如何不可忘记,我所谓的兵变,乃是指那种涵括了全体人民并赢得军队支持的民族运动的兵变。显然,1857年的那场事故,并不能归于兵变行列。确切地说,这场所谓的兵变乃策源于军队,人民对之抱持消极冷漠态度;可以肯定,兵变源头乃在于军人的不满,而非那满怀怨愤的民族情感。于此,倒是不妨问一问:兵变爆发以后,我们是用什么方式将其平定的? 英格兰方面给出的唯一答案恐怕就是:英格兰人惊人的英雄气概以及相对于印度人的极大优势。不妨读一下奇斯尼(Chesney)上校在他的《印度政体》(*Indian Polity*)中对这件事所做的描述。在评价了在孟加拉军队中出现的一种极度强烈的团队精神(esprit de corps)之后——毕竟,孟买和马德拉斯(Madras)的部队在这场兵变当中没有受到多大影响,奇斯尼指出,这种团队精神是纯军事性质的,并且实际上也是反民族感情的,因为这种团队精神乃将印度教和穆斯林的因素结合起来(奇斯尼上校正是因此评论说:“邪恶的军队纪律、对主人的愤恨之情以及相信自己有足够力量推翻主人的统治,这一切乃令印度教徒和穆斯林教徒没有选择。”),接着,奇斯尼指出,这场运动面临什么样的制约力量:“幸运的是,所谓的孟加拉政府并非全部都由正规部队来守卫。在高尔卡斯(Goorkhas)的四支部队乃由来自喜马拉山地区的尼泊尔居民组成,他们与其余的部队相疏离,并且没有沾染鼓舞叛乱部队的那种同胞情感,他们是保持忠诚的一个例外;这些军团中的一个军团表现出来的对英格兰事业的显著的忠勇精神,尤其赢得了英格兰战友的赞赏。从旁遮普及其附近地区招募的、属于英格兰一方同一阵线的两个特别兵团同样坚定地站在英格兰这一边。不过,真正强劲的援助则是来自旁遮普的非正规部队。尽管被称为非正规部队,不过和正规部队一样,这支部队是建立在组织极为有序、正规的基础之上,并且训练有素,而且,与正规部队相比甚至更有纪律。这支部队由六个步兵团、五个骑兵团以及四个锡克本土的步兵团组成,他们驻扎在旁遮普。这些部队直接听从该省政府的命令,并且并不隶属于中央行政系统,这一系统在削弱正规部队纪律方面起到了负面作用。反叛部队首先遇到的是这些部队以及一些处于印度上层阶级的欧洲人。同时,旁遮普人民的同情被支持代表他们的统治者。一个最近被征服的民族,它熟悉的部队已经被遣散,因而,他们不愿意接受占领他们国家的印度斯坦驻军,并且,欣然求助于使他们加入推翻他们宿敌中的部队。一经需要,任何数目的人员都能征召到,并且,这些被征召的人经过迅速地装备和训练后就被投入战争中。并且,在重组了孟加拉部队以后,这些从旁遮普征召的士兵构成了孟加拉部队中的大多数。"

很显然,这场兵变在很大程度上是借由分化和各个击破之策而被镇压下去的。只要此一策略拥有成功前景,只要这些人还没有形成批评政府的习惯,无论是什么样的政府,也没有形成反抗政府的意识,英印帝国就能够存续下去,这其中完全没有奇迹可言。不过,倘若世道变了,印度人以某种方式熔铸为一个统一民族,那么,英—印关系就会朝着奥地利—意大利的关系格局演变。若是出现此种情况,那么我们与其担忧帝国命运,倒不如干脆结束这个帝国更为恰当一些。实际上,我们应当担心的并不是民众的叛乱。在一些危言耸听的文学作品中,例如,在艾略特(Eillot)先生题为《关于约翰的印度事务》(*Concerning John's Indian Affairs*)的这本书中,我们见证了许多幅印度贫民那悲惨的、令人心痛的画面。据此,艾略特给出论断:这一惨况必然导致绝望的爆发,英格兰将因此被逐出印度。此类画面是否真实,并不是此处关心的问题。仅从论据角度来考量,姑且将之视为实情,我们实在是不曾在印度历史上发现革命会因此爆发出来。实际上,好几个世纪以来,许多印度人一直一起蜷缩在悲惨的命运轮回之中,但他们并没有奋起反抗;不,如果他们不能活着,他们便死了,如果他们仅仅只是活着,那么他们只是活着,他们的感情迟钝了,他们构筑希望的能力被贫穷榨干了。反抗的人群是上进的人群,是开始孕育希望并开始感受自身力量的人群。即便真的爆发了民众反抗运动,只要本土士兵还没有将印度人看作他们的同胞兄弟,并把英格兰人看作外来人,那么本土军队毫无疑问会将之镇压下去。话又说回来,倘若民族情感真的出现了,倘若印度真的开始像一个单一民族体那样同呼吸共命运了,并且和以往的政府不一样,此一情形乃是赖英印政府之所赐,那么,即使有原因导致绝望的爆发,实际上也不需要民众的这种爆发之举了。因为在那样的情况下,民族情感很快就会赢得英印军力当中本土军力的支持。1857 年的兵变已然是难以对付的了,但我们还是把它镇压下去了,这是因为印度人民对它并不十分同情,因为我们能够找到本土军力为英格兰作战。但是,一旦兵变不再仅仅是一场威胁性质的兵变,而是在表达普遍的民族情感,那么,帝国的存续希望也就到头了。这人世间又有什么愿望是不能耗尽的呢?说到底,我们实质上并不是印度的征服者,而且我们也不是以征服者的身份来统治印度的;倘若我们试图这么做,那就不必再去询问能否取得成功,原因很简单:这个想法本身,就足以在财政上毁灭英印帝国。

第五讲　英格兰和印度的相互影响

　　我在前两讲中已经阐明，在某种意义上，英格兰对印度的征服和统治并非什么非凡的事情。我们的同胞在印度的许多具体行为大可以引以为傲，还有许多人物也同样值得引以为傲，这些人在印度展现出了罕见的能力和天赋，但是若据此认为帝国本身已然确定地证明英格兰种族比印度种族有着巨大的优越性，这可是错误的。用不着设定此种巨大优越性，我们也能够发掘事情的因由，这些因由足以解释英印帝国的扩张和持存。因此，假如我们认为非凡的意思就是奇迹，或者某种难以用普通因果关系予以解释的事情，英印帝国的扩张和持存就不是什么非凡的事情。

　　不过，在一种特定的意义上，可以认为英格兰对印度的征服和统治不仅是非凡的，而且要较之通常的理解非凡得多。事情的非凡之处不在于其原因，而在于其结果。换言之，这件事情就其特定的历史意义而言可以说是伟大的，正如我们评论过的，事件的意义正在于其被赋予的历史重要性。运用这个标准来衡量的话，我们就能够提升英格兰历史中某些事件的地位，尤其是美洲革命，这场革命由于不能引发人们戏剧性的或者罗曼蒂克式的兴趣，一直以来就少有人进行研究。我们在此不妨给出这样的评论：英印帝国也许在经过仔细研究之后要较之初看起来更为平凡，但无论如何英印帝国是能够在历史兴趣上有所斩获的，就如同其在罗曼蒂克式的兴趣上会有同等损失一样。

　　一个巨大的东方帝国，这本身肯定不够成为一桩有趣的或者一桩特别重要的事情。亚洲有过很多这样的帝国,但就从历史角度来看,它们并不具备超越一个单独的希腊或者托斯卡纳城市共和国的分量。它们也许幅员辽阔、命数悠久,但这并不足以使它们引发人们的兴趣。一般而言,我们只需考察一下,就不难发现它们的组织程度很低,个体在帝国的重压之下都遭到了摧毁,人在这些帝国当中没有幸福可言。当我们初次思考我们的英印帝国,很可能得到的印象就是,这个帝国就内在而言,较那些一般说来过度扩张的亚洲专制帝国,并不能引发人们更大的兴趣。由于英格兰公共舆论受到的控制,我们很可能相信我们的英印帝国担得起一种较之他所继承的莫卧儿帝国更高的智慧、道德和仁慈水准。不过,我们顶多也只是将其视为坏政治的好样本。我们并不愿意对继承莫卧儿帝国而感到骄傲。对于那个帝国的臣民是否幸福,我们持怀疑态度,尽管我们的管理体制拥有众多优点。我们甚至怀疑我们的统治是否能够为他们境况的改善创造条件,怀疑我们的统治会让英印帝国落入更为悲惨的状况。我们还会错误地认为,也许一个真正的亚洲政府,一个从印度人群自身中诞生的更具民族性质的政府,从长远来看会因为其更具同质性而较之一个类似我们的这种不具同情心的政府为印度带来更大的福利,尽管其文明水准不会那么高。

　　不过,我们应当意识到,并不是每个帝国都是如此平凡枯燥的。比如说罗马帝国就并非如此。我可以毫不犹豫地这么说,因为近年来,我们的历史观念已经不那么封闭了。毫无疑问,确实有段时间人们认为罗马帝国是平庸枯燥的,因为帝国的专制性格,而且在一些时期,帝国的境况称不上幸福并处于半野蛮状态。就在一代人之前,人们的流行看法是认为在政治中除了自由之外就没有什么好东西了,所以,在历史中,所有那些时期都应当予以忽略,最好是予以取消,只要在这些时期中不能发现自由。随同这种观点而来的是一种流行的读史习惯,这种习惯就如同阅读诗歌那样,目的仅仅是获得升华的愉悦。正是这种习惯导致我们一旦遭遇并

英格兰的扩张

非荣耀或者值得仰慕的时代,就干脆把书合上不予理睬。毫无疑问,在那段日子里,罗马帝国也是要遭受谴责的。罗马共和国因为其自由而赢得尊重;早期罗马帝国之所以得到研究,也是因为人们希望从中发掘自由残存的痕迹。但是我们已经习惯于在2世纪结束时就合上书本,仿佛随后的大约十个世纪就是腐化和毁灭;而当我们重新心满意足地拾起历史故事时,历史时段就已经跨越到了自由的痕迹得以重现的英格兰和意大利共和国之时。我完全有理由指出,此种历史思维如今已经废弃无用了。如今我们读史并非纯粹为了愉悦,而是为了寻找政治生长和变迁的法则,因此,我们也就没有停止过追寻,无论摆在我们面前的时代是荣耀的还是阴郁的。只要它富有教益,能够传递其他时代所不能传递的教训,这就足够了。同时我们也意识到,在政治中,除了自由之外,还有很多别的好东西,比如民族性,比如文明。常常发生这样的情况,一个政府虽然不容许自由,但却非常富有价值,非常适合向着其他目标推进。由此,罗马帝国,不仅在其开端,而且在其随后直到13世纪的发展历程,尽管存在众多的野蛮、迷信和悲惨,但也成为最能引发人们兴趣的历史现象之一。人们觉察到这个帝国无论如何都不是不存在内在进步的,当然也不是不存在创造性观念和值得铭记的结果的。我们在这个帝国中分辨出了最伟大、最了不起的事物的萌芽,这就是文明国家在现代意义上的手足关系,或者说是一种松散的联盟。因此,尽管罗马帝国是个庞大的帝国,尽管它采用专制的统治方式,但人们还是带着无限的好奇和精力来研究这个帝国。

罗马帝国和其他以征服起家的帝国之间区别在于,罗马征服者相对被征服者的文明优越性。一个庞大的征服种族,其文明程度并不总是处于先进地位。典型的征服者是类似居鲁士或者成吉思汗这样的人,他们是强悍部落的首领,贫穷使其趋于强健,劫掠则对其施以诱惑。在这样一个攻击者面前,高级文明总是趋于臣服,所以在历史上我们看到往往是先进文明遭到征服。有时候先进文明也会保持自己的领地,但并不总是能够进行伟大的征服,这直到最近才有所改观,因为人类发明的进步赋予先进文明以新的武器,使其实力得到了加强。历史上的伟大征服种族之一就是进步最为迟缓的土库曼人。这个种族一直在中亚地区为野心勃勃的亚洲国王们提供雇佣兵力量;主要也就是从这个种族,从其部落的蜂巢中,巴布尔和阿克巴吸收力量并最终征服了印度。此种情形是日常法则,但是,当例外情形真的发生时,也就是当一个高等文明通过征服扩展到次等文明的人口当中时,由此形成的帝国也就赋有了特殊的吸引力。此种性质的例子之一就是亚历山大大帝对东方的征服,这是因为马其顿王国能够凭借同希腊的紧密关系,将全部的泛希腊力量汇流到自己的轨道。与此相应,尽管继业者(Diadochi)诸王国就其本身而论不过是低等的军事专制类型,但是希腊思想同东方思想的融合毕竟产生了最奇特也最让人印象深刻的效果。更令人瞩目的,则是罗马帝国在欧洲诸民族身上所产生的效果,因为罗马帝国的持续时间要长久得多,而且它的名号也更为响亮。事实上,这个伟大现象异常引人注目而屹立于人类历史的中心,并且可以称之为当今人类文明的根基。

如果将英格兰对印度的征服归类为希腊对东方的征服以及罗马对高卢和西班牙的征服,而不是归类到土耳其帝国和蒙古帝国的行列中,那么此事的意义也就得以充分显现了。如果将对印度的征服归类到后一行列,那么任何单纯的辉煌或者规模的巨大都不应当对我们产生诱导作用,相反,我们应当仅仅将它们作为只能激发次等兴趣的现象,将其归类到蛮族历史中,而非文明历史中。但是,如果对印度的征服属于前者,我们就应当准备好将其列为卓越的世界性事件,此类事件超拔于文明历史的平均水准之上,其程度就如同平常的东方式征服远低于这一水准一样。

英属印度的统治种族拥有较之本土种族更为高等也更富有能量的文明,这一点作为一桩普遍事实是没有疑问的。我们可以毫不费力地向自己说明这一点。英格兰种族本身并不具备希腊式的

英格兰的扩张

智慧或者天才,它所继承的那种文明并非简单出自它自己。这种文明应该称之为欧洲文明,这是欧洲各种族协作的产物,并且接受了古代精神的激发。而我们在印度方面能看到什么呢?我们对印度的本土文明应当给予怎样的评估呢?

正如我一再说的那样,印度并非一个国家,它所拥有的也并非一种文明。甚至印度比我们看起来还更缺乏统一性,婆罗门教通过其特殊的吸收和同化的策略,将多种文明兼容在一种形式之下,这些文明实际上是不一样的。如果我们看穿事情的表层,就不难发现在印度人口中存在两个层级:一个皮肤相对白一些,另一个则皮肤相对黑一些。这两个层级在印度各处几乎都能见到。黑皮肤人口在南方占据绝大多数;他们在孟加拉数量上处于弱势,不过不难看到;在恒河流域,他们的数量则迅速攀升。但是这两个层级实际上差不多在印度的各个地方都融合了,因为各地人们所用的语言都并非梵语的单纯蜕化或者方言,如同法语和意大利语是拉丁语的方言一样。每一种印度语言,即便它的用词格外呈现出梵语来源,也总是融合着非雅利安的变体和形式。[①] 在评估印度文明之时,我们必须从区分印度的基本种族入手。黑皮肤人口在很多地方都并非文明人口,应当将其归类为野蛮人。B. E. L. 霍奇逊先生指出,"在印度次大陆的所有丛林地区和山区,都有着成千上万的人口,他们的物质生存状态与塔西佗笔下的日耳曼人没有两样"。

此外,我们还要在印度本土种族和庞大的穆斯林人口之间做出区分。印度有不下五千万的穆斯林人口,其中有很大一部分是阿富汗人、帕夏人、波斯人以及土库曼人和鞑靼人,这些人口是在不同的时段跟随或者加入穆斯林征服者的军队来到印度的。在印度,正如同在伊斯兰世界的任何地方一样,我们可以发现一种半文明的形态,有着一些强悍但却是原始的德性。简言之,这种文明形态具备的观念和看法并不足以担当起现代的社会形态。

---

① 这一论述是基于 Cowell 教授的权威研究。

最后让我们来看看特征明显的印度本土人口。他们属于雅利安种族，从旁遮普而来，以梵语作为日常语言。这个族群主要是沿着恒河河谷扩展开来，但是他们已经成功地将他们特殊的神权体系扩展到整个印度。也许没有哪个种族比他们更适宜文明。即便是他们在吠陀文学中反映出来的那种未开化状态，也是充满人文气息和智慧的。这个种群在印度定居下来之后，便沿着常态的文明道路进行拓展。它的风俗演变为法律，并以法典的形式进行固定。它也构思出劳动方面的分工。它创造出诗歌、哲学和早期科学。正是从他们的内心掀起了起一股强大的宗教改革，我们称之为佛教。时至今日，佛教仍然是世界的主要宗教之一。至此，可以说这个种族是类似于那些创造出了我们的文明的富有天赋的种族。

但是，在印度的雅利安种族所取得的进步比不上在欧洲的那一支。印度的情况表明他们极度缺乏书写历史的能力，因此便没有什么关于这个种族的记载保留下来，一直到他们同希腊或者穆斯林入侵者发生接触之时。对于阻碍进步的原因，我们只能猜测。伟大的宗教改革运动在经历了几个世纪的成功之后便由于种种原因失败了。佛教遭到驱逐，祭祀种姓集团的暴政得以稳固确立。伟大且稳定的政治体系没有发展出来：几乎没有城市文明，接踵而来的便是外来入侵的洪流。

长期屈从于外来统治，这是民族堕落的最重大的原因之一。关于古印度人，我们所了解的一些事实也证明了我们关于他们的不幸所造成的道德效果的猜测。① 我们在希腊作家阿里安（Arrian）的作品中可以发现有关印度人性格的描述，读起来令人吃惊。他说："他们非常勇敢，在战争中比所有的亚洲人都更优越；他们的简朴和正直也令人侧目；他们非常通情达理，以至于不需要诉求法庭；

---

① 关于对这一主题更为细致的研究，可以参见 Max-Mueller 最近发表的作品 *What can India teach us?*

他们同时也非常诚实,用不着锁门,也用不着用书面形式来形成协议的约束力。据说印度人从不撒谎。"这种描述无疑有夸张的成分,不过也正如埃尔芬斯通评论的那样,自这一关于印度人的描述产生以来,印度人的性格已经发生了重大变化。所谓夸张,其实也是为了展示印度人的真实特性,尽管这超过了应然的尺度。不过,这一描述本身确实也以一种不自然的方式精确地呈现出现代印度人品行中所缺乏的东西。现代的旅游者们因而往往对相反的品行进行夸张。他们指责印度人缺乏真诚、勇气,并且极端好斗。但是,在长期臣服于外来统治之后,发生这样的变化也是很自然的事情。

总体上可以发现,印度文明经历了三个阶段:第一个是山地部落阶段,此时尚属野蛮;接着的大概可以说是穆斯林的阶段;而第三个阶段,是这个有着天赋的种族处在牢笼和半压制之下的阶段。虽然不乏天赋,但是这个种族从一开始就以一种特别的方式同世界范围的主流和进步文明相隔离。无论这个种族创造了什么,那都是在很久以前创造的。他们的伟大史诗足以同西方最伟大的诗篇媲美,不过那都是古代的事情了,尽管远未如同我们认为的那样古老;他们的哲学体系、他们的科学语法也是如此。这个国家在现代无所成就。假如欧洲在蛮族入侵以及古代文明败落之后没有获得复兴,假如欧洲在 10 世纪和 13 世纪未能抗拒鞑靼人的数次入侵,那么或许还可以将印度比之于欧洲。我们不妨作个假设,设定欧洲自从 10 世纪以来便没有发生任何变化,暴露在周期性的亚洲入侵威胁之下,没有产生有着强悍边界的民族以及精力充沛的国家,其语言也只是纯粹的俗语,不能满足文学的要求,所有的智慧都以一种僵死的语言供奉在神龛之上,并由强横的祭祀阶层过滤给人民。这些智慧已然经历了太多的世纪而归于苍老,对于亚里士多德、世俗作家以及教父们的神圣文本,除了评注之外,没有任何增补。这恰恰就是印度的雅利安种族的状况,这种状况也许同野蛮没有任何相似之处,不过倒是同西方文明的中世纪阶段极为相似。

罗马对于西方各个种族的支配乃是一个文明帝国对于野蛮人的支配。在高卢和伊比利亚人中，罗马发挥着灯塔的作用；他们认可罗马的光辉，并对从罗马接收的光照心怀感激。英格兰对印度的支配实际上则是现代世界的帝国对中世纪种族的支配。我们所带来的光芒也同样真切，不过很可能没有那么大的吸引力，印度人也并非那么心怀感激。英格兰的光辉并非是闪耀在黑暗中的荣耀之光，这种光辉更像是一种闪耀在温暖暮色中的清冷日光。

许多旅游者都曾指出，渊博的印度人即便承认我们的力量，使用我们的铁路，也绝不会对我们心怀敬重，相反，他们会真心地蔑视我们。这很自然，我们并不比印度人显得聪明；我们的心灵并不比印度人的心灵更为丰富或者更为广博。我们可以通过向野蛮人展示他未曾想过的观念而让他震惊，但这并不适用于印度人。印度人的诗篇足以媲美我们最高贵的思想；甚至我们的科学中也很少有什么观念对印度人来说是完全新颖的。我们可资吹嘘之处并不在于我们拥有更多的或更聪明的观念，而是在于我们的观念得到了更好的检验，也更健全。同中世纪和古代文明相比，现代文明的伟大之处在于拥有分量更重的可检验的真理，因此在实践性力量方面拥有无限的优势。但是诗性的或者神秘论的哲学家们绝不会以敬重的方式看待可检验的真理，他们更乐于认定这样的真理为浅薄，并对实践方面所取得的成功施以嘲讽，同时，他们会纵情于虔诚和无止境玄思的奢华中。

不过，我们欧洲人则一致认为，真理的财富构成了西方文明的核心，这种财富不仅比印度人沾沾自喜的婆罗门神秘主义有着更为十足的成色，而且也胜过了罗马这个古老帝国一度传播给欧洲各个民族的启蒙光辉。因此，我们都认定，如今由一个征服种族引入而在印度呈现的卓越文明的景观，无论在激发人们兴趣方面还是在分量方面，都足以和罗马帝国的呈现相媲美。况且，这场实验本身差不多也是在同样规模上进行的。人们通常通过印度居民的

英格兰的扩张

直接福利效果来评判这个帝国。有人认为,帝国清除了长久以来的罪恶;不过,也有人认为,它引入了新的罪恶。整个争论把我们帝国最富有特性的工作晾在一边,即在婆罗门思想体系中引入欧洲的宇宙观。如今的世界上还没有什么实验能够激发同等的兴趣。我们应当考虑到,绝少有这样的权力置于一个民族手中,去完成如此值得铭记的一项任务。因此,我们应当对这场实验的进展产生急切的兴趣,并对我们当中的阴郁情绪加以阻止。正是这种阴郁情绪总是诱使我们不断地询问:我们在太阳底下的所有这些劳作究竟能给我们自身带来什么好处呢?

应当注意到,我们在从事这项工作时会享有一项巨大优势。只要将我们的帝国同罗马帝国进行比较,这一优势就会显现出来。罗马处于帝国的中心,屈服于来自帝国的压倒性的反对力量,并暴露在有可能威胁帝国的所有危险之下。相反,英格兰则非常特殊地同它所统治的这个巨大帝国在地理上分离,因此对于帝国本身的反噬力量只会有轻微的感受。

每个学习历史的人都知道,帝国的负担摧毁了罗马的自由。那些古老的公民体制一度哺育了罗马的伟大以及罗马传播给西方各国的全部文明,但是罗马人最终不得不放弃这些公民体制,以此作为传播罗马文明的代价。罗马不得不采用一种相对而言更为低等的组织形态。当罗马传播文明之时,这种文明本身已经处在败落当中。在帝国的很大一片区域,罗马的语言在同希腊语的竞争中本身就处境悲惨,甚至皇帝奥勒留本人都是用希腊语写作自己的《沉思录》。罗马宗教非但不能吸引改宗者,反而遭到忽视,最终不得不让位于一个崛起于帝国边缘行省的宗教。终于,当罗马皇帝也同东方帝王那样,头戴冠冕,那些属于罗马的思想和情感,都在罗马这个帝国趋于死亡了。如今我们则已经明了,事情并非如此,罗马的影响力和传统继续影响欧洲心灵许多个世纪。不过,这种影响是以潜移默化的方式发挥作用的,是通过法律和天主教,随后又借助文艺复兴在文学和艺术上的成就。不妨设想一下,假如帝国文明的母邦并不置身于它所教化的各个民族当中,不因诸民族的分歧和斗争而遭受磨难,并得以向各邦传播文明而又不必同时吸纳同样多的野蛮主义;相反,它置身事外,享受独立的繁荣,凭借不曾削弱的年轻精力继续推进自身的文明,同时又能够领导臣属的各个民族,那么现代欧洲历史的进程将会是何等不同啊。

　　罗马帝国在这方面是个极端例子,征服者的力量同它所吸附的整个帝国相比,是如此渺小。散射光辉的源头并非一个国家,而是一个城邦,与其说它是一个闪光的区域,倒不如说是一个聚光点。罗马共和国所拥有的制度在本质上是公民性的,这些制度甚至在其扩展到整个意大利时就已经开始趋于塌陷了。但是,即便征服者的力量拥有一个广泛得多的基础,征服本身势必也会完全改变征服者。征服引发的战争以及为了维系征服行动而必然要确立的建制,都要求一套新的统治和财政体制。英格兰在印度的帝国有着一些无可比拟的特性,其中最为特别的就是将印度同英格兰联结起来的那种工作机制微弱特性,这个帝国对于英格兰的反作用因此也同样微弱。我已经解释过这种特性是何以铸成的。我已经说明,我们获取印度的过程非常特别,我们在这个过程中并未付出什么代价。假如英格兰试图作为一个国家去颠覆莫卧儿帝国,英格兰势必会在这个过程中摧毁自身的宪政,如同罗马在征服欧洲过程中所发生的那样。因为,英格兰很显然也必须将自身转变为一个最为绝对的军事国家。但是,英格兰只是凭借那些在无政府状态中占据主导的英格兰人而继承了印度的王位,所以,英格兰获取印度只是对国内事务产生了轻微的搅动。英格兰确实就外交政策进行了大幅度的调整,这一点我已经说过,但是英格兰国家的内在性质并未因此发生变化。在这方面,印度对英格兰所产生的影响非常微弱,就如同现代与英格兰建立了所谓私人关系的大陆国家一样,比如说汉诺威以及威廉三世治下的荷兰。此种情形的结果是,一个高等文明能够对低等文明所产生的影响力要较之罗马帝国或者希腊帝国在东方的例子强大得多,也持久得多。在罗马

英格兰的扩张

帝国和希腊帝国这些古代的例子中,一旦高等文明将低等文明提升到自己的水准上,低等文明就会杀死高等文明。希腊风范覆盖东方之时,也就是希腊文明之伟大终结之日。各个民族蜂拥而获得罗马公民权,但是原初的罗马人自身又变成什么样了呢?另一方面,英格兰也将自身的德行进行传播,但是这并未对英格兰造成任何伤害。英格兰竭力提升印度,使之从中世纪进入现代文明,任务本身当然会使英格兰遭遇困难,甚至引发危险,但是没有产生任何会让印度将英格兰向低处拖拽的风险,甚至英格兰自身的自然发展进程也不会因此遭遇片刻阻碍。

结果就是如此。不过在很长一段时间里人们却并不确定结果就将如此。在英印历史中,有两个非常有趣的章节,对于这两个章节我应当说,在世界历史中也是最富有教益的,我们在其中可以学到不少。首先,我们可以学到,印度对于英格兰的不幸的反作用是如何被阻止的;其次,我们还可以学到,欧洲文明在经历了太多的迁延和犹疑之后,是如何毅然决然地要对印度有所作用的。第一个章节在时间上覆盖了乔治三世统治的前半期,这段时期在英格兰历史上是一个狂风骤雨般的过渡期,我们也就是在这段时期失去了美洲,但赢得了印度。这个章节包括了克莱武和哈斯廷斯两个人的伟大生涯,并以康华利勋爵 1785 年的走马上任作为结束。第二个章节涵盖了我们这个世纪的差不多前四十年,顶点就是威廉·本廷克(William Bentinck)任总督的时期。在英印帝国的历史上,康华利勋爵和本廷克勋爵是哈斯廷斯之后的两大立法者,正如同韦尔斯利勋爵、哈斯廷斯勋爵和达尔豪西勋爵是克莱武之后的大征服者一样。就我们目前考虑的帝国的文明进展而言,伟大立法者自然要得到我们最多的关注。

首先,我们要考察一下印度在一开始有可能对英格兰产生的反作用,以及英格兰是如何规避这种危险的。18 世纪 70、80 年代的写作充斥着这种警戒,其中最强烈的表达就是柏克对沃伦·哈斯廷斯的指控。英格兰就这样一头跌入印度政治的未知深渊中。印度的英格兰人此时正在演变为穆斯林王公雇佣军的首领以及金融掮客,同时也正在将莫卧儿帝国的劫掠物运回英格兰,没人知道他们是怎么得到这些财物的。此种情形引申出两种危险:其一,人们担心英格兰的品行会因此遭受腐化,因为,即便那些最看好印度品行的人也都承认,印度政治在过去的一个世纪已经腐化了,其程度难以用语言形容;其二,人们担心那些发了财的冒险家们在返回英格兰并进入英格兰政治生活时,随身携带的是在亚洲塑造出来的观念,这些人将会颠覆英格兰宪政的平衡。在旧有选举体制下,这一点是人们特别担心的,因为旧有选举体制是容许出卖议席的。此外,在一个政府依托裙带体系获取主要力量的时代,人们完全有理由担心,某个竞争派系一旦攫取了庞大的印度资源,无论是国王还是辉格党,他们都将成为国家中的霸权力量。

时代的领袖人物纷纷表达这种担心,其中的典型就是威廉·彼得。我摘一段彼得 1782 年的议会改革提案给你们听。他说道:"我们的法律一直紧守一点,那就是不容许任何外国人在我们的议会代表中出现哪怕一票;然而,现在我们看到的却是外国王公不是在本院投票,而是购买本院的席位,并指派他们的代理人作为国家的代表和我们并坐一起。没人怀疑我指的是什么。已经有坦加布尔的王公和阿尔果德的长官的成员坐在我们当中,他们都是东方小君主的代表;这种现象已经臭名昭著,人们却在漠然地公开谈论和倾听着;我们的羞耻已经越过国界,倡行于世,已经过于常见,甚至无法激发惊奇感了。大不列颠的一些选举人在腐败之外还进行叛国活动,并向国外权势人物出卖选票,由此犯下叛国之罪。我们上院的一些成员处在遥远暴君的操控之下。我们的一些上院成员如今已不是英格兰德性的代表,而成了东方罪恶和腐化的代表。而我们却认为这种事情不足挂齿。"

这场斗争引发了诸多大事件,包括在福克斯印度议案问题上联合内阁的失败、彼得印度议案的通过、沃伦·哈斯廷斯受到审判、康华利勋爵继任总督以及他在印度实施的体制改革。我提及这些

英格兰的扩张

大事件的目的主要是标记出它们的分量，并且也指明这些事件所导致的结果。若就事件的细节而论，我当然可以指出，在针对福克斯议案的反对声浪中，存在大量的不明智成分；在针对哈斯廷斯所实施的攻击中，也存在大量的不理智暴行。我同样可以对彼得的印度议案所建造的二元体制提出批评。但是若保持一种更为宽广的视野，则有必要指出，人们所担心的那些风险都成功地被回避了。康华利勋爵应当获得人们的感激，而柏克也应当获得不朽的荣耀。在康华利勋爵之下的东印度公司管理体制中，不道德的肮脏物都魔术般地消散了，这实际上成了一次传达给随后总督们的课程，永远不会被忘记了，同时，同印度的联结所产生的政治危险也消散了。

英格兰已经打破了威胁着要围困它的大网。不过，英格兰既如此坚决地拒绝了来自印度的影响，那么它又在何等程度上能够反过来影响印度呢？对于我们的文明同印度文明之间存在的巨大差异，我们不可能视而不见；我们在总体上也不可能不偏爱我们自己的文明。但是我们有多大权力将我们的看法施与印度本土人之上呢？我们有我们的基督教、我们的哲学观念，也有我们自己的历史和科学，不过，难道我们不也正是受制于一种同印度本土人之间的默认契约，要官方地将所有这些东西都悬置起来吗？这就是我们一开始采纳的观点。我们并不承认英格兰意欲扮演罗马人针对其帝国的角色。不；英格兰会将自己的文明弃于一边，并依据印度的观念进行统治。随着新的和神秘的梵语知识世界开始向着第一代盎格鲁-印度人敞开，这种观点也逐渐更有影响。这些人处在一种遥远哲学和迷狂历史的魔力之下。正如人们所说的那样，这些人经历了婆罗门化，他们压根儿就不愿意将基督教或者任何的西方知识接纳进他们充满魅力的东方小圈子中。

本讲没有更多时间，因此我只能指出我们是如何逐渐趋于放弃这种观点，并富有胆略地将自身树立为教师和教化者的。这一变化始于1813年，当时正值更新公司章程之际，我们拨了一笔款项，用于在印度复兴知识并引入有用的艺术和科学。围绕这项法案，教育委员会争论了长达二十年之久。我们究竟是要运用自己的判断呢，还是在东方意义上理解知识和科学呢？我们究竟是要教授梵语和阿拉伯语呢，还是要教授英语呢？

这个世界还从来没有探讨过如此重大的问题。1835 年，在威廉·本廷克总督时期，这一讨论达到巅峰。巧合的是，一个著名人物得以出场，他赋予这场讨论以光彩，同时也从这场讨论中收获了光彩。正是麦考莱的论章以倾向于英语的方式对这个问题做了决断。你们可以在麦考莱的论章或 C. 特里威廉（C. Trevelyan）论印度教育的作品中对此问题进行研究。我只指出其中一处奇怪的失察。问题的讨论使得选择仿佛不得不在梵语、阿拉伯语或是英语之间进行。实际上，所有这些语言对于印度的大众来说都是完全陌生的。阿拉伯语和英语都是外来语言，梵语对于印度人来说就如同拉丁语对于欧洲人那样。梵语可谓一种原始语言，日常的主要用语都是从中形成的，但是梵语自身已经死亡。它比拉丁语的死亡早多了，因为它在公元前 3 世纪的时候就已经不再是日常用语了。绝大多数梵语诗篇和作品，无论是哲学还是神学，都是雕琢而成，并出于博学之手，如同维达和桑纳扎罗的拉丁诗篇那样。麦考莱针对梵语取得了很轻松的胜利，因为他只需要表明英语能够造就同样好的诗歌并在哲学、历史和科学上远为出色。但是为什么选择只能在死亡的语言中做出呢？麦考莱真的能够想象如何向两亿五千万亚洲人口传授英语吗？他很可能没有想过，他所想的很可能只是要创造一个小规模的知识阶层。我觉得，麦考莱自身的古典学养已经在他的内心牢固树立了这样一种看法：一门死亡的语言对于教育乃是必要的。但是，假如真的要印度获得启蒙，那么启蒙的媒介肯定不会是梵语或者英语，而必然是俗语，比如印度斯坦语、印地语、孟加拉语等。对于这些语言，一些模糊的印象认为它们过于粗俗，无法担当科学或者哲学，麦考莱甚至拒绝予以考虑，但是他反对这些语言并倾向英语的论述同样也是站不住脚的。

英格兰的扩张

　　尽管有此失察——它在此后一直受到评论,而且自从 1854 年查尔斯·伍德的教育方案以来,受到一定的修正——麦考莱论章引致的决定仍然可以说是我们帝国历史上的重大里程碑,如果就帝国被看作一个文明化的机制而言。它标志着这样一个时刻,我们有意识地承认我们已经在亚洲担负起一种类似于罗马在欧洲所发挥过的功能,这是一个任何政府都未能得到召唤去予以担负过的最伟大的功能。

第六讲　征服印度的诸阶段

　　我前面讲述的要点就在于阐明：造成印度事务之结果的诸多原因都不像人们通常认为的那样非凡，实际上结果本身的分量应当更令人吃惊才是，而这一结果可能产生的影响则要了不起得多，而且也堪称伟大，这些也都超出人们的想象。但是在阐明这样一种结果是如何在没有奇迹帮助的情况下达成的过程中，我的重点放在帝国的另一项特性上面，这项特性的分量富有根本意义，这就是印度同英格兰联结起来的那种机制的微弱特性。在这方面可以说，我们的英印帝国是类似于我们的殖民地的。当然差异是存在且巨大的，我们主要的殖民地的大多数事务都是通过经由殖民地议会的宪法程序选立的政府来进行决断的，而印度并没有这种独立的机制，总督本人是受制于母国的印度事务大臣的。但是同时也存在一种巨大的相似之处，也就是说，印度和殖民地一样，当地的政府都是同母国政府保持距离的，不容许它们同母国政府密切到可以融合的程度，也不容许它们改变母国政府的特性或者阻碍母国政府的独立发展。无论从宪法角度看，还是从财政角度看，印度都是一个独立的帝国。假如莫卧儿帝国能够将其原初的活力延续至今，那么毫无疑问，在外交事务领域，英格兰的历史将肯定不会是今天这个样子。我们同法国的数次战争会大为不同，尤其是以波拿巴远征埃及为主要事件的那次战争。我们也同样能够想象，克里米亚战争将不会发生，而且我们也不会像现在这样对最近的俄土战争产生兴趣。但是英格兰国家的宪政将完全不会发生变

英格兰的扩张

化,我们本国的历史也依然会遵循同样的发展路线。我认为,印度只有一次,也就是在 1783 年时,才直接走上了英格兰议会斗争的前台,并吸引了政坛的关注。甚至在 1857 年兵变之时,尽管我们的情感遭遇到如此之深的触动,但英格兰国内政治也未曾受到印度事务的影响。

同样,如果我们失去了英印帝国,这一变化所带来的直接的和纯粹政治性的后果也不会那么巨大。印度事务大臣的设置将会消失;议会的工作负担会有所减轻;我们的外交政策会少去不少焦虑之苦。在其他方面,则不会发生什么直接的变化。我也正是在这个意义上才说印度和我们的殖民地是类似的,也就是在这个意义上,我们才可以去体察英格兰扩张史的一项普遍特性,这一特性就是我们这个系列讲座的主题。我在前面已经评论过,初看起来,英格兰的扩张似乎不具备有机体增长的性质。当男孩长成男人时,那个男孩就消失了。人的成长并不是通过相对于原始肌体的可见的增生方式进行的,仿佛这些增生的部分是可以轻松予以剥落一样。但是英格兰恰恰就是以这样的方式扩张的。因为那个原初的英格兰仍然保留在大英帝国的中心地带,清晰可见,且依然清晰地保持了自身的有机体形态,这个英格兰甚至没有形成将殖民地和印度同自身放在一起进行协同思考的习惯。

杜尔戈将殖民地比作水果,它挂在树上等待成熟。确实,将各个英语共同体的集合比作一个家庭而非一个个体,这是合情合理的。我们可以说,伊丽莎白女王时代的英格兰如今已经拥有了一个大家庭,散布在四海之地,这个大家庭主要由繁荣的殖民地构成。不过,这个大家庭中也包含着一个公司,这个公司在其贸易过程中拥有足够好的运气,从而成为一个庞大国家的统治者。对于这种意象是没有什么可反对的,只要这仅仅是一种意象,只要不借助某种巧妙手法将这种意象转变成为一种论据。但是我们都知道,一个家庭,至少在当前的社会状态中,总是要倾向于实际上的解体。在孩子还小的时候,家庭纽带自然很紧密;随着孩子们慢慢长大,家庭就会演变成一种联邦,最趋于松散;最终,在当前的社会状态中,长大成人的儿子们为了生计而散往各处或者进行迁移,女儿们也要嫁人。到了这一步,家庭实际上就已经不再是一种联邦,甚至也不再是一种永久的联盟。我们现在可以把我们的帝国称为一个家庭,但是我们不能不假思索地认定我们的帝国将会避开一个名义上的家庭都会有的那种命运,而会另辟蹊径,以为拥有一种我们偶然居住的独特社会形态将会有的一种命运。施加于家庭和国家上的裂解因素的程度是不一样的,特别要注意到,这种因素在现在已经不像在过去那样大了。在杜尔戈和美洲革命的时代,把一个遥远的附庸国类比于一个离开家庭并且实际上已经从家庭里消失的孩子是相当有说服力的。但是这样的类比在今日的说服力就远远逊色了。在当今时代,科技发明已经将整个地球紧密地拉近了,一种新的国家形式已经以前所未有的规模出现在俄国和美国。

考虑到上述情况,我们就不应当轻易得出结论,认为长久以来英格兰同殖民地和英印帝国之间的联系特别微弱。关于殖民地的情况,我前面已经指出,尽管他们一开始同母国的联系非常松散,因此美洲殖民地之脱离母国也可视为诸多原因的自然结果。不过,母国同殖民地的联系并没有遭到一步一步的削弱,反而变得日益厚实和紧密了。殖民地同我们的关系实际上紧密得多了,旧殖民体系中不合时宜的东西已经消除,而且殖民地如今也已经成为剩余人口的自然出路。相形之下,在旧时代,还不存在剩余人口,殖民地人口主要是异端难民,他们对母国抱持着愤恨情绪。类似的法则也主宰着我们同印度的联系。我们同印度的联系机制非常微弱。英格兰不允许同印度的这种联系对自身形成阻碍。尽管英格兰的治权堪称强大,但英格兰仍然是获取印度之前的英格兰,因此就如我已经说过的那样,这种联系尽管已经持续了百年之久,若有一天突然中断,也不会对英格兰国内体制造成任何大的扭曲或者错位。但是,若因此就推断这一如此微弱的联系迟早会断掉,那么在做此推断之前也必须考虑另一个问题:事情会向哪个方向发展?这种微弱的联系究竟是会日益松散,还是会随着时间推移而日益紧密呢?在这个问题上,也如同殖民地的情形一样,我们将会发现我们时代的普遍潮流是拉近距离遥远的东西,并支持巨大的政治联合的,这一时代潮流会加强而非削弱英格兰和印度之间的联系。

马卡洛赫(Macculloch)在他所编辑的亚当·斯密著作的"印度附注"中谈到了1811年前后英格兰和印度的贸易状况,此时正处于垄断时代,马卡洛赫认为这一时代的英印贸易完全无足轻重,同英格兰和泽西岛或者曼岛之间的贸易相比,也没什么大不了的。如果说贸易是联结各个人类共同体的首要纽带,我们就应当对时代趋势建立起判断标准,同时也对时代趋势的力量建立起判断标准,无论这种趋势是使英格兰和印度朝向联合还是分离。具体办法就是将亚当·斯密时代和当前时代的英印贸易状况进行对比。在往日里,印度人有着难以改变的习惯,因此他们绝不可能成为欧洲商品的消费者。但是在今天,我们不再将印度的贸易地位比之于泽西岛或者曼岛,而是比之于美国和法国,也就是说比之于当今最大的商业社会。我们发现,尽管我们从印度的所得远不及美国和法国(依据1881年的数据,从印度的进口额是三千两百万英镑,从法国的进口额为三千九百万英镑,从美国的进口额不会少于一亿零三百万英镑),不过印度作为出口国的地位则是仅次于美国和法国的,同时,印度作为向英格兰进口的国家,其地位则超越了除了美国之外的法国和其他所有国家。就在同一年,印度从英格兰的进口额为两千九百万镑,依次下降的国家是澳大利亚和德国,分别是两千一百万镑和一千七百万镑。

我们在此看到的是本世纪的一场巨大进展,你们会注意到,其中所反映出的是英印彼此之间的联系在逐步拉近,而不是逐渐疏离。因此,尽管从政治上讲,英印联系的中断不会造成多大的影响,但从经济上讲,这种影响将会是巨大的。我们不要忘记,正是两国之间的政治联系，才带来了两国之间的此等商业来往。如果印度独立，这种商业关系很可能就无法存在了，或者如果印度落入其他欧洲强国诸如俄国手中，则这种商业关系就肯定要中断了。在本世纪之初，我们的确可以断绝同印度的联系而不用有太多担心，而且当时我们围绕在马德拉斯、孟买和加尔各答的商业据点而同法国展开的战争似乎也没有充足的动机，因为这些商业据点在当时的贸易额确实无足轻重。但今非昔比：我们在印度的商业资本如今已经非常巨大，我们同印度的联系远比过去紧密了。不妨再看一看英格兰在同一时期针对印度的道德态度的变迁。起初，我们对印度人自己的事务没有任何兴趣，尽管我们在那里有商业代理人。我们并不关心莫卧儿帝国以及这个帝国的解体。印度人无论是遭遇一个恶劣政府还是根本就没有政府并因此成为武装劫匪的猎物，这都跟我们无关。即便我们开启征服印度之旅，这也并非出于对印度自身的考虑，而是为了对抗法国人，另外的原因则是为了保护我们的商业据点免受突袭。在东印度公司事实上获得印度的主权之后，有很长一段时间，我们依然延续着我们对印度本地人福利的这种冷漠态度。18 世纪 80 年代，也就是沃伦·哈斯廷斯任期即将结束之时，亚当·斯密在其写作中指出，还从来没有一个政府对其臣民的福利是如此冷漠的。这种情形是很自然的，毕竟一个贸易公司突然转变成一个政府之后，自然就处在这么一个虚妄的位置上。此种异常情形及其造成的后果只是存续于公司自身的存续期。在 1858 年之后，它就被消除了，一个自私目标的表象消失了。如今的政府真心实意地奉行着家长制的原则，就如同任何政府都会做的那样，也正如我已经解释过的那样，政府曾一度以印度人不需要为理由而拒绝向印度人传输我们自知拥有的优越的启蒙精神，但如今我们已经放弃了这种想法。

与此同时，随着电报的引入、陆路的开辟以及苏伊士运河的开通，前往印度的路线也缩短了，这一切都将印度带入了与英格兰更贴近的接触范围之内。人们常常认为，这一变化的结果并不好，不

英格兰的扩张

但唐宁街的持续干预是糟糕的，而且英格兰公众舆论更是如此。只就争论而言，这种看法不妨接纳。但现在的问题已经不再是印度同英格兰更为紧密的联系是否值得向往。我们现在所关注的事实是，英格兰同印度的联系没有削弱反而增强了，至于好坏则另当别论。

我们不妨再次就英格兰同印度联系的发展速度进行评论。坎宁汉（Cunningham）先生在他刚刚出版的《英属印度及其统治者》一书中，将1820年到1880年间印度对外贸易的增长情况同这一时期大不列颠自身对外贸易的增长情况进行了比较。后者的增速通常令人吃惊：英格兰对外贸易从八千万英镑增加到大约六亿五千万英镑。不过坎宁汉先生也指出，印度贸易在同一时期的增长幅度更大。由于印度对外贸易的主要伙伴自然是英格兰，因此可以得出结论，两个国家之间的贸易联结的趋势已经极其强大了，再过五十年，如果不发生什么灾难性事件，这一联结将会比现在强大得多。

将我列举的所有这些事实聚合起来，就可以形成一种关于英印帝国的概念，最终得出的结果是非常特别的。这是一个类似于罗马人的帝国，我们在其中不但处于统治地位，也处于实施教育和教化的地位（因此，正如浮士德同希腊海伦的婚姻一样，一个时代嫁给了另一个时代，现代欧洲精神嫁给了中世纪的亚洲精神）；这个帝国始终同我们保持在一定距离之外，不向我们缴纳贡赋，因此没有让我们付出任何代价，除了在外交政策领域造成负担之外，也没有对我们繁忙的国内政治形成改造，并产生可以感知的影响；但是这个帝国却得以稳定维系，我们对帝国的把持没有削弱，而是得到了显著加强。英格兰同印度的联结，初看起来很别扭，也不自然，但是在现代世界境况的影响之下，这种联结却以极快的速度趋于紧密，现代世界的境况是支持巨大的政治联合的；所有这一切就构成了英格兰历史中最为奇特、最为怪异也最富有教益的章节。这个章节一度成为人们浮夸吹嘘的主题，而另一方面，那些目光更为深刻的人则往往倾向于以沮丧情绪看待整个的这项事业,将之视为某种罗曼蒂克式的传奇,不会产生什么恒久之物。但是,随着时光的流逝,情形变得明朗了,神意之手比任何政治艺术都更为伟大,一度如此盲目堆积起来的这个结构,却有了机会演变成为一座恒久文明大厦的组成部分,一度显得最为怪异的印度事业最终竟成为英格兰最伟大的一项成就。

在这个问题上,我们有必要再次回顾往昔,去看一看我们是何以那么凑巧地担当起了这样一项事业。我曾用一讲来阐述这样一个历史问题:究竟是什么力量使得我们征服了印度人民。不过现在的问题变了。刚才那个实际上是关于"如何"的问题,而现在这个则是关于"为什么"的问题。我们不难看到,用不着什么超自然的力量或者天才,我们都完全有可能创建这样一个帝国,但究竟是什么动机在驱使我们这么做呢?毕竟,耗费了那么多的生命,其中不乏高贵和英雄之士,其中很多人都在辛苦劳作,最终才堆积起了这么一个帝国的结构!他们为什么这么做?或者说,如果这些人自身仅仅是遵循指示而行,那么发布这些指示的权威的动机又何在呢?如果这个权威就是东印度公司,那么公司为什么想要征服印度呢,公司这么做又能得到什么呢?如果这个权威是英格兰政府,那么政府的目的何在呢?它又是如何向议会说明这项作为的呢?有时候我们也可能过于好战,但我们所从事的主要战争至少在表象上都是呈现为防御性质的。赤裸裸的征服本身对我们是没有吸引力的。那么我们在征服印度这一事业中的目的究竟是什么呢?

获取印度对英格兰政府来说不会从中得到任何好处,这一点是可以肯定的。如果说获取印度之举并没有因为征服所引发的花费而对英格兰政府的预算造成负担的话,那么印度方面也可以说没有提供任何贡赋以削减预算负担。如果我们一定要通过追问谁得到好处(*Cui Bono*)的老方法来找出可以归因的一方,也就是说,找出究竟是谁从中获益的话,那么答案肯定是,英格兰商业是从中获益的。我们在印度的大贸易是可观的，而且它可能还会变得非常巨大，只要我们还是印度的主人，我们就能一直确保这项贸易。毫无疑问，我们对于印度的获取是实质性的，这让我们处身于一个好的位置上，既然我们已然基于经验而发现外国政府对于贸易保护政策是何等的固执，那么是否可以由此认定这项贸易就是我们长久以来的唯一目标吗？

这个假设是有些道理的，尤其是当我们考虑到我们的帝国显然是在商业领域中启动的，这一假设看起来就更有道理了。我们首次拿起武器就是为了捍卫我们的商业据点，而不是为了其他目的。我们在印度的第一轮战争和我们同法国的殖民战争都发生在同一时期，因此很显然都具有同样的战争性质。这些战争都是由同样重要的原因引发的，这个原因我已经着重强调过了，这就是西方国家针对 15 世纪所发现地区的财富所进行的争夺。我们在印度拥有和美洲一样的贸易定居点。我们在这两片国土上都遭遇了同样的竞争对手，也就是法国。英格兰和法国商人在这两个国家都拳脚相向，都是为了捍卫各自的商业据点。在美洲，我们的新英格兰和弗吉尼亚同法国的阿卡德和加拿大针锋对峙；同样，在印度，我们的马德拉斯、加尔各答和孟买同法国的本地治里（Pondicherry）、金德木讷格尔（Chandernagore）和马希（Mahee）也鼎足而立。

在 1740 年到 1760 年间，美洲和印度的危机同时到来，两场战争被非常空洞且不完善的和平隔开，英法两国展开了霸权争夺，英格兰在两个地区都取得了胜利。在印度，紧随着对法战争的胜利，我们迅速确立了印度霸权。这一事实，连同另一项同样引人注目的事实，那就是如今英印之间存在的巨大贸易，也就非常自然地导向了一种理论，认为我们的英印帝国从始至终都是从贸易精神中生发出来的。我们不难想象，在海岸地带建立了定居点并捍卫了这些定居点免遭来自本土力量和法国出于嫉妒的攻击之后，我们便又盘算把商业继续往内陆拓展；我们在这个过程中遭遇了新的国家，比如迈索尔或者马拉塔联邦，这些国家起初并不愿意同我们进行贸易,但是我们强烈的贪欲使我们诉诸武力,向他们发动了军事打击,摧毁了他们的关税体系并用我们的商品将他们淹没。我们就是以这种方式逐步推进着印度贸易,这项贸易起初并不起眼,但已经开始变得相当可观。最终,我们不仅威吓住每一个强大的本土政府,而且实际上也推翻了这些政府,到了这一步,也就不存在莫卧儿皇帝、迈索尔的苏丹、马拉塔的佩西瓦、奥德的纳瓦布或者锡克的马哈拉加(Maharajah)和卡尔萨(Khalsa),所有障碍都得以消除,我们的贸易规模也变得非常庞大了。

不过,经过更为仔细的考察,不难发现,事实并没有回应这样的理论。我们的帝国是从贸易领域开启的,这一点不假,这种贸易近来经历了巨大的发展,这也是真的。但是,历史中的事务进行却并非遵循一条直线,仿佛确定了两个点之后就可以确定全部的过程了。真相在于,假如说英格兰的贸易精神竟是如此无可阻挡,并倾向于克服横在道路上的所有障碍,那么在印度也就不会发生战争了,因为英格兰贸易的主要障碍并不在印度,也并不是印度本土王公们的嫉妒,而是东印度公司自身的嫉妒。所以,在历史中,贸易的增长和征服的推进,这中间并不存在对应关系。

相反,尽管我们推动了所有这些征服行动,但是直到1813年,我们的贸易始终都是无足轻重的,印度贸易的大踏步发展是1830年之后的事情了。这一日期则指向了贸易扩展的真正原因。这一日期本身表明,贸易进展是完全独立于征服行动的拓展的,因为这些日期所标识的是一系列议会法令的出台时刻,这些议会法令剥夺了东印度公司的贸易垄断。由此便不难发现,征服印度的是东印度公司,但是与印度的大规模贸易的出现却并非该公司的功劳,反而是由于摧毁了东印度公司。我们在印度的征服行动是由一家有着特许权的垄断公司推进的,但是我们的印度贸易则是直到这家公司实际上已经不存在之后,才开始大踏步发展的。

要更清晰地阐明这一点,最方便的办法是对东印度公司本身的历史予以概览,标识出这家公司的主要发展阶段,其他事情暂且不管。东印度公司创生于 1600 年,也就是伊丽莎白王朝末期。依据我们对英格兰扩张的观点,应当强调的是,东印度公司恰好出现在这个时候,不早也不晚。我们已经看到,英格兰是在与西班牙无敌舰队交战时获取了其现代性格,也就是海洋性格,因为英格兰的第一批海上英雄就是在这个时候首次出现的,同时也就是在这个时候,英格兰开始对美洲进行殖民。如果这项一般性的陈述是正确的,那么我们也应当于这个时候在印度发现我们的第一批定居点。事实上,我们确实发现了,因为东印度公司的创立恰恰就是无敌舰队遭到摧毁之后十二年的事情。

东印度公司是为了贸易而创立,而在创立之后的一百四十八年间,公司一直都致力于贸易。在这段时期内,发生了公司历史上的几次重大事件,不过这些事件都没有那么重要,因此我们在此也不予关注。正是在 1748 年,德干发生的一系列骚乱迫使公司承担起规模相当可观的政府职能,并发动了战争。由此开启了公司的第二个阶段,这也是值得铭记的阶段,这个阶段历时之长不下于第一个阶段;这一阶段包含了一百一十年的时间,最终在 1858 年以取消公司的议会法令为结束。我们目前所关注的就是这个阶段。我们有必要对这个阶段进行细分,以便理解公司的发展历程。

多少是出于偶然。在这个阶段的绝大部分时间里,事情的进程展现出某种规律性,这在历史上很少见,但是非常有助于人们记忆。东印度公司特许状的更新有赖于议会,而从 1748 年起,公司事务便发生了奇特的变化。议会是在特定的时间段内才给予公司新的特许状,这是很自然的。在公司特许期将要结束之时,就要对公司状况进行重新考察,并对公司组织形态做出改变。就是通过这种方式,公司不得不服从变革,这种变革呈现出严格的周期性并且都发生在绝对相等的间隔期内。这些间隔期都为时二十年,起点就是 1773 年诺斯勋爵的《调节法案》。从这个日子开始算,我们也就能够得到公司历史上另外四个意义重大的时间点,分别是1793 年、1813 年、1833 年和 1853 年。

　　这五个时间点的意义之重大是我们不难预料的,它们也构成了一个非常明确的公司历史框架。第一个时间点是其中最为重要的。如果说 1748 年标志了英属印度创立的开端,那么 1773 年则可以说是标志了英属印度的创生。正是在 1773 年开启了总督的序列,尽管有很长一段时间它并非以印度而是以孟加拉的名号出现;同时也建立了加尔各答最高法庭。印度事务的新境况引发的巨大危险由此得到解决,腐败的根源也切除了,办法就是取消股东们、也就是所谓业主们在公司事务中的权力。

　　接下来的特许状更新发生在 1793 年,虽然这个时刻的分量不如 1773 年那么重大,当然,在这个时刻所发生的争论是非常有意思的,因为当时的争论展现了已经婆罗门化的盎格鲁-印度人的生活方式。当时的人们尝试将印度描绘成纯洁的天堂,不容许欧洲人,尤其是传教使团渗透其中。不过,1793 年这个时刻本身的分量也应当不下于任何其他时刻,这不仅是因为公司特许状的更新,同时也是因为议会通过了那个著名的《孟加拉固定税赋法案》(Permanent Settlement of Bengal),这是历史上最值得铭记的立法行动之一。

　　在 1813 年再次对公司特许状进行更新时,年迈的沃伦·哈斯廷斯已经年逾八旬,他走出退隐之地,前往议会提供证言。这个日子标志着东印度公司的垄断趋于瓦解,婆罗门时代结束了,英格兰从这个时候开始准备着向印度传输西方的文明、基督教和科学。

　　1833 年,东印度公司的垄断被消除了,公司在此时实际上已经不存在了。它此后不过是一个便利的组织而已。之所以说是便利的,是因为它所代表的传统及其捍卫的那种经验,而英格兰正是凭借此种传统和经验统治着印度。也就是在这个时候,我们的英印政府开启了系统性的立法行动。

　　最终在 1853 年,引入了公开竞考的职位竞争体系。那个曾一度在 1783 年将英格兰卷入漩涡中,并且自那以后一直都让政治家们感到恐惧的问题,即谁应当据有印度的资源,以及应当如何分配

英格兰的扩张

这些资源而不会动摇英格兰的宪政体制,在1853年就是以这种方式解决了。

不过,我们在此切不可忘记,历史在很长一段时间里并不是以这种常规性进行的,尽管它方便我们记忆。1857年的动乱结束了这种常规性。1873年,也就是《调节法案》一百周年之际,却已经不再是什么伟大的印度时刻了。

从这个概览中不难看出,1813年,公司的垄断首次遭到严重削弱,而1833年,公司的垄断则遭到摧毁。马卡洛赫在谈到我们无足轻重的古老印度贸易时,他面前的统计数据是截止到1811年的,而足以展现印度贸易的现代大跃进的数据则应当来自1813年之后,尤其是来自1833年之后。换言之,只要印度仍然掌控在那些以贸易为目标之人的手中,印度贸易就会是无足轻重的;而当印度开始被真正统治且贸易考量也遭到抛弃时,印度贸易的规模才开始拓展并变得巨大了。这似乎是一个悖论,我们难道不记得,在放弃了贸易考量的同时,我们也摧毁了垄断。不过这倒没有什么令人吃惊的,一个垄断公司,即便它的首要目标就是贸易,也只是以怠惰的方式进行的,而一旦垄断的镣铐被破除了,庞大的贸易当然也就会随之崛起。

另一方面,我们在印度领地上的扩展也并没有同贸易的增长形成对应。

有四位伟大的印度统治者是应当被给予帝国的开疆拓土者的称号的。他们分别是作为创建者的克莱武勋爵以及韦尔斯利勋爵、哈斯廷斯勋爵和达尔豪西勋爵。大体上可以说,克莱武勋爵沿着从加尔各答到马德拉斯的东海岸首次确立了我们的存在;韦尔斯利勋爵和哈斯廷斯勋爵则摧毁了马拉塔的权势,使我们成为印度中部和半岛西部的主人;达尔豪西勋爵则巩固了以往的征服成果,同时也给我们添加了西北部的领地,并将我们的边界推进到印度河流域。在这一系列征服行动之间,有着相当长的间隔期,因此应当对他们进行不同的归类。1748年至1765年的征服期,可以用克莱武的名字来命名;第二个征服期出现在 1798 年,持续到 1820 年前后,当然中间有一段很长的间歇,这正是韦尔斯利和哈斯廷斯勋爵的时代;第三个征服期出现在 1839 年到 1850 年,不过这段时期的第一阶段并不幸运,只是第二个阶段才导向了征服,最终收获成果的则是达尔豪西勋爵。

领土拓展和贸易拓展在时间上并不存在任何对应关系。由此,我们就不难指出,1811 年时,印度贸易是何等无足轻重,但是就在不久之前,韦尔斯利勋爵刚刚完成了大兼并。另一方面,贸易在 1830 年前后取得了大踏步式的拓展,此时正是历史中的和平间隔期。在印度兵变时期,兼并行动差不多停止了,然而,在这个没有发生征服的四分之一世纪中,贸易则取得了迅速的拓展。

人们经常做出的断言常常是由于仓促浏览历史所致。认为英印帝国仅仅是由于无所顾虑地追求贸易所致,这项断言无疑是错误的。另外也常常有人断言说,帝国是强悍的军事侵略精神所致,这也同样是错误的。

我们迈向帝国的第一步实际上是出于一个很朴素的想法,那就是要捍卫我们的贸易据点。马德拉斯总督辖区是源于这样一种努力,它首先考虑的是有必要保护我们的圣乔治和圣大卫要塞不受法国人侵袭。孟加拉总督辖区的创立方式也是类似的,因为明显有必要保护我们的威廉要塞,并惩罚孟加拉的穆斯林纳瓦布西拉杰·达乌拉(Surajah Dowlah)在黑洞事件(The Black Hole)中的放肆。

由此,因果链条就变得清晰了。在紧接下来的时期,也就是英属印度的大动荡和腐败年代,纯粹是贪婪推动我们仓促前行,这一点无可否认。沃伦·哈斯廷斯在贝拿勒斯(Benares)、奥德以及罗希孔德(Rohilcund)的一系列暴行,都可说是一个金钱投机者的行为。如果英属印度后来的历史也如上述,那么就可以公正地说,我们的帝国和西班牙在伊斯帕尼奥拉和秘鲁的帝国没有两样,也就是说,完全出自无所顾忌的获利动机。

英格兰的扩张

但是,随着 1785 年康华利勋爵的到来,情形发生了变化。部分是由于勋爵高尚的性格垂范,部分是通过一次审慎的改革,以高薪养廉的方式杜绝腐败的借口,勋爵清除了公司职员体系中的不道德。从此时开始,英属印度在道德上也就值得尊重了。在此一改革可以预期的诸多结果中,公司侵略行为的终止正是其中之一,如果说获利曾是发动征服的首要动因的话。公司的代理人从此时开始不仅能够容忍损失,而且公司也不再可能去从事一场纯粹邪恶的征服,因为依据 1784 年彼得法案所引入的二元统治体系,这样的邪恶行动必须以英格兰内阁作为同谋方才可行。英格兰内阁也许会犯下野心之过,但是它几乎不会协同一家贸易公司从事腐败的肮脏罪行。

真相在于,从彼得的印度法案开始,印度事务的最高管理权能已经不在东印度公司手中。由此,一项最初为贸易而开启的事业,其管理权最终落入并不关心贸易的人们的手中。此后,重大的印度问题的决定权便在两名英格兰政治家之间分享:其一是董事会主席;其二是总督,而只要东印度公司还继续存在,最高位置还是属于董事会主席而非总督。正是在这一体系下,征服印度的大部分事业得到完成,并且可以确定,在这一时期,贸易精神并没有主宰我们的印度事务。

1798 年,随着韦尔斯利勋爵成为总督,印度政策的一个新时代由此开启。韦尔斯利首次奠定了干预—兼并的理论。随后的哈斯廷斯勋爵采纳了这一理论。顺便提一下,哈斯廷斯在成为总督之前,是反对这一理论的。后来的达尔豪西勋爵也以某种狂热态度接纳了这一理论,达尔豪西勋爵是东印度公司时代的最后一位总督。

正是这一理论导向了对印度的征服。本讲没有篇幅去考察这一理论了。我只能说,这一理论的目标并不是拓展贸易,因此可以想见,东印度公司通常是反对而不是支持这一理论。为此,公司对韦尔斯利勋爵发起了抵抗,对哈斯廷斯爵发起了谴责;如果说公司在应对达尔豪西勋爵时表现出令人奇怪的柔顺的话，那也应当指出，此时公司的执行者实际上已经不再代表一家贸易公司了。韦尔斯利的理论往往以高压方式加以运用。达尔豪西勋爵在历史上尤其以腓特烈大帝类型的统治者形象现身，他的一系列行为都很难得到证成，就如同腓特烈大帝攫取西里西亚或者瓜分波兰那样。但是，这些行为，如果说是犯罪的话，也只能说是腓特烈式的罪过，是野心之过，而且这种野心绝不是出于纯粹的自私自利。自沃伦·哈斯廷斯之后，包括达尔豪西勋爵在内的所有总督，是无须片刻怀疑他们会有什么卑劣动机的。我们也正是由此而看到，我们的英印帝国，尽管启动于贸易领域，并且最终也斩获了一份巨额的印度贸易，但实际上的帝国规划者却并非商人，规划者的目的也不是贸易。

第七讲　内部危险与外部危险

若要评估帝国的稳定性,政治学研究者一般都会用到一些显见的衡量标尺。其中一些标尺用于衡量内部组织状态,另一些标尺则用来衡量外在境遇因素,这就像保险公司在评估参保申请人之时,一方面要考量申请人的脉搏和心跳状况,另一方面也要弄清楚申请人的生活习惯和生活地点,以便明确申请人的工作和习惯经受外在危险的概率。前面讲座中,我实际上已经动用了一些内部标尺。动用内部标尺来评估一个国家的生命力,就要看这个国家的统治基础是否稳固或者稳固的程度如何。不管怎么说,任何一个国家,除了统治阶层和被统治阶层这两大显见集团而外,还有一个集群是常常被忽视了的,尽管此一集群并不难辨识出来,我指的就是处身统治范围之外但又为统治提供支撑的力量。此一势力集群可能微不足道,也可能关系重大。此一集群是否坚实,更确切地说,其力量同反政府力量对比起来,处在何种位置上,大体上决定了统治体制有几何命数。前面讲座中已经考量了在印度,究竟是怎样的力量在支撑着英印统治体制,不过,我们的考量侧重于这样的视角:这些支持力量是何以成形的,而非这些力量的稳定性,确切地说,就是它们还能延续多长时间。本次讲座不妨就后面这个视角展开考察,并据此评估前面讲座中得出的那些结论。

英印政府并非英格兰政府,从本质上来看,英印政府并非建基于人民或者本土选民的同意,因此,英印政府并非英格兰政府的那种宪政政府。英印政府在种族、宗教以及惯例等方面都截然有别于印度本土民众。在印度，只有一个集团于英印政府之存续而言肯定是不可或缺的，那就是英印军力。这支军力部分地包含了一批英格兰人。可以论定，英格兰军力在任何情况下都会支持英印政府，但英格兰军力尚且不足整体英印军力的三分之一。剩下的三分之二军力在本质上于英印政府是没有义务担当的，不过，薪酬和荣誉感也是能够令一个合格士兵忠于自己头顶的旗帜的。这些非常明显地就是我们的支持力量。此外就是精神上的支持力量，这样的力量并不具备物质形态，它们究竟拥有多大效能呢？这个问题令世人众说纷纭。我们通常会想当然地认为，一个世纪前，我们结束了令印度支离破碎、痛苦不堪的无政府状态，并且在很多方面都令这片土地获得一定的改善，这肯定会让印度社会各个阶层对我们秉持支持态度。这样的看法是非常轻率的。我们也许会认为公共福祉高于一切私人利益，但并没有理由认为此一原则会在印度社会成为通则。说白了，印度恰恰不存在一个我们习以为常的道德统一体或者统一的民族性，这才是更准确的前提设定。也正是因此，我们应当考量的不是英印统治给作为整体的印度国家带来了怎样的福祉，而是要考量印度社会各个阶层或者利益集团各自从英印体制中获利几何。显然，穆斯林群体关注的是宗教，婆罗门关心的是他们传统的团体优势，本土王公关心的则是尊严和地位。英印体制给作为一个国家的印度带来的最大福祉，莫过于清除了以往普遍存在的劫掠行为，也清除了对穆斯林而言是他的宗教、对婆罗门而言是他的自古以来的社会优势，而对本土王公而言是他的尊严。我们给印度整个国家带来的最大好处，即消除了普遍的劫掠以及往日里权倾四野的雇佣军势力。此一福祉的主要受益者应当说是人数最多的小农阶层，可惜的是，这个阶层在印度社会分量微弱，而且阶层的记忆能力也相当纤弱。这个阶层过度浸染了印度品性，他们的视野仅限于身边的生存环境和生存困境，他们最大的野心不过就是活着。他们经历了太多的劫掠、痛楚和屠杀，应当赐福他们；但是往日的劫掠者和杀人者，却不这么看。

后者才是印度社会真正具备影响力的集团。恰恰是在莫卧儿帝国时期有影响力的人，也就是那些一度垄断了官职并身处统治集团、代表统治宗教的人，他们的态度才是真正具备政治分量的。可以肯定，这些集团的利益在英印体制之下，都是有所折损的；我们提升印度本土族群的生存状况，此乃慈善之举，但是对这些集团来说，却是一种损失，甚至令他们中的很多人变得极为失落。亨特（Hunter）博士在《印度的穆斯林》一书中对这个问题已经有所阐述了。此等情境之下，若仍然设想我们在印度社会各处激发的感激之情能够绰绰有余地抵销掉那些受损集团的怨愤之心，那岂不是太过轻率了。

现在能说的就是这样：英印体制乃依赖一支军队，这支军队的三分之二军力同英印体制仅存雇佣关系。此种格局看起来确实太脆弱了，特别是这样一支军力却要支撑一个如此庞大的帝国；不过，也应当考虑到反对势力的情状。在这方面，我们倒也不难见证一个因长期的习惯和传统而置身绝对消极状态的群体，这个群体长期处在外来军事统治的高压之下，最终连反抗的想法都完全消散了。这个群体没有任何的统一性可言，至于民族性，则仅存于那些拥有等级地位的阶层中，语言殊异，方言系统更是纷繁复杂。说白了，迄今，这样一个群体是不具备任何的集体行动能力的。前面的讲座实际上也已经提起，在印度社会，哪怕能够闪现出集体意识的微弱火光，令印度表现得像是一个国家，我们都不至于如此轻易地统合印度。但是，印度社会之集体意识的前景是非常黯淡的，而英印政府平素里看起来则是拥有足够力量的。实际上，在很多方面，当前的英印帝国都远比大兵变时期更为强固，英印军力中的英格兰比例提升了，而且那场兵变也令英印政府建立起相应的防范机制。兵变当然还有可能发生，但只要兵变仍然仅限于纯粹的兵变，就不会对英印体制造成致命威胁。并无合格的本土将领可以统帅本土军队，只要本土军力仍然无法得到印度民众的支持，只要兵变者的目标仍然不取爱国一途而只取私利一途，就像前次兵变那样,只要仍然有另外的本土军力可以对兵变者实施打击并取而代之,英印政府的统治地位就一直不会丧失内部的稳定性。然而,这其中并非没有危险因素。首先,本土族群绝对消极的生存状态实际上仅限于印度人。穆斯林群体则有着不同的习惯和传统,确切地说,穆斯林群体并没有上千年的服从史,而且,就在刚刚过去不久的那个时代,他们还是统治族群,对此,想必他们是记忆犹新的。其次,印度社会也许在很多方面都没有统一性可言,但不管怎么说,宗教上的一致性是印度社会并不匮乏的。在印度,强大且取积极态势的伊斯兰教众是拥有一致性的;婆罗门教的一致态势尽管不那么活跃,但也是切实存在的。在亨特博士关于印度穆斯林的书中,有一章的标题是"我们领土中的长期阴谋",其中描述了在瓦哈比(Wahabite)教士的影响下,反英印政府(亨特博士这么看,但其他人否认)的宗教激情是如何激荡而起的,被鼓动的这部分人拥有最骄傲的回忆,因而也就有最真切的义愤来反对我们这个高高在上的族群。婆罗门教坚韧,但也远离激情。尽管如此,我们当然不会忘记当年的子弹涂油脂事件。1857年的兵变,虽然主要是军事上的,但其发端则毫无疑问是宗教性质的。从中不难看出,一旦印度人相信他们的宗教受到攻击,会触发何等严重的后果。而且也切不可忘记,印度教不同于伊斯兰教,印度教与认同科学没有关联。此种情境之下,即便我们一再宣示我们奉若神明的宗教宽容原则,倘若印度人认定传播欧洲科学就是宗教上的攻击行为,那结果又会如何呢?

由此观之,规模巨大的宗教浪潮较之一场民族浪潮,似乎具备更大的可能性。不过,宗教浪潮倘若活跃起来,各种宗教之间以及各个教派之间也不免会发生直接冲撞,令其势头相互抵冲。比如说,伊斯兰教和印度教发生冲突,一个在信仰上更有力,另一个则拥有众多教众,很可能会造成一种均势状态。基督教力量能不能在其中发挥一种居间调停功能呢? 诸位也都知道,伊斯兰教是闪米特人宗教最为自然的表达;同样道理,婆罗门教是雅利安人思想的表达。在这个尘世的所有宗教中,基督教展现为闪米特元素和雅利安元素融合而成的宗教。或许可以说,印度和欧洲在宗教方面有着同样的元素,只不过在印度,这些元素没有取得融合;而在欧洲,基督教则将之融贯为一个统一体。犹太教和古典异教之于早期欧洲,正如伊斯兰教和婆罗门教之于现在的印度;但在印度,诸多宗教元素乃保持在分离状态,只是偶然会闪现出统一的苗头,如锡克教或阿克巴的宗教。在欧洲,宗教大熔合借由基督教会而展开,这一熔合在整个现代历史进程中乃逐渐趋于完善。

倘若从我们的角度来观察英印帝国,并据此参照系将在印度发挥作用的种种内部力量加以界定,那么,我们的这个英印帝国就是上述的那个样子。不过,外部力量的影响也有着同等的分量,必须予以考量,否则就难以充分评估英印帝国的稳定性。

世界历史之中,绝少有国家像印度那样与世隔绝。在亚历山大大帝的海军将领尼亚库斯(Nearchus)和瓦斯科·达·伽马之间的这段漫长历史时期,没有一个欧洲海军将领展开过印度洋航程,但阿拉伯人则早在哈里发奥马尔(Omar)的时代就率领自己的海军进抵信德(Sind)了。不过,这也只是特例而已,除此之外,我们可以追索到的印度同外界的唯一联系,就是和爪哇的联系了,当然,印度的北方地区不在其中。爪哇的确受到过印度的影响,爪哇的卡威语(Kawi)乃带有强烈的印度语言和文学的印迹。大海之于德干半岛正如喜马拉雅之于恒河平原,是巨大的屏障,这也就令印度特别地成了一座孤岛而不是一个半岛。在北方,印度的影响力也曾延伸到中亚地区,佛教无论是向北还是向东都可以说是广为流传的。但是,同样是在北方,就我们切实了解到的历史情状而言,除了个别地方外,印度与外界并没有任何的政治联系,也不曾发生过战争或者侵略这样的历史事件。

由此便不难看出,印度曾在数千年的历史进程中是完全与外界隔绝的,亚历山大大帝出现在印度当地人面前的时候,当地人也的确跟亚历山大大帝提起,印度之前从未发生过入侵事件。

但是,此种与世隔绝的历史境遇最终还是结束了,不管怎么说,印度并非真正意义上的孤岛。印度次大陆在地理上有一个脆弱之处。北方虽有大山为屏障,但就是在这个屏障中,却有着一处隘口是可以穿越的。来自波斯或者中亚经由阿富汗的侵略通道,若是依托此一隘口,严格来说,便是开放的。正是因此,印度在瓦斯科·达·伽马的时代之前对外关系的全部历史都集中在阿富汗方向上。历史记载中,至少有八次侵略事件是借由这条道路实施的。

这其中的第一次入侵行动本应当是长记史册的,但相关的历史信息并未留存下来。雅利安人势必是从这条道路进入印度的,而且雅利安族群很可能就是围绕这条通道建立起来的。阿富汗人从语言上来说应当归属雅利安族群,而且波斯的琐罗亚斯德教与印度的吠陀在某些方面乃是相通的,因此也就有理由将说梵语的雅利安人的策源地论定在印度与波斯边界的某个地方。

接下来便是亚历山大大帝的入侵,这是有名的历史事件。毕竟,是此次入侵行动第一次向西方世界打开了印度的大门。不过,此一行动并没有产生持久结果。希腊-巴克特里亚王国在印度只有一段短暂的存续期,公元前 2 世纪时就烟消云散了。

第三次入侵浪潮跟第一次差不多,也没有相关历史信息流传下来。此次入侵浪潮是公元 1 世纪时由西徐亚人策动的,很可能还是连续的入侵浪潮。此一入侵事件对从事梵文研究的人来说是相当重要的,对我们来说,则没有太大的分量可言。

接下来便是马哈茂德·伽色尼策动的入侵行动(大约 1001 年的时候)。这是印度遭遇过的最严重的入侵行动之一,此一入侵行动不但立即结束了印度与世隔绝的状态,而且对整个世界来说,无异于一次切实的发现印度之旅。马哈茂德之于印度,正如同哥伦布与科尔特斯二人之于美洲。自马哈茂德之后,外部势力对印度的图谋就再也没有中断过,而且经由开伯尔山口(Khyber Pass)通向印度的道路在众多冒险家的踩踏之下,也进入完全开放的时代。

马哈茂德本人在诸多方面都可以视为莫卧儿开国君主的前辈。从出生来说,他是突厥人,是阿富汗的一个小君主,他的穆斯林信仰以及邻近的宗教圣地,为他提供了无可抵抗的动力,促动他对印度展开征服。在所有这些方面,他都像极了巴布尔。

第五次入侵浪潮是帖木儿于 1398 年策动的。此次入侵纯粹是破坏性的,不过,若是同第七次和第八次的入侵浪潮联系起来并展开比较,此次入侵行动并非没有效果可言。

第六次入侵浪潮是巴布尔于 1524 年策动的,此次入侵浪潮奠定了莫卧儿帝国的基业。他和他的继承人实际上是承续了马哈茂德的事业,并将其伸展下去。他们的帝国和之前的穆斯林帝国很相似,不过更为稳固,也更具一体化倾向。

第七、第八次的入侵浪潮则近似于帖木儿的那次毁灭性入侵。一次是由纳迪尔·沙(Nadir Shah)发起的,他在萨菲王朝(Sofi)衰落之际僭取了王位。这次侵略发生在 1739 年,这时莫卧儿帝国已经处在全面的衰退之中。另一次发生在 1760 年,发动者是杜兰尼人(Duranis)帝国的首领艾哈迈德·沙·阿布达里(Ahmed Shah Abdali),其大本营在阿富汗。

这些就是印度遭遇过的几次主要的入侵浪潮。此番回望意在表明,尽管印度仅有这么一处地缘上的弱点,但此一弱点却也是特别严重的。的确,有那么一段相当漫长的历史时期,人们不曾发现这条入侵通道,但至迟从马哈茂德·伽色尼时代开始,入侵印度便不但不是不可能的事情,而且也没那么困难了,印度随后的历史则也完全由此而注定了。毕竟,面对入侵浪潮,印度根本就谈不上抵抗的实力。因此,在英格兰入侵之前的印度历史大体上可以总结如下:首先是两次大规模的穆斯林征服浪潮以及印度方面的一次大规模反穆斯林政权浪潮,此次抵抗行动铸就了马拉塔联盟(Mahratta confederacy),这两次征服行动都是以阿富汗为策源地的;其次,就是两个穆斯林的强权先后归于毁灭,而后便是马拉塔联盟势力的最终屈服,不过,这是由另外三次以阿富汗为策源地的入侵行动完成的。若要了解这其中的详情,就必须首先弄清楚第二个穆斯林强权,也就是莫卧儿帝国的衰落过程。此一衰落的根本原因很可能在于奥朗则布试图将德干高原纳入帝国统治范围,此一企图显然是不明智的。也正是因此,莫卧儿帝国的衰落迹象在奥朗则布去世之时就已经非常显见了。但是,真正的死亡一击乃是纳迪尔·沙策动的那场灾难性入侵,他于1739年以阿富汗为策源地,引领大军向南进击印度。德里遭到彻底洗劫,令莫卧儿政权再无复生之机。实际上,当马拉塔政权看上去就要统一全印度的时候,来自阿富汗的艾哈迈德·沙·阿布达里的入侵浪潮以及1761年的帕尼帕特战役(Paniput,在这场战役中有二十万人阵亡)将马拉塔政权毁灭,这跟莫卧儿帝国的情形如出一辙。1761年这一年,也正是英格兰入主孟加拉的时候。在我看来,这两次入侵浪潮对莫卧儿和马拉塔的打击是致命的。帖木儿在14世纪末策动的入侵浪潮也同样毁灭了先前的穆斯林政权,在此之前,这个穆斯林政权在穆罕默德·托格拉克(Mohammed Toghlak)的治下臻于鼎盛。

新的通道一旦建立起来,旧的通道便一下子黯淡下去,对英格兰人来说,情形尤其如此。前面讲座中已经提起,在很长一段时间里,英格兰人在印度的大敌也是英格兰在印度最早的对头法国人。以阿富汗为策源地的入侵行动当然并未消停。日不落帝国的崛起可以追溯到1748年。纳迪尔·沙以阿富汗为策源地的侵略行动就发生在此九年之前;艾哈迈德·沙·阿布达里的入侵行动则发生在此十三年之后。不过此类事件并没有引起英格兰人的太多注意。毕竟,我们也都知道,英格兰人虽然开启了征服印度的进程,但英格兰人并没有梦想着征服太大的地方。当时的英格兰人只是作为领土统治者,仅仅围绕圣乔治要塞和圣威廉要塞扎下自己的根系而已,此种情形之下,英格兰人自然不会想着对整个印度负责,或者将深入地了解这个国家作为一个整体的对外关系。说白了,此一时期进驻印度的英格兰人看待阿富汗和旁遮普的事情,跟

英格兰的扩张

看待土耳其帝国事务没什么区别。

然而，在18世纪即将结束之时，英格兰人的看法转变了。此前，英格兰人关注的焦点一直都是马德拉斯和德干。他们担心万一法国人与南方的一位本土王侯结盟，那么法国人就能够为盟友提供士兵、军官和舰队，并借由这个王侯之手，对马德拉斯实施突袭行动。这种事情在双方的战事中不是没有发生过，并且是美洲革命促使法国人采取了这样的手法。此外，英格兰人在印度还遭遇过空前的困顿局面。当时，海德·阿里突袭卡那提克（Carnatic），兵至马德拉斯城下，而在海上，法国最伟大的水手——巴利·德·叙弗朗（Bailli de Suffren），和阿里协同行动。但此事过了十五年之后，我们在印度的基本关系格局则因为波拿巴远征埃及而改变了。显然，波拿巴的远征行动令法国政策发生了转向。在此新格局中，法国并没有中断与德干旧有的联系。铁普（Tippoo）之于第一执政正如他的父亲海德尔之于路易十六一样，是相当有用的棋子。但是，波拿巴之占领埃及以及在叙利亚发动的战役，尽管也都是以英格兰为最终攻击目标，不过也足以揭示出，波拿巴是在筹划一个从北方陆路攻击英印势力的计划。这时，我们第一次想起了纳迪尔·沙和艾哈迈德·沙·阿布达里；这时，我们第一次开始担心开伯尔山口，开始担心在18世纪末继承了喀布尔（Cabul）的艾哈迈德·沙的泽曼·沙（Zemaun Shah），同样也开始担心波斯宫廷了。

这就是英印帝国的第二个外交大时段。此一大时段的标志性事件就是1800年大名鼎鼎的马尔科姆（Malcolm）使团（后来的约翰爵士）出使波斯宫廷。我们此前不曾有机会去研究我可能称之为亚洲均势的话题，或者去探究是什么让梯里达底不安（quid Tiridaten Terreat），确切地说，就是波斯君主究竟在思量什么。不过，我们担心的并不是沙俄的秘密影响力，而是法国。威灵顿公爵曾指出，他自己在阿萨耶同法国的那场战役，其分量一点也不亚于滑铁卢战役。同样道理，马尔科姆在同波斯交涉的过程中，真正在乎的是拿破仑和法国的权势，跟沙俄尚且扯不上关系。

不过在此一时期，尽管英格兰人开始将目光投向阿富汗，倒也并没有停止对法国在印度南方影响力的警惕。约翰·马尔科姆先生的生平足以证实这一点。他之所以入选波斯使团，恰恰就是因为他此前在对迈索尔苏丹铁普的战争中赢得了声誉。马尔科姆在那场战争中的表现堪称超群绝伦，就如同早先战争中的克莱武一样。铁普乃是法国督政府极为亲近的同盟者，波拿巴是他的盟友，就像早前的叙弗朗乃是铁普父亲的同盟者一样。法国人称呼他是"公民铁普"。此时的海德拉巴君主（Nizam）又在干什么呢？法国人在半个世纪以前就同海德拉巴君主建立了联系。实际上，此时的法国人比英格兰人更明了征服印度之道，秘诀就是训练印度本土士兵，并让欧洲人担任将领。1798 年的时候，海德拉巴这个邦国有一万四千人的军队，由法国军官训练并指挥。一个名叫雷蒙德（Raymond）的人是这支本土军力的统帅。凯伊（Kaye）在《马尔科姆传》中有言："海德拉巴君主把一些领土划给法国人以作为这些部队的报酬。铸造厂在欧洲人的监督之下建立起来，枪铸造出来，滑膛枪生产出来。在令人敬佩的装备和训练下，雷蒙德召集的军队投入战争，革命法国的三色旗飘扬在他们上空，纽扣上铭刻着自由之帽。"倘若海德拉巴君主作为英格兰名义上的同盟者，却支持这样一支军队，而且铁普也宣称与法国结盟，我们在德干的处境就相当堪忧了，甚至远远比不上当初同法国发生冲突的那段时期。雷蒙德凭借麾下的军队是完全有可能在 1798 年的时候，在同英格兰的角逐中实现逆转的，克莱武当年不正是在阿尔果德战役中实现过同样的逆转吗？恰在这个关口上，年轻的马尔科姆奉命进抵海德拉巴，成功击溃了这支法国军队，用他自己的话说就是："端掉了民主分子的老巢。"

由此可见，英印帝国的外交分为两个时期。第一个时期面临一个非本土的敌人，此即法国，不过，此时法国的在印势力，唯有以德干高原为策源地，才能对英属印度发动攻击。在第二个时期，敌人

英格兰的扩张

还是那个敌人,敌人的行动风格也没有发生变化,不过,此时法国在印度的权势更广泛了。此一时期的法国在印势力,据说是要同印度之外的亚洲其他政权建立联系,而且也确实这么做了。由此,法国人在这一时期的亚洲盟友就包括了阿富汗政权和波斯政权。此外,1807 年《提尔西特和约》之后又有一个角色加入其中,这就是沙皇俄国,这个角色在英印历史进程中尚且是第一次现身。

第二个时期因拿破仑的垮台而结束。和他一起彻底垮掉的还有法国的在印势力,当然,具体情形还不能就此盖棺论定。英格兰对印度的霸权因 1810 年攻取毛里求斯并在随后的大和平时期据有了这座岛屿而得到巩固。

接下来,英印帝国在对外事务上便进入一段安宁期。英印帝国在这二十年的时间里,可以说并没有遭遇重大的外交事务。再往后就是一段新的时期。在这个新时期,另一个强权取代了当初法国的位置,同英格兰展开了亚洲争夺战。这个强权便是沙皇俄国。

自伊丽莎白一世统治末期以来的全部的大英帝国史,或许可以被我们区分为三个大的时期。第一个时期是 17 世纪,在这个时期,英格兰从一个边陲小国逐渐成长为殖民世界的卓越竞逐者。第二个时期是同法国在美洲以及亚洲进行斗争的时期,我对此已经说得够多了,这一时期贯穿了整个 18 世纪。再接下来就到了第三个时期,历史发展趋势所致,第三个时期早在第二个时期结束之前就已开启了。在这个时期,英格兰的世界帝国在东西两侧都各有一个巨大的邻居,西边是美国,东边是沙俄。

这两个国家我曾用来作为例子,以表明庞大的政治联合是现代的趋向,若不是现代的发明消减了时空带来的困难,它原是不可能的。这两个国家都是土地毗连的陆上强权。在它们之间,有一个国家虽然广大但不毗连,海洋在它的躯体之中到处流动,就像一个世界性的威尼斯,大海就是它的街道,这个国家就是大英帝国。

第三个时期在某种意义上可以说是以美洲革命为开端的,不过溯源到 1830 年代似乎更为合适一些。所谓的美国天命,是在美国独立之后很久才展现出来的。给美国带来快速进步的欧洲大移民,实际上是在 1815 年的和约之后才开始的。1820 年代,因为南美的革命和西属美洲共和政府的建立,美国在美洲获得了超群绝伦的地位,这就极大地提升了美国的世界分量。而美国在美洲有着高不可攀的头等地位,这极大地增加了它在世界上的重要性。与此同时,沙皇俄国也开启了规模巨大的扩张进程。沙俄在东方与我们竞争的时刻乃是很明确地交代在英印帝国史册中的。沙俄的扩张在 1830 年时推进到锡尔河(Jaxartes),不久,波斯便沦为沙俄实际上的附庸国。因此,在 1834 年和 1837 年,当波斯的默罕默德·沙率军进入阿富汗时,英格兰人看见的乃是沙俄的鹰爪,就像三十年前此一地区一切风吹草动的背后都有拿破仑的影子一样。此乃英印帝国史上一段新的震荡期的开端。有理由认为,此一震荡期延续到了大兵变时期,历时二十年之久。这一时期发生了一系列的战争,其间英格兰人征服了整个西北地区,兼并了旁遮普、信德和奥德,终于在印度人群中引发了不安和兵变。此类震荡应当溯源于我们对沙俄势力的担忧。正是因为这样的担忧,英格兰才会实施那次灾难性的阿富汗远征。英格兰人之所以征服信德,恰恰就是为了挽回破损的声望,而西北地区的一系列震荡,则进一步触发了锡克战争。

由此可以肯定,奥克兰勋爵(Lord Auckland)在 1838 年的时候尽管预见到了危险,但并没有予以恰当应对。他很可能夸大了危险;如今,四十多年过去了,我们说不定同样是夸大了俄国在中亚的危险程度,尽管俄国在此一地区的扩张速度超出了很多人的预期。但无论如何,若从历史角度观之,沙俄制造的危险是值得十足警惕的,沙俄的举动不会不产生巨大影响。这其中的情由很简单,回望一下印度历史上之前的三个帝国:1761 年的马拉塔政权、1738 年的莫卧儿帝国以及 1398 年就已经开启的古老的穆斯林帝国,它们遭遇的死亡一击都是以阿富汗为策源地的,更何况,印度历史上有两个帝国,即马哈茂德·伽色尼和巴布尔创建的帝国,也都是从阿富汗起家的。

我在此之所以说此一威胁是应当予以警惕的，是因为历史情状就是如此。此种例证推理之法也许不够充分，不过倒也能够为相应的检测提供理据。遗憾的是，历史事件极少能够得到政治科学的支撑，所以，此类检测工作也只能说是随意而为了。毕竟，我们不能将莫卧儿与纳迪尔·沙的历史境遇推及英格兰与沙俄。也许不难表明，莫卧儿帝国根本不具备英印帝国那样的坚实性，而且，纳迪尔·沙进入德里之际，莫卧儿帝国已经在衰亡的轨道上行走三十年之久了。至于沙俄，也同样不难表明，这个国家全然不同于历史上那些带着鞑靼人习气的印度入侵者。确切地说，沙俄较之那些入侵者，其强大和坚实自然不可同日而语，不过也正是因此，我们没有理由仓促假定沙俄也会干出历史上那些蛮族入侵者做过的事情，图谋入侵并征服遥远的印度。它就是如此而已。这样一种例证推理法只是为相应的检测行动提供理由而已。很不幸的是，历史事件全然堆积在政治学之上的情况极少发生，因此，这样的检测行动通常也只是以随意的方式进行的。我们也许容易表明，莫卧儿帝国根本没有接近大英帝国的坚实性；也容易指出沙俄完全不同于那些入侵印度的多少有点鞑靼人习气的强权，沙俄肯定比它们中的大多数远为强大和坚实。但它是如此之不同，以至于我们不能假定沙俄同样能够侵入和征服这个十分遥远的地方。总之，历史所能揭示的就是那条借由阿富汗通向印度的征服之路。至于像沙俄这样的强权会不会或者能否成功地借由这条古老道路攻袭并取代同样强大的英印帝国，这个问题是没有历史先例可资依靠的。若要回答这样一个问题，便只能靠着分析和评估两大强权的军事能量究竟几何了，这包括精神方面的资源和物质方面的资源。

大家可能会觉得奇怪，沙俄实施此等远征的能力和意愿有值得怀疑的地方吗？亚洲北部的整个广阔地区不是已经尽收沙俄囊中了吗？在中亚，沙俄势力不是也已经渗透了撒马尔罕和浩罕

（Khokand）了吗？什么样的强权又能够像沙俄那样进行如此成功的征服呢？然而，梭伦说过，除了到终了之时，否则一个人就不可能知道自己是否幸福。沙俄在国内正经历着深刻的欧化进程，此种境遇之下，征服进程能永远维系下去吗？一旦俄国的政治觉醒彻底完成，俄国的对外政策难道不发生转变吗？

不过大家同时也会提起申述说，谁会质疑英格兰对抗沙俄的能力呢？在这个问题上，切不可忘记前面的讲座内容，其中我曾特别指出，英格兰和英印帝国不是一回事情。沙俄一旦富足起来，就有可能征服远在千里之外的广大地区，但英格兰不行，也不会这么干。英印帝国的防护力量主要在于这个帝国自身，确切地说，英印帝国可以拥有英格兰军队，但必须为此付费。

那么接下来就必须问询一下，英印帝国自身有怎样的力量呢？无论如何，英印帝国之稳定性乃取决于它能否应付前面提起的那些内部危险以及以阿富汗为策源地的更为复杂的外部危险。我们的确成功镇压过多次兵变，或者我们也拥有足够的力量可以挫败入侵的沙俄军队。然而，倘若内外危险同时发生呢？比如说，倘若本土军队因对"城头变幻大王旗"而生出的利益抱有模糊幻想，转而为沙俄效力，那会引发怎样的结果呢？此种双重危险并生的格局，早在19世纪30年代就已经在世人的想象中建立预警了。英印政府无论内和外，也许都还能维持得住，不过，这个帝国除此之外便谈不上更多的力量了。因此，必须对内外危险并生的格局抱持万分警觉的态度，否则便难以自保。

此一微妙地区的连横合纵态势极为复杂，沙俄虽有巨大威胁，但也并非独此一家。正是因此，人们常常说：英格兰迟早要失去印度，欧洲战争迟早是要爆发的，那时候英格兰军队就不得不从印度撤出了。的确，没有这些军队，我们就无法守住印度，但是若英格兰自己突然遭遇重大攻击，比如说英格兰本土遇袭，那英格兰毫无疑问就得从印度撤回军队。幸好此等危险目前还不在可预见范围之内，毕竟，除了法国而外，还有谁会入侵英格兰呢？英法战争已

英格兰的扩张

经过去六十年之久了;旧日的宿怨已经成为历史,远远逝去;法国作为战争策动者的能力也已经大为衰减了。

由于这个系列讲座的主题实在是太大了,寥寥几次讲座不可能完满应对。不过,还是希望各位能对这份并不完善的概要感到满意。

第八讲 总结回顾

我们已经花费了如此长的时间用于讲述英格兰的非凡扩张。这一扩张,就其效果而论,使英格兰作为一个国家已然遥遥领先于欧洲,并成为一个世界性的国家;另一方面,如果从纯粹的以语言为基础的民族角度来考虑,这一扩张则塑造了两个世界性的国家,它们在活力、影响力以及发展速度上彼此竞争着。我们已经探查了英格兰扩张的原因,追溯了其历程,也考察了扩张带来的一些结果。这次总结性的讲座则是要将我们所获得的印象集合起来,将之熔铸成一种普遍性的结论。

关于我们的帝国,存在两派观念,我可以称之为浮夸派和悲观派。浮夸派迷失在帝国的辽阔幅员以及据说是为铸造帝国而产生的精力和英雄主义所带来的惊奇和迷醉中。这个派别由此提倡保持这个帝国,因为帝国是荣誉或者情感的支点。另一派则处于另一个极端,认为帝国的根基乃是侵略和贪婪,认为帝国不但无用而且是个负担,是英格兰身上的赘瘤,认为我们因为这个帝国而被剥夺了岛国特性的优势,并使我们在地球的各个角落都暴露在同人发生争吵或者进行战争的危险之中。所以,这派观点所倡导的政策主张尽早放弃帝国。既然我们的讲座已经进入总结阶段,那就不妨考虑一下我们应当如何看待这两派相反的观点。

我们对帝国的观点较之能够满足浮夸派的观点要清醒得多。我们从一开始就不会对帝国的辽阔幅员产生太多触动,因为我们知道,依据事物的本性,没有理由认为幅员辽阔会是什么好事,同

英格兰的扩张

时也因为纵观整个历史,幅员辽阔的国家通常都属于低等类型。我们也无法想象,为什么无限期地维系这个帝国会是我们的责任,而动机却只不过是出于对那些赢得帝国的人们所展现的英雄主义的尊敬,或者仅仅是因为放弃这个帝国就泄露出我们缺乏精神意志。所有的政治联合体都是为了其成员的福祉而存在,它的规模不应当超越这个福祉所限定的范围。如果我们同各殖民地或者同印度的联合对双方都形成了阻碍,如果帝国的害处超越了好处,而英格兰仍然决意不惜为害自身和它的属地也要维系这个帝国,这对我们来说是愚蠢的。浮夸派的很多语言背后都隐藏着观念的混乱,他们似乎认为英格兰各属地就是归属于英格兰的财产,仿佛女王就如同古代世界的塞索斯特利斯(Sesostris)或者所罗门,"塔施(Tarshish)和列岛都带来礼物,阿拉伯和希巴(Sheba)都前来进贡"。但是,这种联合根本就不属于这一类型,英格兰也根本不会因此致富,或者至少不会直接因此致富。进一步地,我们也大可以怀疑帝国的幅员辽阔是否一定就意味着我们民族中不可征服的英雄主义或者统治方面的超自然天赋。当然,可以举出一些事实来表明我们种族中的那种天然的殖民禀赋和领导才能。可以举很多英格兰人的例子,这些人都曾针对印度本土种族的心灵发挥过近乎魔力的主宰权能。同样在加拿大,英格兰定居者同法国人进行着直接竞争,英格兰人在此确实表现出显著的在事业和能力上的优越性。但是,尽管在大英帝国的历史上有大量事物是值得仰慕的,不过英格兰在新世界的领导地位却肯定不是完全依靠这种自然优越性赢得的。在海洋大发现的英雄年代,我们就处于星光黯淡的境地。我们并没有表现出葡萄牙人的天赋,我们中也没有出现过一个哥伦布或麦哲伦。在考察究竟是什么原因让我们在随后两个世纪的殖民事业上超越其他国家时,我发现,我们较之葡萄牙、荷兰拥有一个更为宽广的国内基础和一个更为安稳的地缘位置;较之法国和西班牙,我们也很少卷入欧洲的巨大角逐当中。同样,在考察我们何以能够几乎毫不费力地征服印度这块巨大土地时，我发现不管怎么说我们主要都是通过印度军队完成征服的。我们向印度军队传授技巧，而这些技巧与其说是英格兰的，倒不如说是欧洲的，法国人向我们指明了这条道路，而印度的境况也特别适合以此来进行征服。

因此，我很愿意承认悲观派为反对浮夸派而提出的很多说法。我致力于以帝国自身的内在优点来看待帝国，如其所是的那样去看待它，不遮掩如此巨大的扩张势必造成的种种不便，不遮掩我们因此而遭受的危险，不会为了寻求某种补偿而沾沾自喜于这样的观念，认为在这样一个帝国中必然存在荣耀；在这样一个帝国中，"日不落"，或者用另一种同样辉煌的说法，"清晨擂响的战鼓，会一直追随着太阳，与时俱进，用一条不间断的链条将战争精神环绕整个地球"。不过，尽管在历史上的大多数帝国中都不存在称得上荣耀的东西，因为这些帝国都是由武力创立，并只能维系一种低等的政治生活，我们却也能观察到，大英帝国根本不是通常意义上的帝国。只需看一看大英帝国的殖民地，我们就不难发现一种自然的增长，一种相当正常的英格兰种族针对其他土地的伸展，这些土地的大部分人口如此稀少，以致于我们的定居者根本不用征服就可以获取这些土地。如果说在这样一种扩张中不会有什么是非常值得夸耀的，那么从另一方面来看，其中也没有什么被强迫的或者不自然的东西。它所创造的不是一个通常意义上的帝国，而只是一个非常巨大的国家。就扩张本身而言，当然不会有谁是或者能够仅仅以愉悦的心情予以看待的。拥有可以消化剩余人口的场所，这是一个民族所能得到的最大祝福之一了。不幸的是，人口并非总是能够自我调整以适应空间。相反，人口基数越大，人口的年增量也就越大。既然大不列颠已经人口饱和，它就会以更快的速度变得更加饱和——每隔三年，它的人口便能够增加一百万。很可能，移民也势必会以比实际更快的速度进行，假如这一速度遭到遏制，就肯定会引发最严重的灾难。但是国家和民族应当进行这样的扩张吗？悲观派的答案是否定的，他们认为除非在殖民地已经

英格兰的扩张

成熟并且做好独立准备的情况下才能够进行扩张。一旦比喻直接转变成了论据，那么它的力量将是难以抗拒的。我已经指出，在现代世界，距离已经失去了其大部分的意义，并且有了在未来形成比现代更大的国家的征兆。在古代，从希腊前往西西里的移民很快便选择了独立，在这些地区，国家的数量几乎和城邦一样多。柏克在18世纪认为，一个跨大西洋的联邦是根本不可能的。在这样的时代，有关成年儿子的比喻很容易强化成为一种有说服力的论据。不过，自从柏克的时代以来，大西洋所表征的距离已经大为缩小了，以至于已经类似古代时候希腊和西西里之间的距离了。那么，我们为什么不抛弃这样的比喻呢？我已经指出，我们总是接受历史类比的无意识影响，而当其一旦遭遇考察，将证明是不能适用的。确实，政治家们研究历史的迫切原因之一就是他们可以借助历史研究来抗拒那些虚假的历史类比，正是这样的历史类比一直在误导那些不研究历史的人，这是普遍真实的道理。这些看法也都建基于美洲革命之上，不过美洲革命生发于特定的环境，促成它的世界状况已经消失很长一段时间了。当时的英格兰还是一个农业国家，无论如何都称不上人口稠密；美洲充斥着宗教避难者，刺激他们的观念在英格兰已经不再流行了。这两个国家之间几乎不存在人口的往返流动，大西洋在两个国家之间划下一道鸿沟，这道鸿沟如同一个英格兰人和一个法国人之间的道德鸿沟那样，似乎无可跨越。即便在当时，这道鸿沟也是花费了巨大力气才划下的。确实，两个国家此后一直都很繁荣，但是两个国家随后也都经历了再一次的战争，甚至还有可能经历第三次战争。认为它们的繁荣是它们之间的分离促成的，这完全是一种误解。无论如何，世界境况如今已经全然改变了。往日造成分裂的原因，比如海洋以及宗教限制，如今已经不再发挥作用，巨大的联合力量已经开始运作起来，比如贸易和移民。同时，一旦上述抗拒力得以消除，将英语人口联结起来的自然纽带就能够继续发挥其影响力。所谓的自然纽带，我是指民族、语言以及宗教等。母国再也不会是继母了，不再提出不公正的要求,也不再实施恼人的限令了。鉴于母国需要人口和贸易的出路,另一方面,殖民地势必也感觉到独立是会带来风险的,至少会造成智识上的贫困,相互之间的交往无论如何都在持续增长,已经没有什么疏离性的力量对交往进程进行抗拒了,旧殖民体系造成的纷争也日益被人们遗忘了。因此,我所谓的殖民帝国已经日益配得上享受大英帝国的称号了,帝国的自然纽带也日益强大起来。造成我们分离的海洋开始淡入遗忘之境,古老的观念一度诱使我们自认属于一个单独的小岛,这一观念也从我们的心灵中被拔除了。假如我们通过这种方式而大踏步地在思想和情感上贴近我们的殖民地,并进行自我调整,不再将殖民地的定居人口视为英格兰的迷失人口,那么,首先的结果就是大规模的移民就能够成为我们的补救贫困之策;其次,则会逐渐达成某种组织形态,通过这种组织形态就可以在战争时期充分调动起帝国的全部力量。

在阐述这种观念时,我心里所想的是美国的例子。我们中的悲观派普遍都是美国的仰慕者,这一点很奇怪,不过,我们正是在美国身上看到了自信且成功扩张的最显著例子。这些殖民地在脱离我们之时还只是在大西洋沿岸获得一些定居地,而且也只是近来才推进到俄亥俄的山谷地带,但是它一直以来竟是如此稳步地、无所限制地靠着坚决的自我依靠精神向前推进着。美国已经以州或者属地的方式首先覆盖了宽广的密西西比河谷,接着是落基山脉,最后推进到了太平洋海岸。美国毫无困难地容纳了全部这片领土,这一过程也并没有动摇其政治体制。然而,他们从来没有像我们中那些甚至还称不上悲观派的人在谈到殖民地时所说的那样,如果他们希望退出,就可以随时退出。相反,他们坚决地否认了这种权利,他们为了捍卫这个巨大国家的统一已经付出了前所未有的鲜血和财富。他们坚决不容许合众国的分裂,也绝不会接纳那种认为国家大了就不会有什么好处的说法。

很可能,我们很难活到见证现代机制对于政治催生的巨大结

英格兰的扩张

果。综观绝大部分的人类历史,国家构造的过程都受制于严格的空间条件。有很长一段时间,除非是在很小的国家,否则就不可能产生高度的组织形态。在古代,好国家通常都是城邦,罗马本身在演变成为帝国之时,就不得不接受较低等的组织形态。在中世纪欧洲,国家在较之古代更大的规模上崛起,但是在很长一段时间里,这些国家的组织形态非常低,一直都在仰望着雅典和罗马,将其作为政治伟大性的家园。不过随着代议制的发明,这些国家纷纷上升到更高的层面。我们现在看到的这些国家都有着鲜活的政治意识,而其领土达到 20 万平方英里(约合 51.8 万平方千米),人口达到三千万。现在,我们又有了新的进展。在代议制之外又添上了联邦制,同时还引入了汽船和电力。这些进步已经催生了兼具高度组织形态和辽阔幅员的国家。由此,我们看到俄国的欧洲部分已经有了将近八千万人口,领土面积超过两百万平方英里(约合 518 万平方千米)。美国在本世纪末期也将拥有同样多的人口,国土面积也将达到四百万平方英里(约合 1 036 万平方千米)。确实,我们还不能认为俄国拥有高度的组织形态,它还需要经历考验和转型;但是美国已经表明自身有能力在最充分的意义上将自由体制同无限制的扩张融合起来。

如果那种东方式的浮夸语言所描述的帝国对我们形成了冒犯,我们也不必由此得出结论认为帝国本身是场错误,因为我们完全可以认为是我们对大英帝国进行了错误的归类。我们不能将它比之于与它根本不相像的东西,仿佛我们的帝国就如同土耳其或者波斯式的民族聚合体,由一个征服部落通过武力纠结在一起一般,相反,应当将我们的帝国比之于美国。我们应当立刻就看到,我们的帝国肯定不会是一种过时的类型,相反,我们的帝国恰恰就是时代境况非常自然地予以召唤的那种类型的联合。

最后一点,我们应当注意到,究竟是大国好还是小国好,这个问题无法在绝对的意义上得到回答或者进行讨论。我们经常听到有关小国幸福的抽象颂赞。但是我们应当意识到,一个小国被一堆小国围绕是一回事情，而被大国环伺的小国却是另一回事情。没有什么事情较之阅读雅典和佛罗伦萨的光辉岁月更能令人赏心悦目，但是这些辉煌岁月持续的时间则不会超过雅典和佛罗伦萨周围的小国林立状态所持续的时间。只要周边成长起拥有稳定力量的大的领土性国家，雅典和佛罗伦萨也就随即败落了。雅典的光辉随着马其顿的崛起迅速黯淡下去，查理五世也迅速终结了佛罗伦萨的伟大时光。如今，如果说较之以往更大规模的国家类型正在这个世界上出现，那么这难道就不应当为那些只提升到旧有规模上的国家加以严肃考虑吗？俄国已经在中欧形成了巨大的权势，有着如此巨大的领土和人口，一旦它在智识和组织形态上能够赶上德国、一旦它的铁路网得以铺就、它的人民得到教育、它的政府也获得了更牢固的基础，它会做些什么呢？我们不能忘记，如果给俄国半个世纪的时间去获取此类进步，那么到那时候，俄国拥有的人口将不再是八千万，而是一亿六千万。到那时候，今天在座的很多人能够活着看到俄国和美国的力量超越现今所谓的那些大国，这就如同16世纪那些大的领土性国家超越佛罗伦萨那样。这难道不是一个很严肃的思考吗？尤其是对于英格兰这样一个国家来说更是如此，因为英格兰目前有两条路径可以选择：英格兰可以沿着同这些伟大国家中最伟大者试比肩的未来方向前进，也可以自我削减到一个纯粹欧洲强权的地位，如同西班牙正在做的那样，满足于回顾过去，怀念那段自称世界性国家的日子。

不过我所说的这些话并不适用于印度。严格来说，英格兰和它的殖民地加起来，并不是一个帝国，而只是一个非常庞大的国家。这是因为这个庞大国家的人口不都是英格兰人，其体制也不都是一样的。在印度，人口完全是不同种的，印度的体制也全然不是我们这种类型。印度实际上就是一个帝国，一个东方帝国。尤其是在印度问题上，浮夸派的语言无疑冒犯了我们，他们借自古代世界的那些高蹈意象暴露出他们的错误观念。正是这一错误观念让我们感到震惊。仔细考察一下诸多现象，我们便无法同浮夸派取得和解,因为我们发现,尽管帝国并不具备那种罗曼蒂克式的伟大,但是帝国仍然对我们有着完全不同类型的牢固价值和效用。

印度和英格兰之间的贸易一直在增长中,最近则达到了巨大的规模,不过即便是这一点,正如我已经指出的那样,也不在那些帝国的主要创建者的思考范围内。鉴于很难看到我们能够从帝国收获别的什么巨大好处,于是我们便略带困惑地自问为何要不辞劳苦地去获取这个帝国。从历史角度而言,答案在于,在我们同法国激烈的殖民斗争中,我们一步步地获取了加尔各答和马德拉斯周围的领土,于是我们随之组建了统治这些领土的政府,从而成功地根除了第一个征服阶段所引发的腐败,由此创建了一套纯洁的并处在母国直接控制之下的体制;但是随后出现的一系列总督则依托其卓越的政治家才能而纷纷倾向于兼并政策。采纳这一政策并不低劣,但有可能失之野心和鲁莽。如果我们如同托伦斯先生①那样想象,彼得和韦尔斯利勋爵之间存在着一种秘密协商,决定用一个东方式帝国来取代美洲殖民地体系,这样一种观念,从我们讲座的观点出发来看,势必属于一种不稳靠且虚幻的政治体系。不过,那些主要由博爱人士提供的说法还是能够从表面上为这一政策提供证据,这些说法拥有一种很难进行抗拒的力量。一种非常悲惨的无政府状态在印度盛行,这一点无可否认。暴政会不时地带来稳定,尽管这通常只是一种最低等的军事政府形态。但是在印度的绝大部分地区所盛行的体制与其说是低等统治,倒不如说是高级劫掠。在欧洲,比如在高地族群、西部强盗或者一度让庞培受命进行镇压的古代地中海海盗中,匪帮也会拥有类似国家的规模和组织形态,但是他们都不曾达到印度的劫掠国家这样的规模。马拉塔匪帮的勒索遍及整个印度,随后,品达瑞斯(Pindarrees)匪帮在残酷程度上更胜马拉塔一筹。既然是莫卧儿帝国权威的败落直接催生了这种无政府状态,英格兰当然可以袖手旁观,只保卫自己的

---

① *The Marquis Wettedey*, by W. M. Torrens, M. P., vol. i. p.128.

领土,放任这种混乱状态自行翻腾,只要不伤及自身。但是对于身在其境的总督们来说,放任这种状态很显然并不是正义的做法,而只能说是残忍。在此情形下,扩张就呈现为一种纯然的责任,此情此景,扩张我们的帝国就能够即刻结束劫掠和谋杀的统治,并由此开启法律的统治。[①] 韦尔斯利勋爵由此认定,印度过去一直存在一个至高权威,这种至高权威对这个国家来说是必需的,这正是东印度公司的职责,因为莫卧儿帝国已经瓦解,它进而要担当起莫卧儿帝国的权威来拯救印度。

我们就是由此创建了我们的帝国,部分是出于空洞的征服野心,部分是出于结束巨大罪恶的博爱意愿。不过,无论动机何在,我们都因此而承担了巨大的责任,但没有相应的好处予以补偿。我们的确获取了庞大的印度贸易,不过即便是这一点,也让我们付出了代价,那就是生活在对俄国的永恒恐惧的阴影之下,同时,在伊斯兰世界的所有运动以及埃及可能发生的任何变化都会将我们置于恐惧当中。由此,回顾英属印度的历史会给我们的心灵造成一种印象,这种印象很可能完全不同于我们的殖民帝国通常会让我们产生的印象。在后一印象当中,我们帝国是自然成长起来的,是最为朴素的种种因由促成的;前一种印象则是出自一种罗曼蒂克式的冒险历程,这种冒险可以引发人们的高度兴趣,非常令人瞩目,而且相当奇特,但是关于这一历程所能带来的好处却很难让人理解或形成观念。我们希望可以从中得到好处,但是,我们至今却并没有从中直接得到太大的好处。

不过,我也已经阐明,尽管可以将印度称为一个东方帝国,但其中包含的危险远不会像这个术语本身暗示的那么大。这个帝国附属于英格兰的方式并非罗马帝国附属于罗马的方式。印度帝国

① "这种说法虽显自傲,但也真实,我们已然是在为数百万人造福了……农民的犁巴再次开始在各个地方翻动土壤,这些土地出于很多原因已经很久没有搅动过了,除了匪帮的刀剑之外。"哈斯廷斯勋爵,1819 年 2 月。

英格兰的扩张

不会拖我们下水，也不会将东方式的政府观念或者方式传染给英格兰。英印帝国也不会让英格兰花钱，不会阻碍我们的金融。这个帝国是自我维持的，它始终同英格兰保持着一定距离，我们的命运不会同它的命运过多地纠缠在一起。

接下来，我邀请你们考察一下我们的英印帝国对印度自身的影响。我们并没有从这个帝国获益甚多。但是印度呢？我没什么信心在这个问题上过多谈论。我已经自信地指出了下面这一点：在这个世界上还没有实施过如此巨大的实验，这场实验的影响可比之于罗马帝国对于欧洲诸民族的影响，很可能还会大得多。毫无疑问，这意味着这一实验会给印度带来巨大福祉，但这倒并不一定意味着不会带来巨大的不幸。如果你们一定要问天平最终会倾向哪一方，或者如果我们能够成功地将印度引入欧洲文明的大潮中，我们是否应该明显地为印度提供最大可能的服务。那么我的答案也不过是："我希望如此；我相信会这样。"要对这些庞大的问题进行学院式的研究，我们就应当小心避免那种报刊式乐观主义的老生常谈。我们西方文明也许并不绝对就是一种值得荣耀的东西，如我们想象的那样。若客观地看待印度，就不难发现印度正在经历一场巨大的变迁，但这种变迁有时候会给观察者造成痛苦的印象——人们看到了太多的破坏，无论是好事情还是坏事情；有时候人们会怀疑自己是否看到很多好事情正在产生。不过人们看到了一种巨大的进步，据此我们有理由希望其他方面的进步也潜在地包含其中。人们看到了无政府状态和劫掠活动已趋于终结，而且那种伟大的罗马帝国下的和平已经在两亿五千万生灵中确立起来。

另有一件事情是所有的观察者都能看到的，那就是这场实验必须向前推进，我们不能半途而废。在这个问题上，时代的联合性力量正在发挥作用，英格兰和印度无论如何都年复一年地日趋靠近。这倒并不是说那些分离性的力量很难再崛起了，也不是说我们的统治本身已经不会再引发分裂力量，甚至也不是说帝国已经完全避免了突发性的灾难。不过就目前而言，必然性和责任都在让我们向着更紧密的联合状态靠近。如果发生分裂，我们自身势必会遭受巨大灾难，因为联合的时间持续得越长，它对我们也就越发重要。就印度自身来说，这种说法的真实性要大得多。我们在印度实施的变革也许会给我们带来痛苦，而且尽管我们可以合理地希望这场变革从未开始，但是也没有什么能够让我们相信这场变革应当在中途停止。

我当然希望对于英格兰扩张这一问题的长期思考，也许会让你们感觉到在放弃殖民地或者印度的那些想法中并非没有吸引人的成分，此类想法已经在我们中自由地酝酿着。但我们真的有足够的力量，像我们设想的那样来控制事件的进程吗？我们能够因为一时奇想或者因为在乍看之下印度并未满足我们的幻想，而取消持续数个世纪的进展吗？时间的流逝以及生活的力量"发挥着强大的约束力"，限制着我们的自由，超乎我们所知的程度，即便我们根本没有意识到。确实，在英格兰，我们从未将我们的想象调整到大英帝国的思维轨道上。我们的政治家们、历史学家们依然将英格兰而非大英帝国视为自己的家园；他们仍只是认为英格兰拥有殖民地，他们在言谈之间仿佛觉得英格兰可以轻易地抛弃这些殖民地，并以满怀的舒适感随时回归到伊丽莎白时代的那个古老而孤单的岛国，那个"池塘中的天鹅巢"。但是这种玄想不过是由于粗心而产生的奇思异想，这种怪异想法的产生不是因为想象力，而是因为缺乏想象力。

不过，尽管这个结论是我考察的结果之一，但却不是我希望在你们内心留下最深刻印象的结论。我在此不是希望向你们传授一种有关实际政治的公正观点，而是要传授一种有关历史研究之目标和方法的公正观点。在这个系列讲座中，我的首要目标就是要阐明研究者们应该用怎样的方法来研究近来的英格兰历史。在我看来，大多数历史学家，一旦涉及现代的诸时期，就失去了线索，暴露出主题选择方面的尴尬，并以没有道德含义的故事收场。我曾经首先指出，历史所主要关注的并非是英格兰人做过的能激发兴

英格兰的扩张

趣的事情或者在英格兰发生的有趣事情,而是要关注作为一个民族或者一个国家的英格兰本身。不妨说得更朴素一些,我没有叙述任何事情,没有讲述任何骇人听闻的故事,也没描绘过任何英雄图景;我总是将英格兰作为一个巨大的整体呈现在你们面前。在这个关于英格兰的故事中,很少有什么戏剧性的成分,因为英格兰几乎不会死亡,而且在我们所探讨的这个时期,英格兰并没有遭受什么苦难,也没有遭受苦难的风险。那么英格兰在这段时期经历了哪些巨大变化呢?重大的政治变化肯定是有的,但都比不上 17 世纪的经历如此让人印象深刻。一方面,英格兰在 17 世纪给出了最伟大的政治发现之一,并教导全世界自由是如何得以同民族国家的境况相适应的。另一方面,现代的政治运动,比如议会改革或者自由主义运动,都并非在英格兰开启,而是在欧洲大陆开启的,英格兰是从欧洲大陆取的经。我已经指出,英格兰在这段时期的独有运动就是其无可比拟的扩张。只要抓住这个事实,你们就获得了切入 18、19 世纪的线索。从路易十四到拿破仑时代,我们同法国的系列战争也因此就可以理解了。由此,美洲革命和印度的征服也不再会是偏离性的主题,并且也都能够在英格兰历史的主要脉络中获得自己的地位。财富、商业和工业的增长,旧殖民体系的没落以及新殖民体系的成长,也都能够很容易地包容在同一公式中。最终,这一公式能够将英格兰的过去和未来联结起来,并且当我们结束对英格兰历史的阅读时,我们感到的不是疲惫和困惑,仿佛阅读的是一个过度渲染的故事;相反,我们所获得的是启蒙并产生了较之以往更为深刻的兴趣,这是因为我们已经部分地为将来做好了准备。

那些同我一样研究历史应该如何得以传授的人们,经常告诉我说:哦,你必须首先让历史变得有趣起来。在某种意义上,我同意这种说法,但是我对"有趣"这个词有着不同的理解,我是在这个词的原始和真实意义上理解这个词的。他们所谓的有趣指的是罗曼蒂克式的、诗性的、令人吃惊的;我并不尝试在这个意义上让历史变得有趣,因为我已经发现,在这个意义上让历史有趣,将无异于篡改历史,让虚假事物进入历史中。还好,"有趣"这个词并非真的是指罗曼蒂克。当我们说这件事情是有趣的,意思是指这件事情影响了我们的兴趣,引发了我们的密切关注,并且对我们有着非常重要的意义。我已经尝试向你们阐明,18 世纪之初以来的英格兰现代史正是在这个意义上是有趣的,因为这段历史富含伟大的成果,这些成果将影响我们自己的生活,同时也将影响到我们的孩子以及我们国家未来的伟大。确实要让历史变得有趣!不过我不能为了让历史变得有趣而超越事实的范围,那便是伪造历史。因此,一旦当我遇到一个不觉得历史有趣的人,那么我的责任将不是改变历史,而是要改变那个人。

附录：不列颠帝国的性格

拉姆塞·穆伊尔（Ramsay Muir）

本文主要依托了同一作者所著的《欧洲的扩张》（*The Expansion of Europe*）一书，该书旨在评估各国在将欧洲文明拓展至全世界的过程中所扮演的角色。因此，本文会约略参引《欧洲的扩张》一书对本文主题之诸多方面所做的更为详尽的探讨。

I

今时今日，全世界几乎全部的自治民族正在联合起来，同中欧强权差不多是赤裸裸的军事专制主义展开一场决绝的斗争。这场斗争的目标，威尔逊总统有很好的申述，那就是为着民主而捍卫自由，由此保证民主不受军国主义和征略帝国的威胁。

众多国家加入了这场捍卫民主的战斗。这其中，不列颠帝国站在了前面，这个帝国代表了历史上最为伟大的权能，涵括了这个星球四分之一的地域，而且这个星球的四分之一人口也都臣服于那么两个小小的欧洲岛屿的统治（至少在形式上是这样的）。

这个巨大帝国之存在本身，在很多人的感受中，显然是令世界各民主国家正在为之战斗的事业遭受了某种程度上的愚弄。毕竟，乍看起来，这样一个帝国，全然是征服精神和军事霸权精神的最强大范例，而今，民主的人们正在跟这种精神浴血奋战。显然，一些中立派就是秉持了这样的看法。"帝国主义就是敌人，"一名

238

瑞士作家申述说,"无论采取什么形式,德意志的或者俄罗斯的,不列颠的或者法兰西的,同样都是自由制度的仇敌。"德国人对这个观念自然是把玩得十分充分。他们将英帝国描绘成巨大且贪婪的暴政体系,借由欺诈建立起来。他们反而是提请我们在虚伪地空谈自由之前,先将自由给予数百万受压迫的印度民众。他们断言说,不列颠的海上霸权才是对世界之自由的重大威胁,这个威胁可要比德国的军事力量能够产生的威胁大得多,甚至盟国阵营的一些人都受此影响,变得心思动摇了。俄国社会主义者,他们自然经历过帝国主义。在他们心目中,过去的一切帝国主义不是别的,完全是对自由的险恶压迫,因此,他们当然认为,英帝国既然也是帝国,那定然意味着有同样丑恶的东西。法国、意大利、美国以及不列颠自身,也时不时地会出现类似的批评。

这篇短文,旨在考量这些表面的印象和观感。不过,在此之前,有必要提两个情况作为铺垫:

其一,人的心灵都极容易受到纯粹"言辞"的影响。"帝国"一词在很多人心目中,意味着针对并非情愿的人们的征服和霸权。恰恰就是在这个意义上出现了问题。本文则尝试表明,这个意义上的"帝国"一词,用在不列颠帝国身上,其实是错误的。有更好的语词可以用来表达昔日不列颠帝国各属地或者领地的政治体制以及他们彼此之间的联结和纽带,而且要恰切得多,这个语词而今已然在不列颠广为运用了,这就是"英联邦"。当然,这个称谓多多少少也是存在问题的。不过,还是希望读者从一开始就将这样一个问题记在心里:"帝国"还是"英联邦"这两个称谓,究竟何者才是这个集结了众多地域和人群的非凡聚合体更恰切的称谓呢?

其二,眼前这场战争的诸多突出特点,定然是可以非常鲜明地结识英帝国的性格的。

超过百万的志愿兵从这个帝国的各个伟大的自治领集结而来,这里面并无任何强制的元素。印度之地的各个王公和族群也都争先恐后,慷慨解囊,自发而为,襄助此番斗争;印度军队也在世界各处勇敢战斗。而且，印度的土地之上已经完全没有英军驻留了。很显然，倘若是暴政式霸权的主人们在为自身的生存而战，是绝对不会是这样的情形的。当然，爱尔兰方面有些不幸的麻烦（那是一小撮人在背后策动），南非方面也出现了叛乱（不过，南非的荷兰人共和国已然将其迅速平息了）。除此之外，在历时三年的艰苦战争期间，这个帝国的所有庞大地域，都没有出现任何的严重乱象。即便新近臣服的非洲诸部族也没有表现出任何的要抓住机会，挣脱"外来枷锁"的欲念。恰恰相反，他们也为这场斗争提供了帮助，并且表达了善意，那样的帮助和善意莫不让人触动。如此看来，这个"帝国"的民众同这个"帝国"的征服总体上并无任何嫌隙和争斗，而且都很希望这个"帝国"存续下去。

II

过去的四个世纪时光里，欧洲人一直都在向外拓展，这个进程将整个世界都置于西方文明的影响之下，英帝国之创生不过是这个进程的组成部分（虽然可以算是最大的组成部分）。这是一项伟大成就，此等成就乃令世人见证了一套切实世界秩序的建立。当然会有人谴责说，是"征服欲"驱动欧洲人征服了其余的世界，但事实上，谴责"征服欲"是全然愚蠢的。当然，对于这个进程中的诸般暴行和不公，我们是要予以谴责的。不过话又说回来，若没有这个帝国，北美、南美、澳大利亚以及南非，恐怕至今还都是荒寂之地，不过是散落着一些野蛮族群而已。若没有这个帝国，印度恐怕会被判入永罚之地，在众多横暴征服者之间无尽且无益的战争中受尽折磨，就如同英印权能建立起来之前的那种状况。若没有这个帝国，这个世界的很多落后人群恐怕会永留在野蛮蒙昧的黑暗中，就如同一开始那样，不会有任何变化。欧洲的"帝国主义"乃在这个世界催生了巨大效果，令整个世界之政治和经济利益的统一变得可能。今时今日，我们已然看到了这统一进程的开端。这场阴暗且可怕的战争终究也是光亮的，其中原因之一就在于：这个帝国影响着整个世界的利益，整个世界也因此了解了这个帝国。

在西方文明征服世界的进程中，不列颠扮演了巨人的角色，并且其事工有着更特殊的性格。此等角色，此等事工，应当归功于两大因素：其一是英国制度，其二是英国海上力量。

切不可忘记，一直到19世纪（也就是欧洲扩张进程的全部早期阶段），不列颠都是欧洲大国中唯一拥有自治制度的。事实上，不列颠还是大型民族国家之政治自由的首创者，就如同希腊是小型城邦国家之政治自由的首创者一样。今时今日之世界，无论哪里，只要存在自由制度，莫不是导源于不列颠，有的是通过继承，诸如美利坚以及英属自治领；除了美利坚和英属自治领而外，其他的自由制度则都是通过模仿不列颠而成。欧洲扩张进程开启之际，唯有不列颠人拥有透入骨髓的自治习惯和本能。其结果便是，无论他们去往哪里，都能将自治体制带到哪里。① 不列颠人的所有拓殖地从一开始就赋有自治制度。其他国家开创的殖民地则都不曾获得类似的权利。这是不列颠扩张的突出特征之一。18世纪乃至19世纪中叶的时候，不列颠自身以及以不列颠为母国的年轻国家，差不多就是这个世界全部的自由国度。恰恰就是因为他们是自由的，他们才会有如此的奋斗。他们靠着自己扩张起来，在空旷之地不断开拓新的拓殖之所，并且往往都是违背着母国的意愿。强劲自由共同体的这种自发生长是不列颠帝国能够取得巨大拓展的主因之一。

自治权利普遍存在于英属殖民地，由此催生的结果之一便是，英国殖民者较之任何其他国家的殖民者，面对母国滥用权威的行径有着强烈得多也迅捷得多的憎恨和抵抗，其他国家的那些殖民地可都是没有任何自治权利可言的。正是这种借由自治制度养育起来的独立精神，于1775年引领北美殖民地走向反叛，并就此催

---

① 参见《欧洲的扩张》，第二、三章。

生了独立的中国。一个极为重大的问题则在那场巨大斗争中应运而生，这个问题乃是整个人类历史的全新问题。这问题便是，统一能否同最高程度的自由结合起来；是否有可能在诸多自由共同体之间创立一种伙伴关系或者兄弟关系，在其中，每个共同体都是自身命运的主人，但所有的共同体也都为着共同利益联合起来。然而，如此崭新的问题并没有在大西洋两侧的任何一方得到理解。不列颠方面当然主要是考量统一之需求；同时也觉得共同防御所需的全部负担都落在不列颠身上并不公平；并且在推行此一想法的过程中，不列颠方面也着实犯下了很多愚蠢错误。殖民地方面则自然主要是想着自身的自治权利，他们很有道理地要求增加而非限制这些权利。其结果便是那场不幸的战争，折断了当时世界仅存的自由族群家族数，并造成了母国和殖民地之间极为不幸的嫌隙，最终令这个世界的自由事业遭受重大削弱。[1]

不列颠从这场美洲革命汲取了很多重大教益。旧帝国就此失落了，不过，不列颠很快便着手创建新帝国。在这个新帝国里面，完全有理由预期不列颠将不会采纳自治原则，毕竟别的任何国家都不曾在其海外领地采纳这样的原则，而且，从帝国主义立场来看，人们很可能会觉得正是这些原则在北美导致了那些灾难性后果。然而，不列颠并没有这么做；自治习惯已然在其子民中深入骨髓了，令不列颠根本没有可能在其子民的新家园否决这些权利。恰恰相反，不列颠在19世纪的继承中懂得了欢迎并推进自由的每一次拓展[2]，并渐渐地摸索着实现自由群体之间伙伴关系的道路，据此将自由和团结融合起来。尽管这条道路尚远未到头，但其成功已然在这场巨大战争中得到了显著体现。

不列颠制度，说白了就是国民自治制度，其起源是专属不列颠的。这个制度，无论是在不列颠帝国之性格形成方面，还是在其非

---

① 参见《欧洲的扩张》，第四章，此处阐发了有关北美革命的这个观点。
② 参见《欧洲的扩张》，第五章，此处分析了19世纪"不列颠帝国之转变"。

凡扩张方面，都扮演着重大角色。于是，这个帝国越是成长，这个世界便也越能够建立更多的自由。

不列颠帝国成长过程中的第二个重大因素，便是不列颠的海上力量，实际上，自1588年挫败西班牙无敌舰队之后，不列颠便一直都拥有世界头号的海上力量。

不列颠在其全部历史中，都不曾拥有大规模陆军，直到眼前这场大战突然之间迫使不列颠行了一番奇迹：在两年之内征召全部的军龄男性进入军伍，并完成了相关的训练和装备（情势也在迫使今时今日的美国这么去做了）。1775年时候，不列颠仅有一支微小的陆军军力（也就是四万人左右，但要担当全部领地的防卫工作）。此等情形之下，比如说，为了应对北美的革命战争，不得不仓促招募一支黑森佣兵前往参战。此等权能，征服了这个星球十分之一还多的领地，却没有一支大规模的陆军军力，这样的情况难道不是令人震惊的悖谬吗？难道还不足以表明，这个帝国的创立进程定然是截然不同于通常的军事征服吗？面对这样的悖谬，那些认为不列颠帝国乃是纯粹军事霸权的人们，可是有的解释了吧。

不过，不列颠一直都是拥有一支卓越舰队的。正是这样的海上力量，令帝国之创建和存续成为可能。毕竟，这样的海上力量不仅保证了军队的自由输送，也保证了拓殖者、商人、管理者、组织者以及传教士的自由通行，后者的分量可要重很多。这个不列颠帝国分散在世界各个海域，是海上通道形成的纽带将其联结起来。倘若这些海上通道失去了安全保障，这样一个帝国将毫无疑问地沦为碎片。不过，尽管不列颠海上力量令帝国之成长成为可能并且也令其得以维系，但海军可不曾征服这个帝国。一支舰队是绝无可能征服如此巨大的地域的；一支舰队也绝无可能维持心怀不满的人群；也绝无可能威胁任何陆地势力的自由和独立。说白了，一支海上力量，其真正强劲的地方仅仅在于防卫，而非攻击。

过去三个世纪的进程中，不列颠海上力量所行事工，有两个方面是值得提及的，因为这两个方面也是有助于展现不列颠帝国本身在这段时期所行事工的特质的。

其一,不列颠从未动用其海上力量来威胁任何独立国家的自由。相反,这个帝国一再地将这个力量作为最后的自由堡垒,对抗诸般意欲靠着纯粹凶悍力量来摧毁邻居之自由的军事强权。16 世纪时是这样,其时,西班牙几乎已经成为世界之主人。百年之后,也是如此,其时,路易十四那高度组织化的权能威胁着整个欧洲的自由。再往后一个世纪,还是如此,其时,拿破仑的阴影很可能要遮蔽整个世界了。今时今日当然也是这样,德意志正威胁着各国的自由。历次的此类绝然危机中,不列颠海军在中立者看来,似乎都过分地干预了他们的贸易,毕竟,他们的贸易是为敌人提供助力的。在这个问题上,确实有必要指出这样一个情况,在两个世纪的时间里,不列颠海军都奉行了这样一个不变准则:绝对不能击沉中立国船只,绝对不可牺牲非战斗人员的性命。在如此巨大的战争中,中立贸易之理论权利应当服从为了捍卫自由而展开的巨大战斗,这难道没有道理吗?因此可以说,在近现代欧洲历史的所有这些重大危机中,不列颠海上力量一直都是自由的终极堡垒。

和平时期,海上力量又是如何运用的呢?在不列颠海上力量崛起之前存在的西班牙海上力量,是得益于西班牙人垄断了除北大西洋而外的所有其他海域。荷兰的海上力量,在 17 世纪时候曾跟不列颠海上力量平起平坐,实际上也是得益于荷兰垄断了马六甲海峡连接的全部海域。不列颠海上力量则从未限制过各国船只于和平时期在各个海域的自由通行。这同样不是吹嘘,而是直陈无可否认的历史事实。和平时期的海洋自由(这可比战争时期的海洋自由重要得多)仅存在于不列颠拥有海上主导权的时期,只不过,这样的存在已然是如此充分了,以至于世人都习惯了将之视为理所当然的事情,并且因此也习惯了绝不可危及海洋自由的观念,尽管这样的观念也确实是太过草率仓促了。此外,全然是在不列颠海上霸权时期,并主要是靠着不列颠舰队之力,人类才得以开拓偏远海域,剪灭海盗行径,并将海员所受威胁削减到诸如风浪这样的自然层面。这同样是对海洋自由的贡献。

不列颠制度，也就是自治制度，以及历来都是自由之堡垒并且从未在和平时期限制任何国家之海洋自由的不列颠海上力量，此二者就是不列颠之非凡成长的主因。在此，我们无意追索这个帝国的成长历程，只是概览一下这个帝国的复杂结构并考量一下帝国治理之原则，便足够了。

III

不列颠帝国的巨大领地乃自然而然地分化为三大类：其一，大的自治领，诸如加拿大、澳大利亚、南非、新西兰以及纽芬兰等；其二，拥有古老文明的地域，诸如印度、埃及等；其三，广袤的受保护国度（主要是在非洲，亚洲和太平洋地区也有），这些地域通常都居住着落后且原始的族群。当然还有另外的一些区域，诸如新印度群岛，以及诸如直布罗陀、马耳他和亚丁这样的军事站点或者通讯站点。这些并不在上述三大类之内，其分量也属次要。因此，我们接下来将集中讨论上述的三大类。

关于自治领的情况，但凡头脑清明的读者，基本上都无须提点他们。这些自治领在所有方面都是全然自由的国家，并且完全是靠着它们自身的意愿，才维持着跟母国的纽带。倘若它们要求完全独立，母国方面是肯定不会强迫它们继续维持这个纽带的，尽管打断这个纽带对母国来说，是巨大的遗憾。这些自治领都是自行制定法律，自行任命自己的官员（当然，除了总督之外，但总督的职能差不多是纯然形式上的，跟不列颠"有王冠的共和国"里面的国王差不多）；这些自治领还自主征税，关税方面，也是自主决定，无论对待不列颠还是对待任何其他国家，都是一视同仁。对于母国，它们不会有任何贡赋可言。不列颠甚至不要求它们负担海军开销，尽管不列颠海军为所有这些自治领提供了保护屏障，当然，还是会有一些自治领自愿承担一些海军成本。对其政治独立的唯一限制就在于它们不能采纳独立的外交政策,也不能派出自己的大使或者领事。这方面的责任及其全部成本也都由不列颠承担。倘若不列颠进入战争,那么从技术上讲,这些大自治领也都随之进入战争;倘若不列颠推行好战或者侵略政策,那么不列颠势必很快就会跟这些年轻民主国家的一些乃至全部,产生嫌隙,并归于疏离。不过,不列颠若是走入战争,这些自治领是否也走入其中,以及在多大程度上走入其中,则完全取决于它们自身的意愿,母国既无权也无力要求它们提供军事助力。不过,我们也已经看到,若遇战争,它们都展现出了何等的热情和慷慨。倘若这些都是强制的,这样的助力怎能如此巨大并且有着如此分量呢?渐渐地,它们借由各自的总督或者其他的代表,在帝国之共同政策场域扮演起越来越有效的角色。1917年春日时节,所谓的"帝国战时内阁"会议标志了此一潮流的一个明确阶段,并且顺带着也非常鲜明地展现了不列颠治理体制的弹性和适应性。可以肯定,这样的合作机制在未来还会走得更远。

很显然,就这些自治领的情形而言,不列颠帝国绝对不是什么靠着武力而来的军事霸权。它是各个自由人民之间资源的伙伴关系或者兄弟关系,是一个诸国联邦体系。能够以这样的方式将团结和自由融合起来,确实堪称非凡成就。此等自由国度之间的非强制合作,在人类历史上尚属首次。倘若这就是帝国主义,那么谁还会对帝国主义挑三拣四呢?

只不过是一系列事件令这个世界的很多人没能意识到,这便是不列颠帝国的统治精神。南非战争令不列颠在大部分世人眼中成了一个巨大、贪婪且残暴的强权,就仿佛这个强权不满足于已有的巨大领地,一定要打击并吞噬那两个小小的自由共和国一样,就因为那两个共和国发现了金矿!在英属南非殖民地(开普和纳塔尔),荷兰人和英国人享有最为充分的政治权利平等,他们的制度跟其他自治领的制度也都是一样的。但是在半独立的德兰士瓦共和国和奥兰治自由邦(尤其是德兰士瓦共和国),却根本不存在这样的权利平等。它们内心意欲达成的目标乃是荷兰人的主导权，渐渐地，它们的一些领导人还生出念想，要将英国人逐出非洲，据此建立起彻底的荷兰人的主导权能。倘若这片土地的居民仅仅是那么一小部分的荷兰农人，这倒也没什么。但是当发现了金矿和钻石矿的时候，便吸引了大批英国拓殖民和来自其他地方的拓殖民。此后，这个群体生产了这个国度差不多全部的财富。如此一来，否决这个群体的权利平等，便成为很严肃的事情了。与此同时，荷兰人的征服计划主要是让这个新拓殖者群体来承担成本的，这样的计划自然也变得相当危险了。这便是南非战争的真正原因。这场战争也许是可以避免的，若如此，则那些毫无必要地推动这场战争的人，就要承担重大罪责了，布尔人也好，英国人也罢，双方都有错。不过，根本上讲，就不列颠方面而言，这场战争是为着权利平等而来。其结果又如何呢？就不列颠来说，是成千上万不列颠子民埋骨非洲大草原，并引发了巨大的公共债务。不列颠并无任何直接的物质收益，金矿依然把持在战前的那些人手里。不过，南非的情形就不一样了，这场战争的结果乃是在短短几年时间里，被征服的共和国便在两族平权的基础上获得了完整的自治权，并且几年之后，它们便和更为古老的英属殖民地一起并入了南非联邦，由此成就了一个大型的、自由的联邦国家。荷兰人和英国人在国务上享受平等权利，借由两个族群融合而成的这个新国家就此成长起来。这便是不列颠帝国主义在南非的所作所为。

现在再来看看后面的事情。这场大战开启之际（距离荷兰人和英国人之间的那场惨烈战争尚且不足十二年的时间），德国人试图在此地更为无知无识的荷兰人中制造一场叛乱。但是联邦军队在刘易斯·博塔（Louis Botha）的引领之下，将其平息了，而且联邦军队的主力是荷兰人。博塔曾是德兰士瓦的军事统帅，此时则是不列颠帝国在这个自治领的总督。接着，仍然是在博塔领导之下，一支荷兰人和英国人的联军便征服了德属西南非洲，此次行动遭受了相当的伤亡。也许是巧合吧，两个族群的士兵精确平分了这个伤亡数字。而后,一支南非军团奉派前往东部非洲,这个军团的最高指挥官是荷兰人斯穆特斯将军(Smuts),斯穆特斯同时也统领了英国正规军、印度军队的几个团以及一些本土军力。斯穆特斯将军一度曾是强劲的反英领袖。最后,斯穆特斯将军前往英格兰参加了帝国战时内阁的会商,并对英国人民发表了数场兼具深刻远见和政治智慧的演说。在这些演说中,斯穆特斯将军颂扬了这个自由国家组成的不列颠联邦,认为这样一个自由联邦值得其荫蔽之下的所有民族为之牺牲一切。

世界历史之上,可曾有过任何与此类似的事情吗?这样一个帝国,其精神催生了此等结果,我们能将其看成是纯粹且横暴的军事霸权吗?①

IV

不列颠帝国领地的第二大类乃由诸多古老且人口密集的地域组成,诸如印度和埃及等,这些地方当然是有机会发育出令人称道的文明的,但在其全部的历史中,从未成功地建立起公正且平等的法律之治,除了肆意而为的专制之外,也不知晓别的任何统治形式。

在此,由于篇幅所限,没办法追索不列颠在印度和埃及获取主导权能的进程,即便是最为粗略的概览恐怕也做不到。② 无论是在印度还是在埃及,不列颠的帝国进程都催生了历史之上极为有趣且传奇的插曲。在这两个地方,不列颠在介入之始都根本没有征服之念,而且在这两个地方,不列颠都是在极不情愿的情况下才将政治控制之权能担当起来的,这样的情状终究是十分怪异的。这

---

① 参见《欧洲的扩张》第六、第八章,这些章节分析了英国的南非政策。

② 关于印度的情况,可参见《欧洲的扩张》第三、第四、第六章;埃及的情况,可参见《欧洲的扩张》第八章。

听起来确实是让人无法置信，但这也确实是无可置疑的历史事实。在此，我们也只能是非常简略地分析一下不列颠主导权能的性格和结果。

问题来了，英印权能之确立，于印度而言，究竟意味着什么呢？在英印权能确立之前，印度在其全部的漫长历史中，从不知晓什么政治统一。那样的印度，满眼皆是无穷无尽的战争，几乎没有断过，还有就是无穷无尽的征服和雨后春笋一般不断涌现的各种霸权。这片土地从来都奉行"强权即公理"的准则：法律只不过是代表了主人的意志而已，法庭则不过是专断权威的工具，追寻正气之人便只能斩断一切的社会纽带，去过一种禁欲清修的生活。那个时候的印度可以说是这个世界分裂最深的地方了。分裂元素不仅仅是种族和语言的差异（今日之印度仍有着三十八种不同的语言，其中一些语言差异之大，超过了俄语和西班牙语之间的差异），更有更为深层且剧烈的信仰冲突，而且还有最为剧烈的种姓壁垒横亘这片土地，这些壁垒是不会改变的，也是不可克服的，此等壁垒之渊源，首当其冲地在于历史上征服者的欲念，他们不想让自己跟他们的臣民有任何的混杂和融合。在印度，几乎是野蛮的比尔人（Bhils）以及种姓体系之外的清道夫，同高等出身的婆罗门、拉其普特人或者默罕默德教的首领们相比，二者之间的深刻反差之大，莫不令人大惊失色。这样的反差在这个世界的其他地方，恐怕是难得一见了。这些陈旧的等级区分所造成的结果之一便是，在其全部的世代里，统治等级和统治族群已然习惯了贱民群体极度的卑微和顺服，并且对此也已然建立了牢固的预期。此等情形乃令不列颠管理者不得不时常抱怨说，最大的难题并非制定法律以保护贱民，而是说服贱民运用法律来捍卫自身的利益。

对于这样一片分裂之地，英印统治乃催生了三大福祉，其价值是不可估量的：其一，组织坚实的政治统一；其二，公正且平等的法律体系的公平治理，这套法律体系乃建基于印度本土惯例的法典化；其三，长久且不断的和平。西方文明之物质福祉也进入这片土地,诸如铁路、道路、灌溉、邮政等,此外还有西方的知识和科技。这些当然是要以英语为工具才能输送的,毕竟,三十八种土语,自然是没有可能创生一套完整的现代知识体系的。其结果便是催生了一个庞大的接受过大学教育的群体,并且这个规模还在不断扩大。有了这个群体,印度便也第一次诞生了清明的公共舆论场域,这个群体的所有成员彼此之间得以自由交流,分享共同的观念体系,其自由程度在印度先前的全部历史中,显然是绝无可能的。英印之治乃催了所有这些元素,这些元素则也开始在这片深刻分裂之地催生了民族统一之情感,同时也催生了自治之渴念。此等情感、此等渴念,就其自身而言,当然是绝好的东西;其危险则在于,这样的情感和渴念有可能会导致过于激进的要求。无论如何,仅仅断言说民族统一是存在的,是不大可能真正确立民族统一的。诸般根深蒂固的分裂和歧异尚且刚刚开始消除,除非有一天,这些分裂和歧异主体上不再决定人们的思维和行动,否则的话,民族统一便无法真正确立起来,今时今日之印度显然仍然在分裂和歧异的泥潭中,未曾上岸。至于自治体制,就现代民主体制的巨大规模而言,除非等到传统的上等阶级以及传统的臣属阶级同样懂得承认法律面前的权利平等,否则的话,便也是没有可能真正确立起来的。不过,通往这两个目标的基础已经奠定了。这些都是英印统治之果实。

当然会有不满。对于最高政府的治理之道,也是有着大量的尖锐批评的,尤其是在经受西式教育的群体中。甚至可以说,批评意见差不多全部出自这个群体。不过,那样的批评倒也没有走得太远,到了论定英印统治不公正或者邪恶的地步,也许会有极少数狂热分子会是例外。相反,在印度,所有的纯良观念都已经看明白了,这片广袤大地正在英印统治体系的引领之下,稳步走向更强的民族统一以及更大的政治自由;所有的纯良观念也都承认,已经取得的进步是应当归功于英印统治的,而且这些进步之持续也依托于英印统治之持存;而且所有的纯良观念也都希望,即便依从如今的稳步态势达成更为充分的自治目标之后，印度也应当继续在英联邦体系中维持其伙伴身份。1917年春天，一名印度王公、一名印度律师和一位盎格鲁-印度血统的官员作为印度政府的代表，在那场命运攸关的危机中前往参加帝国议事会的时候，也确确实实是达成了印度的一个深切的渴念。批评和不满确实存在。但那样的批评和不满乃是生命的表征；表达批评和不满的自由，恰恰证明了英印政府并没有采取纯粹的压制政策，而且，印度各族人民最终也都在相当程度上得以借此摆脱了完全顺服的状态，此等顺服正是人民在身体和灵魂两方面皆遭受彻底奴役的不幸迹象。

印度没有向不列颠缴纳任何的贡赋。一支很小但高效的军力护卫着印度的边界，印度则是支付了这其中的一部分成本，不过，倘若这支军力的任何部分借调到其他地方效力，那么其成本就落到不列颠财政部身上。确实，此一准则在印度派出参加这场战争的第一批军团那里是打破了的，不过，这也完全是应了总督立法议事会里印度成员的要求。不列颠舰队的维护和给养方面，印度是没有提供任何财力支持的，虽然这支舰队护卫着印度的海岸；在世界各地致力于维护印度旅行公民之利益的外交体系所需成本，印度也不曾有过任何分担。这样一个印度，显然是一个自我依托的国家，全部的资源都用来推动自身的繁荣，而且钱也都花得极为廉正节约。印度的港口当然是向不列颠商人开放的，不过，对待世界各地的商人都一视同仁的，不列颠商人并无任何特权。最近，印度推行了财政保护政策，旨在培植自己的棉花产业。此一政策主要是针对兰开夏的。但是因为印度舆论要求这样的政策，这政策便也没有遭到抵制，尽管不列颠方面的主流观念认为这个政策在经济上是站不住脚的。在其他方面，不列颠公民也是没有任何特权的。实际上，早在1833年时，就已经立定了这样一个"无可争议的原则"："本土居民的利益若同欧洲人的利益发生冲撞，则优先考虑本土居民的利益。"一个统治族群的最高政府，竟然推出这样的政策原则，这样的事情在别的任何时代以及别的任何地方，有人可曾

英格兰的扩张

见过吗?

简言之,英印之治乃是依托一部法典进行的,这部法典则是建基于印度惯例,由一小批英印精英职员编纂而成,参与其事者总共也只有三千人左右。在其中,经受过高等教育的印度人的分量和地位在不断提升,在一批下级职员的相助之下,深耕细节。这些下级职员差不多也都是印度人,并且其选拔是不考虑种族、种姓以及信仰方面的因素的。印度也是一个自持的国家,其资源乃致力于满足自身的需求。如今,印度的繁荣已经达到前所未有的水准,政治统一也达到了不曾有过的水准。印度已然拥有了一套公正且公平的法律,并且法律之执行也无须顾虑,无须偏袒,这当然是最高的礼物了。印度已经享受了长时间的和平,不曾被任何外来攻击所打断。就如同那些自治领一样,作为不列颠帝国之成员,同样不意味着屈从主人的自私霸权,也不意味着让自身的关键利益趋从主人的利益。相反,作为不列颠帝国之成员,乃意味着西方文明之精粹在庞大人口中的确立,诸如理性的法律以及这法律隐蔽之下的自由。

印度的此番情状,同样可以用在埃及身上,只需略做一些修改即可,不过由于篇幅所限,在此就没办法展开细节了。只需申述这样一个情况就够了:不列颠占据埃及始于 1882 年,自此之后的短短时间内,埃及方面便取得了一系列的成就,将国家救离破产的险境并取缔了令农民群体长久以来备受压迫的邪恶暴政体制,同时也令这片土地的自然资源得到开发,引入了西方的统治和教育方式,最终更是清除了来自苏丹之地的野蛮主义复归的威胁并确立起公正、平等的法律体系。此等成就在史册中是难有其匹的。①

于此,无论是在印度还是在埃及,古老文明已然得到拯救,脱离了混乱状态,并且也廓清了通往统一和自由的道路。倘若说民

---

① 关于不列颠占据埃及之原因,以及不列颠统治之下埃及的发展情况,可参见《欧洲的扩张》第八章。

众可以普遍参与政府事务是政治自由的题中之义的话，那么在这两个国家，这样的政治自由还不能说真正建立起来了。不过，这是因为这两个国家的人民尚未为此做好准备，也是因为过早地确立这种政治自由，将令旧式统治阶层重归王位，如此一来，就很可能要威胁到已经获得保障的更加切实得多得自由，确切地说就是思想和言论的自由享受自身劳动果实的自由、免于趋从专断权贵的自由以及穷人与权贵在基本权利上的平等保障机制。

帝国，跟人一样，应当借由其劳作果实予以评判。

V

帝国领地的第三大类，也就是最后一类，则是全部或者主要居住着落后或者原始族群的地区。这一类地区也是相当广袤的。其中大多数都是不列颠相对晚近的收获。也就是在这一类上，不列颠帝国是可以跟诸如法国、德国、意大利以及比利时新近创建的那些帝国做个比较。实际上，这样的比较也仅及于此了。后面这些帝国，并无任何自治殖民地，也没有印度这样的拥有古老文明的广袤之地，也许法国的阿尔及利亚和安南殖民地可勉强归入印度这样的范畴。

欧洲权能在大多数这些落后地区之确立，大体而言都是相当晚近之事了，而且这个过程也是非常迅速的。[①]

以 1878 年为开端，欧洲掀起了猎取非欧洲领地的浪潮。此一浪潮常常被认为纯然是贪欲和权力欲之卑劣展现；确实，这其中展现出来的诸般面相是需要谴责的。不过也应当承认，这股巨大潮流主体上既是必然的，也是有益的。说它是必然的，是因为现代科技产业需要这些地方的原材料，而且真要说起来，这些地方之住民的那种原始和蒙昧终究是不能永远阻挡在物质进步的胜利道路之

---

① 关于这些事件，可参见《欧洲的扩张》第八章。

上。这个进程也是高度有益的（或者说是可以变得完全有益）。这益处不仅仅是对工业世界而言，对那些落后族群而言，也是如此。若非这个潮流，这些落后族群恐怕是没有机会脱离那在时间开初就一直存在的野蛮和蒙昧。至于此事能否成真，当然就取决于人们在推行此一工作时所秉持的精神了。我们当然见证了在对待落后族群时的诸般卑劣残忍行径，诸如萨克森-柯堡的列奥波德在刚果的那种统治（不过，比利时议会将之接管之后，便迅速改弦易辙，令局面判若云泥了），再比如德国人在西南非洲对赫雷罗人的无情屠杀。不过，虽然有例外情况，但总体上还是可以说，欧洲权能的确立对那些原始族群是有好处的，当然对现代工业的发展也是有好处的。

不列颠虽然在其他地方已经获取了庞大的帝国领地，但在这一潮流中所扮演的角色仍然远远超越了其他任何一个欧洲强权。倘若综合考量，也许应该说，不列颠的这个角色的分量相当于其余强权之加总。那么问题来了，原因何在呢？

首当其冲的原因在于，不列颠在这一进程中可是远远走在了其他国家前面。无论是在非洲还是在太平洋诸岛，主要都是不列颠旅行家担当了探索工作，这些地方的土著群体差不多也只识得不列颠商人。在 19 世纪，不列颠传教士也是异常积极活跃的，在各个地方落地开花，在引领这些粗朴人群进入文明的过程中扮演了极为重要的角色。这些传教士无论去往哪里，都会将保护这些原始族群的工作同时承担起来，在传教的同时，也会时不时地对抗商人的肆意盘剥。实际上，传教士们一直都在呼吁不列颠政府将掌控权能承当起来，以便让商人有秩序。他们以及国内支持他们的强大宗教团体给予了莫大助力，确立了这样一个原则：政府有责任保护土著族群的权利，当然也有责任终结那些地方的野蛮习俗，诸如食人、奴隶制以及人祭等。土著首领实际上也常常寻求不列颠的庇护；好商人则自然也是希望看到文明化的治理体制建立起来，毕竟，唯有在这样的治理体制之下，贸易才能长久兴盛。如此，不列颠政府便面临着来自所有方面的压力，而欧洲其他国家的政府则尚未对殖民问题生出任何兴致。不列颠政府是极其不愿意担当额外责任的，并且也确实在竭尽所能地规避此类责任。不过，有些东西终究是不列颠政府无法规避的。

如此一来，在这场欧洲殖民大潮开启之前，不列颠便已经在落后族群治理方面取得了非常丰厚的经验，对此类族群采取更有针对性的治理，淬炼出相当明晰的原则。而且可以说，唯有不列颠做到了这一点。此外，在不列颠掌控的所有此类地区，确切地说，就是在除了自治领之外的整个帝国，不列颠都已经养成了在完全平等的条件下向各国商人开放其所有港口和市场的惯例。实际上，不列颠是唯一采纳了此一原则的殖民强权。倘若一个不列颠商人前往菲律宾、马达加斯加或者多哥兰，不免会发觉自己不得不在并非平等的境况中跟美国、法国或者德国的商人竞争。在那些殖民地，宗主国是推行关税区别制度的。但是，倘若美国、法国或者德国商人前往印度或者任何的英属皇家殖民地或保护国，则都可以得到跟不列颠人完全一样的条件。这一区别实际上在 1878 年之前就已经出现了，当然，后来更是明显了。

不列颠在这些落后地区的治理之道在 1878 年之前便已经奠立了，显然是基于两项原则：其一，保护本土族群的权利；其二，向各国敞开贸易。而且完全有理由认为，不列颠已然是将自己视为这些地区的受托人，既代表当地人群，也代表文明世界。倘若这些原则得以普遍推行，那么欧洲列强之殖民竞争所催生的半数痛苦就完全可以避免了，难道不是这样吗？今天，众多热忱之士都在倡导这些原则，认为唯有依从这些原则，才有可能在西方文明于整个世界建立主导权能的同时，避免文明国家之间的剧烈竞争和战争；而且，围绕这些原则而展开的宣讲，简直已经将其视为新的救赎教义了。不过，不列颠还是一如既往地在 19 世纪的绝大部分时间里踏踏实实地践行这些原则，直到今天，仍然是这样的。

这股殖民大潮开启之际，参与其中的欧洲各国的主要目标便是获取自己所兼并领地之上的垄断权能。但是到了这个时候,不列颠已然在世界所有可以通达的地区取得了主导地位。此等情形之下,不列颠商人自然觉察到了这样的前景:此前主要都在他们手中的贸易通道,往后很可能要将他们完全排除在外了,他们自然迫切地要采取唯一可行的自保手段,要将昔日不列颠贸易相当活跃的地区都纳入不列颠的治权体系。倘若新的殖民强权都有心奉行不列颠长久以来予以奉行的门户开放政策,那也就没有理由将那些地方予以兼并了。相反,不列颠商人会有着一切的理由欢迎各国前往这些地区参与文明化制度的建设工作。然而,这些国家的目标乃在于垄断和排外,既如此,不列颠便不可避免地要担当新的巨大责任了。确实,要捍卫贸易权利,这是唯一可行的办法,不仅仅是自身臣民的贸易权利,也包括那些并未加入或者很少介入这场殖民浪潮的国家的贸易权利。不过,即便是现在,不列颠政府也是极不愿意采取行动的,同时也极不愿意进一步扩张已然十分巨大的帝国领地。对于既有领地的良治,不列颠政府是承担了责任的。当然,不列颠政府也是必须采取行动,虽然主要是通过贸易公司。

1878 年之后获得的这些新领地当然庞大(主要都是在非洲),对于这些落后地区的治理原则,跟旧有领地是一样的,那就是保护当地族群的权利,并执行门户开放政策。如此,才有今天的这样一种情况:这些英属领地差不多是唯一向各国平等开放并且各国都可以参与其开发的落后地区。德国人乃是大肆利用了这里面的机会空间。

另有一点也有必要在此申述。这些区域虽然庞大,并且刚刚脱离野蛮,但不列颠还是能够仅仅依托极小的军力,维持其秩序与太平,军力之小已然到了绝对必要的下限。但这些地方总体上都极为出色地避免了骚乱或者叛乱,德国的非洲殖民地却是反复落入骚乱或者叛乱的泥潭中。在这些英属区域,不曾发生类似德国人在西南非洲对赫雷罗人的那种无情屠杀,而且那样的屠杀更是在一系列漫长、决绝且磨人的战事之后,最终展开的。要说不列颠的这些区域并不存在白人对有色人群的滥权行径，那自然是荒谬的，不过，这些地方至少没有出现显著或者广为人知的暴行事件。这些地方的民众都是忠诚的，都已经习惯了和平，因为他们明白他们是得到公正对待的。完全有理由认为，这就是不列颠帝国在这些落后地区的意义。如果说，这些地区的文明化制度于现代工业以及落后人群都是有益的，那也同样可以说，这个世界里，唯有在这些落后地区，本土人群的利益才会得到此等关切和考量，也唯有在不列颠帝国的这些地区，所有工业国家的利益，而非单单统治群体的利益，都能得到如此稳定的关照。

VI

至此，我们已经考量了不列颠帝国的主要区域，现在则要考量一下这个巨大帝国作为一个整体的性格特征了。首当其冲的一点就在于，这个帝国可算是近现代曾经有过的世界主导权能中规模最大的了，而且要比其他的大很多，但同时，这个帝国的组织恐怕也是最为松散的。这个帝国涵括了不同文明等级以及不同发展阶段的众多国度，毋宁说是这众多国度之间的一种伙伴体系，而非一种组织化的、牢固的领地体系。这其中，有五个主要成员是完全自治的，全然靠着自身的意愿才会去分担帝国的共同成本。其余的所有成员也都是单独的单元，虽然都服从母国政府的普遍控制。每个单元的资源都全然用于开拓自身的福祉。它们不缴纳任何贡赋，也不要求它们提供超出自身防卫和维持内部秩序所需最低限度兵员之外的任何兵员。

简言之，这个帝国绝对不是为着军事目的而建立的。只要能确保掌控海洋，其防御就是强劲的，毕竟，也只是在为数极少的几个点上，才有可能对这个帝国展开陆上攻击。不过，这个帝国，就其性质和组织体系而言，是没有办法威胁任何竞争对手的，也没有能力竞逐世界霸权。不管怎么说，其人口规模和资源虽然巨大，但这些都是无法用于战争的,除非一股强大的热忱同时主宰了其所有成员,就如同眼前这场大战令所有成员都愿意做出贡献那样。而且真要说起来,倘若这个帝国的引领者有心推行侵略和征服政策,则不仅不可能指望得到普遍支持,更有可能因此令帝国归于碎裂。

帝国之血脉乃在于贸易;和平显然是其至高利益。这个帝国的历史乃将其意涵揭示无遗,其意涵显然并非凭借强力,为了霸权而霸权。恰恰相反,时间让人们意识到,这个帝国的意涵是一种信托,这个信托首先是为着臣民的利益,其次也是为着整个文明世界的利益。这倒不是在夸耀,也并非什么不曾实现的理想,这是事实,也是实践,有两个毋庸置疑的情状足以证明这一点。前面已经谈到了这两个情状,但这样的情状不管怎么重申,都不算过分:其一,这个帝国的各个单元不仅免于一切财力和人力上的贡赋,甚至都不需要为舰队的维持提供任何助力,虽然所有成员的安全都仰赖着帝国的舰队。其二,这个巨大帝国的所有港口和所有市场,虽然通常都在帝国中央政府的控制之下,但在向自己公民开放的同时,也同样向其他所有国家的公民开放。

最后一点,这个帝国不曾用任何的强制欲念或者行动一统帝国之内众多群体的生活方式,乃至法律;这个帝国不仅容许多样化的东西,更是对其予以培植,并示以仰慕。这个帝国相信自治,并且这方面的信念之强烈,已然在现实允许的范围之内臻于最大。这个帝国的人口,差不多涵括了人类几乎所有族群和宗教,从澳大利亚的布须曼人到精细且富于哲思的婆罗门,从非洲矮人族到现代工业的领袖人物以及大学学者。人类知晓的差不多所有社会组织形式,在这个纷繁复杂且色彩纷呈的帝国机体里面,都有呈现。比如这个世界已知的最为民主化的共同体;比如高度组织化的种姓体系,这个体系乃收拢并凝聚了数百万之众的印度人口;比如非洲大地之上那简单原始的部族建制。帝国臣民千差万别。对不同的群体来说,这个帝国自然是呈现出不同的面相。对于自治领来说,这个帝国是诸多自由民族的兄弟关系,为了防卫、为了传播自由观念和制度而展开协作。对印度或者埃及这样的古老文明体来说，这个帝国是一种权能，这种权能尽管犯下了诸多错误，也存在诸多局限，却带来了和平而非混乱，带来了法律而非专断，带来了团结而非乱象，带来了公正而非压迫，带来了发展自身能力以及各自群体的主导观念的自由，并且也在推动民族统一和政治责任机制的稳步成长。对落后族群来说，这个帝国则意味着要去剿灭昔日里无尽的屠杀，意味着取消奴隶制，意味着保护这些原始且单纯族群的权利和惯例不受肆意剥削，意味着有机会获得渐进改善，脱离野蛮主义的泥潭。这个帝国囊括了这个世界四分之一的人口，对所有这些帝国民众来说，这个帝国则意味着要确立法律之治，要确立自由，这些唯有在这个帝国的荫蔽之下，方能存续。这个帝国当然并不完美，不过在某种程度上可以说，这个帝国已然在其内部实现了现代世界的全部三个伟大政治理想。无论是在新土地之上的年轻国度，还是在古老且一度腐朽的古老国度，这个帝国都催生了民族意识。这个帝国也提供了以多种方式拓展自治的自由，这一点，人类历史上的所有其他帝国都不曾有过。同时，这个帝国还将如此众多且千差万别的群体联结在共同的和平纽带中，这实际上已然是为这个世界四分之一的人口实现了国际主义理想。此等规模，即便是欧洲那些最为乐观的先知也是不曾想过的。

很久以前，在北美革命危机之时，不列颠对其自由传统的信仰一度发生了动摇，伟大演说家伯克至此危难之际，发表辉煌演说，阐述了他心目中不列颠帝国的性格。此番阐述，品读起来，就仿佛是对今日不列颠帝国的一番预言式的呈现。这个帝国的纽带，用伯克的话来说，"虽然轻如空气，却也强如钢铁"。借由这样的纽带，人们结成一种充溢着英雄之气的同志关系，共同捍卫那受到威胁的自由圣殿。"这个国度的至高权威乃是自由的庇护所，那自由圣殿乃是我们的共同信仰，令英格兰的子民无论在哪里都可以敬拜自由，只要你们有足够的智慧去捍卫这个国度的至高权威，他们都将对你们倾心所向。他们越是繁衍，你们的朋友就越多；他们越

英格兰的扩张

是热爱自由,也将越是忠诚于这个帝国。他们可以在任何地方寻获奴隶制。奴隶制就是在所有土壤都可以生长的野草。可以从西班牙寻获奴隶制,可以从普鲁士寻获奴隶制。但只能在你们身上寻获自由。自由是标了价的商品,你们则垄断了这件商品。倘若不让他们分享这自由,你们也就打断了那唯一可以维系这个帝国的纽带。正是这条纽带,最初缔造了帝国的团结,将来定然也会继续维护帝国的团结。千万不要想着你们的公文、训令以及禁制条款有能力维系这个巨大且神秘的织体。这些东西可无法成就你们的统治。这些工具都是死的,都是消极的,真正赋予它们生命和效能的,是英格兰宪法之精神。正是英格兰宪法之精神,穿越厚重的人群,渗透、滋养、团结、激发了帝国的各个组成部分,将勃勃生机灌注整个帝国,直至最为微末的成员。"

　　1775 年,伯克的精神遭受创伤;今天,这精神则是意气昂扬。

上海三联人文经典书库

已出书目

1. 《世界文化史》(上、下) 〔美〕林恩·桑戴克 著 陈廷璠 译
2. 《希腊帝国主义》 〔美〕威廉·弗格森 著 晏绍祥 译
3. 《古代埃及宗教》 〔美〕亨利·富兰克弗特 著 郭子林 李凤伟 译
4. 《进步的观念》 〔英〕约翰·伯瑞 著 范祥涛 译
5. 《文明的冲突:战争与欧洲国家体制的形成》 〔美〕维克多·李·伯克 著 王晋新 译
6. 《君士坦丁大帝时代》 〔瑞士〕雅各布·布克哈特 著 宋立宏 熊莹 卢彦名 译
7. 《语言与心智》 〔俄〕科列索夫 著 杨明天 译
8. 《修昔底德:神话与历史之间》 〔英〕弗朗西斯·康福德 著 孙艳萍 译
9. 《舍勒的心灵》 〔美〕曼弗雷德·弗林斯 著 张志平 张任之 译
10. 《诺斯替宗教:异乡神的信息与基督教的开端》 〔美〕汉斯·约纳斯 著 张新樟 译
11. 《来临中的上帝:基督教的终末论》 〔德〕于尔根·莫尔特曼 著 曾念粤 译
12. 《基督教神学原理》 〔英〕约翰·麦奎利 著 何光沪 译
13. 《亚洲问题及其对国际政治的影响》 〔美〕阿尔弗雷德·马汉 著 范祥涛 译
14. 《王权与神祇:作为自然与社会结合体的古代近东宗教研究》

（上、下） ［美］亨利·富兰克弗特 著 郭子林 李 岩 李凤伟 译

15.《大学的兴起》 ［美］查尔斯·哈斯金斯 著 梅义征 译

16.《阅读纸草，书写历史》 ［美］罗杰·巴格诺尔 著 宋立宏郑 阳 译

17.《秘史》 ［东罗马］普罗柯比 著 吴舒屏 吕丽蓉 译

18.《论神性》 ［古罗马］西塞罗 著 石敏敏 译

19.《护教篇》 ［古罗马］德尔图良 著 涂世华 译

20.《宇宙与创造主：创造神学引论》 ［英］大卫·弗格森 著刘光耀 译

21.《世界主义与民族国家》 ［德］弗里德里希·梅尼克 著 孟钟捷 译

22.《古代世界的终结》 ［法］菲迪南·罗特 著 王春侠 曹明玉 译

23.《近代欧洲的生活与劳作（从 15—18 世纪）》 ［法］G. 勒纳尔G. 乌勒西 著 杨 军 译

24.《十二世纪文艺复兴》 ［美］查尔斯·哈斯金斯 著 张 澜刘 疆 译

25.《五十年伤痕：美国的冷战历史观与世界》（上、下） ［美］德瑞克·李波厄特 著 郭学堂 潘忠岐 孙小林 译

26.《欧洲文明的曙光》 ［英］戈登·柴尔德 著 陈 淳 陈洪波 译

27.《考古学导论》 ［英］戈登·柴尔德 著 安志敏 安家瑗 译

28.《历史发生了什么》 ［英］戈登·柴尔德 著 李宁利 译

29.《人类创造了自身》 ［英］戈登·柴尔德 著 安家瑗 余敬东 译

30.《历史的重建：考古材料的阐释》 ［英］戈登·柴尔德 著方 辉 方堃杨 译

31.《中国与大战：寻求新的国家认同与国际化》 ［美］徐国琦著 马建标 译

敏　译

52.《古代东方的艺术与建筑》　［美］亨利·富兰克弗特　著　郝
海迪　袁指挥　译

53.《欧洲的宗教与虔诚：1215—1515》　［英］罗伯特·诺布尔·
斯旺森　著　龙秀清　张日元　译

54.《中世纪的思维：思想情感发展史》　［美］亨利·奥斯本·泰
勒　著　赵立行　周光发　译

55.《论成为人：神学人类学专论》　［美］雷·S.安德森　著　叶
汀　译

56.《自律的发明：近代道德哲学史》　［美］J.B.施尼温德　著
张志平　译

57.《城市人：环境及其影响》　［美］爱德华·克鲁帕特　著　陆
伟芳　译

58.《历史与信仰：个人的探询》　［英］科林·布朗　著　查常
平　译

59.《以色列的先知及其历史地位》　［英］威廉·史密斯　著　孙
增霖　译

60.《欧洲民族思想变迁：一部文化史》　［荷］叶普·列尔森普
著　周明圣　骆海辉　译

61.《有限性的悲剧：狄尔泰的生命释义学》　［荷］约斯·德·穆
尔　著　吕和应　译

62.《希腊史》　［古希腊］色诺芬　著　徐松岩　译注

63.《罗马经济史》　［美］腾尼·弗兰克　著　王桂玲　杨金
龙　译

64.《修辞学与文学讲义》　［英］亚当·斯密　著　朱卫红　译

65.《从宗教到哲学：西方思想起源研究》　［英］康福德　著　曾
琼　王涛　译

66.《中世纪的人们》　［英］艾琳·帕瓦　著　苏圣捷　译

67.《世界戏剧史》　［美］G.布罗凯特　J.希尔蒂　著　周靖
波　译

68.《20世纪文化百科词典》　［俄］瓦季姆·鲁德涅夫　著　杨明

天　陈瑞静　译

69.《英语文学与圣经传统大词典》　〔美〕戴维·莱尔·杰弗里（谢大卫）主编　刘光耀　章智源等　译

70.《刘松龄——旧耶稣会在京最后一位伟大的天文学家》　〔美〕斯坦尼斯拉夫·叶茨尼克　著　周萍萍　译

71.《地理学》　〔古希腊〕斯特拉博　著　李铁匠　译

72.《马丁·路德的时运》　〔法〕吕西安·费弗尔　著　王永环　肖华峰　译

73.《希腊化文明》　〔英〕威廉·塔恩　著　陈　恒　倪华强　李月　译

74.《优西比乌：生平、作品及声誉》　〔美〕麦克吉佛特　著　林中泽　龚伟英　译

75.《马可·波罗与世界的发现》　〔英〕约翰·拉纳　著　姬庆红译

76.《犹太人与现代资本主义》　〔德〕维尔纳·桑巴特　著　艾仁贵　译

77.《早期基督教与希腊教化》　〔德〕瓦纳尔·耶格尔　著　吴晓群　译

78.《希腊艺术史》　〔美〕F·B·塔贝尔　著　殷亚平　译

79.《比较文明研究的理论方法与个案》　〔日〕伊东俊太郎　梅棹忠夫　江上波夫　著　周颂伦　李小白　吴　玲　译

80.《古典学术史：从公元前6世纪到中古末期》　〔英〕约翰·埃德温·桑兹　著　赫海迪　译

81.《本笃会规评注》　〔奥〕米歇尔·普契卡　评注　杜海龙　译

82.《伯里克利：伟人考验下的雅典民主》　〔法〕樊尚·阿祖莱　著　方颂华　译

83.《旧世界的相遇：近代之前的跨文化联系与交流》　〔美〕杰里·H.本特利　著　李大伟　陈冠堃　译　施诚　校

84.《词与物：人文科学的考古学》修订译本　〔法〕米歇尔·福柯　著　莫伟民　译

85.《古希腊历史学家》　〔英〕约翰·伯里　著　张继华　译

86.《自我与历史的戏剧》〔美〕莱因霍尔德·尼布尔 著 方永 译

87.《马基雅维利与文艺复兴》〔意〕费代里科·沙博 著 陈玉聃 译

88.《追寻事实：历史解释的艺术》〔美〕詹姆士 W.戴维森 著〔美〕马克 H.利特尔著 刘子奎 译

89.《法西斯主义大众心理学》〔奥〕威尔海姆·赖希 著 张峰 译

90.《视觉艺术的历史语法》〔奥地利〕阿洛瓦·里格尔 著 刘景联 译

91.《基督教伦理学导论》〔德〕弗里德里希·施莱尔马赫 著 刘平 译

92.《九章集》〔古罗马〕普罗提诺 著 应明 崔封 译

93.《文艺复兴时期的历史意识》〔英〕彼得·伯克 著 杨贤宗 高细媛 译

94.《启蒙与绝望：一部社会理论史》〔英〕杰弗里·霍松 著 潘建雷 王旭辉 向辉 译

95.《曼多马著作集：芬兰学派马丁·路德新诠释》〔芬兰〕曼多马 著 黄保罗 译

96.《拜占庭的成就：公元 330—1453 年之历史回顾》〔英〕罗伯特·拜伦 著 周书垚 译

97.《自然史》〔古罗马〕普林尼 著 李铁匠 译

98.《欧洲文艺复兴的人文主义和文化》〔美〕查尔斯·G.纳尔特 著 黄毅翔 译

99.《阿莱科休斯传》〔古罗马〕安娜·科穆宁娜 著 李秀玲 译

100.《论人、风俗、舆论和时代的特征》〔英〕夏夫兹博里 著 董志刚 译

101.《中世纪和文艺复兴研究》〔美〕T.E.蒙森 著 陈志坚 等译

102.《历史认识的时空》〔日〕佐藤正幸 著 郭海良 译

103.《英格兰的意大利文艺复兴》［美］刘易斯·爱因斯坦　著　朱晶进　译

104.《俄罗斯诗人布罗茨基》［俄罗斯］弗拉基米尔·格里高利耶维奇·邦达连科　著　杨明天　李卓君　译

105.《巫术的历史》［英］蒙塔古·萨默斯　著　陆启宏　等译

106.《希腊—罗马典制》［匈牙利］埃米尔·赖希　著　曹明　苏婉儿　译

107.《十九世纪德国史》［英］海因里希·冯·特赖奇克　著　李娟　译

108.《通史》［古希腊］　波利比乌斯　著　杨之涵　译

109.《苏美尔人》［英］　伦纳德·伍雷　著　王献华　魏桢力　译

110.《旧约：一部文学史》［瑞士］　康拉德·施密特　著　李天伟　姜振帅　译

111.《中世纪的模型：英格兰经济发展的历史与理论》［英］　约翰·哈彻　马可·贝利　著　许明杰　黄嘉欣　译

112.《文人恺撒》［英］　弗兰克·阿德科克　著　金春岚　译

113.《罗马共和国的战争艺术》［英］　弗兰克·阿德科克　著　金春岚　译

114.《古罗马政治理念和实践》［英］　弗兰克·阿德科克　著　金春岚　译

115.《神话历史：现代史学的生成》［以色列］　约瑟夫·马里　著　赵琪　译

116.《论人的理智能力及其教育》［法］爱尔维修　著　汪功伟译

117.《俄罗斯建筑艺术史：古代至 19 世纪》［俄罗斯］伊戈尔·埃马努伊洛维奇·格拉巴里　主编　杨明天　王丽娟　闻思敏译

118.《论革命：从革命伊始到帝国崩溃》［法］托克维尔　著　［法］弗朗索瓦丝·梅洛尼奥　编　曹胜超　崇明译

119.《作为历史的口头传说》［比］简·范西纳　著　郑晓霞等

译　张忠祥等　校译

120.《过去的诞生》　[美]扎卡里·赛尔·席夫曼　著　梅义征　译

121.《历史与历史学家：理查德·威廉·索森选集》　[英]罗伯特·J.巴特莱特　编著　李腾　译

122.《希腊数学史：从泰勒斯到欧几里得》　[英]托马斯·希思　著　秦传安　译

123.《希腊数学史：从阿利斯塔克到丢番图》　[英]托马斯·希思　著　秦传安　译

124.《古希腊寡头政治：特征与组织形式》　[英]伦纳德·惠布利　著　孙晶晶　李宏伟　翟思诺　译

125.《1914—1918 年俄国的粮食市场及其调节》　[苏]尼古拉·德米特里耶维奇·康德拉季耶夫　著　张广翔　钟建平　译

126.《中世纪的图书馆》　[美]詹姆斯·韦斯特福尔·汤普逊　著　张淑清　郑军　译

127.《耶稣时期的犹太世界》　[法]查尔斯·吉尼伯特　著　金春岚　译

128.《古希腊智慧》　[英]理查德·利文斯顿　著　张艳　许敏　译

129.《古人的读与写》　[美]威廉·哈里斯　著　崔国强　译

130.《心智、现代性与疯癫：文化对人类经验的影响》　[美]里亚·格林菲尔德　著　祖国霞　柴晚锁　武田田　李晓燕　汤颖　译　吴泽映　校

131.《情感史导论》　[德]扬·普兰佩尔　著　李娟　译

132.《旧制度时期的书报审查制度与文化》　[法]乔治·米努瓦　著　于艳茹　译

133.《希腊化文明四讲》　[英]约翰·伯里　主编　焦汉丰　译

134.《社会学科学导论》　[美]R. E. 帕克　[美]E. W. 伯吉斯　著　叶涯剑　张汉娇　译

欢迎广大读者垂询，垂询电话:021－22895559

图书在版编目(CIP)数据

英格兰的扩张/(英)约翰·罗伯特·西利著;林国荣,霍伟岸,胥博译 . —上海:上海三联书店,2025. 7. —(上海三联人文经典书库). —ISBN 978-7-5426 -8819-4

Ⅰ.K561.0

中国国家版本馆 CIP 数据核字第 2025S86C10 号

英格兰的扩张

著　　者 / [英]约翰·罗伯特·西利
译　　者 / 林国荣　霍伟岸　胥　博

责任编辑 / 王　赟
装帧设计 / 徐　徐
监　　制 / 姚　军
责任校对 / 王凌霄

出版发行 / 上海三联书店
　　　　　(200041)中国上海市静安区威海路 755 号 30 楼
邮　　箱 / sdxsanlian@sina.com
联系电话 / 编辑部:021-22895517
　　　　　发行部:021-22895559
印　　刷 / 上海展强印刷有限公司

版　　次 / 2025 年 7 月第 1 版
印　　次 / 2025 年 7 月第 1 次印刷
开　　本 / 655 mm×960 mm　1/16
字　　数 / 250 千字
印　　张 / 19.25
书　　号 / ISBN 978-7-5426-8819-4/K·824
定　　价 / 88.00 元

敬启读者,如发现本书有印装质量问题,请与印刷厂联系 021-66366565